D1717853

Willibert Schleuter, Johannes von Stosch

Die sieben Irrtümer des Change Managements

Und wie Sie sie vermeiden

Campus Verlag
Frankfurt / New York

Bibliografische Information der Deutschen Nationalbibliothek:
Die Deutsche Nationalbibliothek verzeichnet diese Publikation in der
Deutschen Nationalbibliografie. Detaillierte bibliografische Daten
sind im Internet unter http://dnb.d-nb.de abrufbar.
ISBN 978-3-593-39135-9

Copyright © 2009 Campus Verlag GmbH, Frankfurt am Main
Alle Rechte bei Campus Verlag GmbH, Frankfurt am Main.
Umschlaggestaltung: Guido Klütsch, Köln
Satz: Publikations Atelier, Dreieich
Druck und Bindung: Druckhaus »Thomas Müntzer«, Bad Langensalza
Gedruckt auf säurefreiem und chlorfrei gebleichtem Papier.
Printed in Germany

Besuchen Sie uns im Internet: www.campus.de

Inhalt

Vorwort

Verändern durch Visionen und Vernetzung

Die Literatur zu unterschiedlichen Aspekten des Veränderungsmanagements wäre geeignet, ganze Bibliotheken zu füllen. In wohl nur wenigen Themenfeldern herrscht eine derartige Dichte von scheinbar klaren Botschaften in Form von Rezepturen vor, die gleich einem Kochbuch den garantierten Erfolg versprechen. Das hier vorliegende Buch verspricht keine Erfolge, sondern beschreibt Erfahrungen und gelebte Praxis von Veränderungen, die nachweislich zum Erfolg geführt haben.

Einer der Autoren, Dr. Willibert Schleuter, war von 1996 bis zum Jahr 2008 Leiter der Elektronikentwicklung der AUDI AG. Die hier beschriebenen Veränderungsprozesse haben einen großen Einfluss auf die Weiterentwicklung der Unternehmenskultur bei Audi gehabt, weil sie den Blick für Notwendigkeiten und Herausforderungen geschärft haben, die Innovationsprozesse an die Automobilentwicklung der Zukunft stellen.

Deshalb verrät dieses Buch relativ wenig über Technik, aber vieles über Führung, Organisation und Werteorientierung. Die Kernbotschaft lautet sinngemäß: »Wer verändern will, muss selber zur Veränderung bereit sein und sich der Zukunft und seinen Mitarbeitern gegenüber öffnen.« Motivation und Leistung werden zum Erfolg durch fordern, vorleben und ermutigen zu neuen Wegen. Die Basis, Veränderung zum Erfolg zu führen heißt deshalb vor allem Glaubwürdigkeit im Handeln, das klaren Worten und Zielen folgt. Dieses Handeln verschafft sich Respekt, indem es an die Lernfähigkeit und Veränderungsbereitschaft der Mitarbeiter nicht nur appelliert, sondern dessen Notwendigkeit vermittelt, sowie die erforderlichen Freiräume sichert, den Veränderungsweg gemeinsam zu beschreiben und zu gehen. Verändern wird hierdurch zu gemeinsamer Verantwortung für den Erfolg.

Gemeinsame Verantwortung fordert aber auch, dessen »Früchte« zu teilen und nicht als »einsame« Leistung zu reklamieren. Die Autoren rücken uns damit ins Bewusstsein, dass erfolgreich zu führen verlangt, authentisch auf Erfahrungen aufzubauen, diese zu reflektieren und hierin die Mitarbeiter mit einzubeziehen.

Sie können hierbei auf die Grundlage der Unternehmenskultur von Audi aufbauen, die die Fähigkeit zur Veränderung als ihre wesentlichste Eigenschaft betrachtet, um durch Innovation die Zukunft des Unternehmens zu sichern. Die Autoren leisten mit diesem Buch ein überzeugendes Plädoyer dafür, dass dies nur durch Überzeugungskraft gelingen kann, die die Bindungsfähigkeit gegenüber den Mitarbeitern als Grundvoraussetzung für eine gute Führung authentisch und glaubwürdig lebt. Der Erfolg gibt ihnen Recht.

Dr. Werner Widuckel,
Vorstand der AUDI AG für den Bereich Personal- und Sozialwesen

Einführung

Die Krise ist da. Altehrwürdige Unternehmen haben den Insolvenzverwalter im Haus, werden übernommen, müssen schließen – und das quer durch alle Branchen. Die Gründe sind vielfältig: Zum einen ist die heute extrem schnelle und komplex vernetzte Wirtschaftswelt sehr anfällig geworden. Wackelt ein zentraler Player, dann wackelt die ganze Branche und schließlich die gesamte Weltwirtschaft. So wurde aus der Finanzkrise eine Weltwirtschaftskrise. Zum anderen wird die weltweite Finanzkrise gerne vorgeschoben, um nicht über hausinternes Missmanagement sprechen zu müssen. Ob Automodelle oder Unterwäsche – etliche Unternehmen haben über Jahre hinweg im immer gleichen Trott am Markt vorbei gewirtschaftet.

Im Nachhinein gibt es viele, die die Krise schon lange vorhergesehen haben. Auch viele Top-Manager, die dennoch nicht rechtzeitig das Steuer herumgerissen haben – nach dem Motto Karl Valentins: »Mögen hätt' ich schon wollen, aber dürfen hab ich mich nicht getraut!«

Tatsächlich ist das Management von Veränderungen eine der herausforderndsten Aufgaben, der Führungskräfte sich heute täglich stellen müssen. Die auslösenden Faktoren sind bekannt. Um nur einige zu nennen:

- Zeit-, Qualitäts- und Kostendruck,
- kürzere Produktlebenszyklen,
- beschleunigte Geschäftsabläufe,
- steigende und sich rasch ändernde Kundenanforderungen,
- wachsende Anforderungen an die Mitarbeiter bei gleichzeitigem Fachkräftemangel,
- schnelles Entstehen und Wegbrechen von Märkten,
- weltweite, komplexe Wirtschafts- und Währungsräume.

Wer sich nicht ändert, verschwindet vom Markt. Wer nicht ständig innoviert und investiert, wird abgehängt. Und jede Führungskraft muss, ob sie will oder nicht, zum Change Manager werden.

Nicht wenige fühlen sich mit dieser Aufgabe überfordert und greifen dankbar zu den Ratgebern mit den schnellen Lösungen, die mittlerweile ganze Bücherwände füllen. Da werden Stufenpläne vorgestellt, Checklisten präsentiert, Umsetzungstipps formuliert – obwohl sich seit den Neunzigerjahren des vergangenen Jahrhunderts etliches geändert hat. Die Mehrzahl der Autoren geht davon aus, dass Veränderungen ingenieurmäßig im Top-Management entwickelt und dann strukturiert umgesetzt werden müssten. Dahinter steht das Bild einer komplexen Maschine, die sich von einem kompetenten »Steuermann« lenken lässt. Top-Führungskräfte und Berater lieben diese machtvolle Vorstellung – und fahren Unternehmen damit gegen die Wand (auch heute noch). Heute kristallisieren sich die vier folgenden Einsichten als wesentlich für den Erfolg von Veränderungsprozessen heraus:

1. Top-Down-Prozesse scheitern am Widerstand der Mitarbeiter. Den traditionellen, planungsgeleiteten Ansatz von Change Management könnte man als »preußisch« bezeichnen. Veränderungen werden per Befehlskette von oben nach unten durchgesetzt. Die Basis pariert – zumindest sieht es das Konzept so vor. In der Praxis jedoch zeigt es sich, dass das mittlere Management und die Basis »Befehle von oben« sabotieren oder »intelligent aussitzen«.
2. Veränderung ist nur begrenzt planbar. Von heute auf morgen können Kunden, Zulieferer oder Investoren wegbrechen, Aufträge storniert, Budgets eingefroren oder Kredite verweigert werden. Da helfen keine wohl durchdachten Stufenpläne und auch keine externen Berater, die über Monate durch das Unternehmen streifen und dann Strategien präsentieren, die zu spät kommen.
3. Die notwendige Dynamik von echter Veränderung erfordert Energie und emotionale Kraft: Der Faktor Emotion wurde bisher unterschätzt. Begeisterung und Inspiration sind notwendig, um die erforderliche Dynamik, Nachhaltigkeit und Schnelligkeit von Veränderung umzusetzen. Wer die Herzen der Mitarbeiter nicht erreicht, erreicht gar nichts (Eine Einschätzung, die auch »Change-Papst« John P. Kotter in *Das Prinzip Dringlichkeit* vertritt).
4. Die Komplexität der wirtschaftlichen Vorgänge lässt sich nur noch unter Einbeziehung der Intelligenz der Vielen steuern: Netzwerkintelli-

genz, Netzwerkorganisation werden als neue Stichworte gehandelt, der weitere Abbau von Hierarchien und die Delegation von Verantwortung an die Basis gefordert. Denn nur vernetzte Organisationen können in hohem Tempo intelligent reagieren.

Abbildung 1: Die Netzwerkorganisation – Voraussetzung für Schnelligkeit

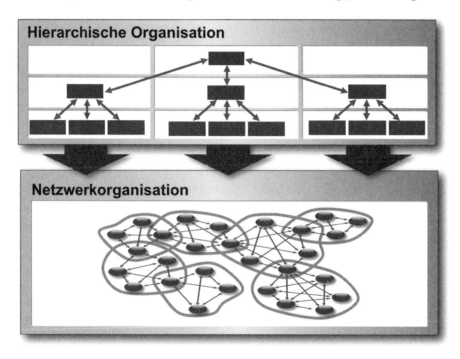

Der Umbau traditionell hierarchisch strukturierter Unternehmen zu agilen Netzwerken zieht eine Kette weiterer Veränderungen nach sich: Vernetzte Mitarbeiter können nicht mehr »Top Down« gelenkt werden, sie können nicht mehr umfassend kontrolliert werden, ihr Tun lässt sich nicht mehr bis ins Detail planen. Angesichts extrem komplexer Prozesse in sich schnell wandelnden Rahmenbedingungen funktioniert auch eine Aufgabenteilung externer Beratung nicht mehr, die bis in die jüngste Zeit dem Rezept »erst kommen die Strategieberater, danach die Umsetzer, welche die Stimmung heben« folgte. Und nicht zuletzt lassen sich auch Phasen der Kontinuität und Phasen des Wandels nicht mehr trennen. Deshalb setzt sich immer mehr ein Denken durch, in dem nicht das »Entweder-Oder« dominiert, sondern das »Sowohl-als-Auch«. Dabei geht es darum,

- Top-Down und Bottom-Up-Prozesse miteinander zu verbinden,
- das Nebeneinander von »harten« und »weichen« Faktoren zu akzeptieren und mit beiden zu arbeiten,
- Kontinuität und Wandel gleichzeitig zu leben,
- eine Balance zwischen Kontrolle und Vertrauen aufzubauen,
- Emotionen (»Bauch«) und Verstand (»Kopf«) anzusprechen,
- wachzurütteln und zu inspirieren,
- kraftvoll zu führen und Mitarbeiter zu »empowern«,
- zu planen, aber auch die Grenzen des Planbaren zu akzeptieren,
- Fachberatung und Prozessberatung als oszillierenden Prozess zu verstehen.

Der Weg zur intelligenten Netzwerkorganisation und zu einer Führungskultur, die Energie und emotionales Engagement bei den Mitarbeitern erzeugt, ist genau der Weg, der viele Unternehmen aus der Krise führen kann. Davon ausgehend werden wir keine komplizierte Theorie entwickeln, sondern einen Schritt zurücktreten und für etwas plädieren, das in der operativen Hektik des Krisenmanagements allzu leicht in Vergessenheit gerät: Erstens das, was der große Denker Immanuel Kant schlicht und ergreifend als *Mutterwitz* bezeichnete, und zweitens ein *stabiles persönliches Wertesystem*.

Damit folgen wir Hermann Simon, der in seinem Buch *Hidden Champions des 21. Jahrhunderts* gezeigt hat, welche Strategien und Führungsmethoden heute zum Erfolg führen: »Es sind eher die alten Tugenden und der gesunde Menschenverstand als neue Managementmoden und -trends.« Ehrlichkeit gehört dazu, Offenheit, Einsatz für die und mit der Basis, Mut und Klugheit – um nur einige Tugenden zu nennen.

Ehrlichkeit und Offenheit, insbesondere was die Unzulänglichkeiten der eigenen Person, der eigenen Abteilung und der eigenen Produkte oder Dienstleistungen angeht, ist eigentlich eine ganz einfache Haltung, die, richtig eingesetzt, erstaunlich viel Energie auslösen kann. Gleichzeitig ist es eine der schwierigsten Übungen, radikale Offenheit tatsächlich im Unternehmen zu leben, herrscht doch in den meisten Betrieben eher eine Kultur der Fehlervertuschung.

Auch der Einsatz für die Gemeinschaft ist alles andere als selbstverständlich. Vor allem in Krisenzeiten neigen sowohl Manager als auch Mitarbeiter dazu, zuerst ihren eigenen Kopf zu retten, bevor sie an das Über-leben des gesamten Unternehmens denken. Unsere Erfahrung aus der Praxis – und aus dem Sport – zeigt: Wenn die Basis zusammenhält, kann das Unmögliche möglich werden. Mut braucht es, sich nach der eigenen Klugheit zu richten und dem eigenen Wertesystem – und damit im Zwei-felsfall überraschend anders zu handeln. Anders, als

- Manager auf gleicher Hierarchieebene, aber auch eigene Mitarbeiter sich das vorgestellt haben,
- es formelle und informelle Regeln im Unternehmen vorsehen (»Mitar-beiterbefragungen werden immer von der Personalabteilung durchge-führt.«),
- herkömmliche Gepflogenheiten im Umgang mit anderen Unternehmen (»Lieferanten kommen meist zum Auftraggeber, nicht umgekehrt«),
- Vorstellungen aus der betriebswirtschaftlichen und populärwissen-schaftlichen Literatur zum Thema Change Management.

Wer den Wandel kraftvoll anstoßen will, muss also Regeln brechen. Zu-nächst hat es uns gereizt, ein Buch mit dem Titel »Change Management gegen alle Regeln« zu schreiben. Da wir es aber in der Praxis mit einer Vielzahl völlig unterschiedlicher Erfahrungen und in der Theorie mit einer unüberschaubaren Anzahl unterschiedlicher Ansätze und mit uneinheitli-chen Begriffen zu tun haben, lassen sich keine klaren Regeln herauskristal-lisieren, die sich als Kontrast eignen würden. Wir haben uns deshalb entschlossen, nicht von »Regelbrüchen« zu sprechen, sondern von »Irrtü-mern«. Ein immer noch gewagtes Unterfangen – das ist klar: »Schon wie-der ein Buch, das Veränderungsmanagement neu erfinden will« – es wäre kein Wunder, wenn kritische Leser sich diesem Buch mit Vorbehalten nä-hern würden.

Deshalb gleich vorweg: Es soll hier nicht die x-te Schule des Change Managements eröffnet werden, die einen bestimmten »Ansatz« von der Stange weg verkauft und alle anderen Vorgehensweisen für unbrauchbar erklärt. Es gibt nicht *das richtige Change Management* an sich. Es gibt immer nur Schritte der Veränderung, die jetzt und hier zur Situation eines Unternehmens passen – oder auch nicht.

Die meisten Change-Bücher sind von Beratern geschrieben und geben Führungskräften wenige praktische Werkzeuge an die Hand, mit denen sie selbstständig arbeiten können. Wir wollen Führungskräfte auf allen Ebenen ermutigen, Veränderungsprozesse selbst in die Hand zu nehmen, anstatt sie an externe oder interne Beratungsorganisationen zu delegieren. Das heißt nicht, dass wir gegen Berater sind – nur sollte Beratung als Hilfe zur Selbsthilfe verstanden werden und die Führungskraft nicht aus der Rolle des obersten Verantwortlichen für das Thema »Veränderung« entlassen. Die Verantwortung für Veränderung lässt sich nicht delegieren. Wir wollen Führungskräften und Unternehmern unsere Erfahrungen zugänglich machen und sie damit

- *sensibilisieren* für die besondere Situation Ihres Unternehmens: In welchem wirtschaftlichen Umfeld bewegen Sie sich? Wie sieht die Kultur ihres Unternehmens aus? Wie ist die Firma organisiert? Mit welchen Mitarbeitern haben Sie es zu tun? Wie ticken Ihre Kunden?
- *ermutigen*, Ihren eigenen Ressourcen zu vertrauen: In Ihrem Unternehmen steckt sehr viel Kreativität, sehr viel Wissen und Erfahrung. In Ihren Mitarbeitern steckt revolutionäres Potenzial (zuweilen mehr, als Ihnen recht ist). Sie selbst können das Steuer herumreißen, wenn Sie diese Energie entfesseln und in die richtigen Bahnen lenken. Wir wollen Sie ermutigen, sich nicht zu verbiegen, sondern authentisch, offen, ehrlich und mit Herz zu führen. Nur das inspiriert Ihre Mitarbeiter.
- *bestärken*, Ihren individuellen Weg der Veränderung zu gehen. Schlagen Sie die Richtung ein, die Sie und Ihre Mitarbeiter für richtig halten (auch, wenn Berater oder Bücher etwas anderes für richtig halten). Überrennen Sie Zäune, wenn es sein muss. Gehen Sie in dem Tempo vor, das Ihnen richtig erscheint (auch wenn andere dies für halsbrecherisch oder für zu langsam halten). Bauen Sie die Organisation auf, die Sie brauchen (ganz unabhängig von vorherrschenden Management-Modetrends).
- *einladen umzudenken*. Das Managen von Veränderungen ist keine Ausnahme, sondern die Regel!

Und wir wollen Lust auf Veränderung machen. Heute wird zu viel über Widerstand gegen Veränderung gesprochen. Unsere Erfahrung zeigt: Es ist gar nicht so schwer, Mitarbeiter für Veränderung zu mobilisieren und dabei eine ungeheure Energie freizusetzen.

Unsere Erfahrung bezieht sich hauptsächlich auf den radikalen Umwälzungsprozess der Elektrik/Elektronik bei Audi seit 1996, vorwärts gebracht von Willibert Schleuter als Bereichsleiter, unterstützt von Johannes von Stosch als externem Berater und vor allem als Trainer sowie von Christoph Horn als Begleiter von Organisations- und Prozessveränderungen.

Bei Audi war die Unternehmenskultur stark hierarchiegeprägt, es herrschte »Burgenmentalität«. Gleichzeitig gab es ein gravierendes Imageproblem: Audi galt lange Zeit als altbackenes »Auto mit Hutablage«. Radikale Veränderungen waren notwendig.

Zunächst orientierten wir uns an der Methode des beeinflussenden Change Managements, so wie es zum Beispiel John P. Kotter beschrieben hat. Anders als im traditionell-planungsgeleiteten Veränderungsmanagement (mit der Radikalform »Bombenwurf«) geht es dabei nicht um die Durchsetzung von Änderungen per Befehl und Gehorsam, sondern um eine intensive Kommunikation und Orientierungshilfe für alle betroffenen Mitarbeiter. Der Kottersche Acht-Stufen-Prozess schien uns überzeugend:

Abbildung 2: Der Acht-Stufen-Prozess für die Umsetzung tief greifenden Wandels[1]

1.	Ein Gefühl für die Dringlichkeit erzeugen
2.	Die Führungskoalition aufbauen
3.	Vision und Strategien entwickeln
4.	Die Vision des Wandels kommunizieren
5.	Empowerment auf breiter Basis
6.	Kurzfristige Ziele ins Auge fassen
7.	Erfolge konsolidieren und weitere Veränderungen ableiten
8.	Neue Ansätze in der Kultur verankern

Der Umwälzungsprozess bei Audi Elektronik zeigte, dass es noch auf Dinge ankommt, die hier nicht explizit genannt werden. Zum Beispiel darauf,

- dass es möglich ist, Mitarbeiter intensiv in Veränderungsprozesse einzubeziehen und sogar als Treiber zu gewinnen,
- dass der Prozess viel schneller passieren muss, als ein wohl überlegter Stufenplan es anraten lässt, und
- dass der entscheidende Hebel das emotionale Engagement der beteiligten Führungskräfte und Mitarbeiter ist.

Die besten Konzepte funktionieren nur, wenn die Mitarbeiter für die Vision des Wandels nachhaltig und immer wieder inspiriert und begeistert werden. Es müssen die Herzen der Mitarbeiter erreicht werden. Das ist die Basis des Erfolgs. Darauf wird in den gängigen Konzepten zum Change Management zu wenig Wert gelegt. Gerade in der heutigen Zeit, in der sich bei den wirtschaftlichen Eliten Zynismus verbreitet, brauchen wir eine Führung, die in der Lage ist, Vertrauen zu wecken, die Menschen wieder als Menschen ernst nimmt und dadurch den Raum öffnet, dass Menschen sich gerne mit ihrer ganzen Kraft, Kreativität und Energie einsetzen. Interessanterweise sagt John P. Kotter heute, dass »emotionale Argumente weitaus mehr (bewirken) als Appelle an die Vernunft«, und dass »der Rolle der Emotionen (...) weder in den Lehrbüchern noch in der Managementpraxis besondere Aufmerksamkeit geschenkt« wird.[2] In diesem Buch sollen Emotionen entsprechend ihrer Bedeutung berücksichtigt werden!

Viele Führungskräfte und Fachleute unterschätzen den Einfallsreichtum von Mitarbeitern und übersehen deren starkes Bedürfnis, in Krisen einen Beitrag leisten zu dürfen. Sie unterschätzen ihre Bereitschaft, das unabänderliche »Was« mitzutragen (zum Beispiel »Kosten senken!«) und inspirierende Ideen in Bezug auf das »Wie« zu entwickeln. Und sie befürchten oft, dass die Einbeziehung von Mitarbeitern zu viel Zeit kostet.

Doch in der Praxis zeigt sich, dass das Gegenteil der Fall ist: Es entsteht eine enorme Energie, die Prozesse ungeahnt beschleunigen kann. Gleichzeitig kommt es zu einem weiteren Effekt: Die in der Mannschaft ausgelöste Energie führt dazu, dass es kaum Widerstand gegen Veränderungen gibt – und dies auch bei »blutigen Prozessen«.

Die Audi-Erfahrung hat uns tief geprägt, gleichwohl soll dieses kein »Auto-Buch« sein. Aus diesem Grund greifen wir zusätzlich auf die Erfahrungen von Johannes von Stosch zurück, die er im Rahmen seiner Beratertätigkeit für Change-Partner in anderen Unternehmen und Branchen gesammelt hat, und auf die Erfahrungen von Willibert Schleuter aus seinen Jahren bei Bosch.

Die Autobranche ist Vorreiterin – nicht nur in der technischen Entwicklung, sondern auch beim Thema Management. Unsere Erfahrung zeigt uns, dass viele Unternehmen aus anderen Branchen von der Autobranche lernen wollen. Das gilt sogar für Politik und Öffentliche Verwaltung: Im Jahr 2006 stattete uns Alfred Lehmann, Oberbürgermeister von Ingolstadt, einen Besuch ab. Nachdem er hinter die Kulissen des Elektronikcenters geschaut und sich über Produkte und vor allem Prozesse informiert hatte, stellte er große Ähnlichkeiten zwischen dem Networking in »seinen vielen Unternehmen« in der »Ingolstadt AG« und dem in der Prozesskette Elektronik fest: »Letztendlich ist es überall ähnlich: Die Bereitschaft, offensiv miteinander zu arbeiten, Offenheit und Transparenz zu leben und den Kunden in den Mittelpunkt zu stellen, ist die Basis für unsere Arbeit.«[3]

Dem ist zuzustimmen: Das Miteinander steht im Vordergrund. Überall geht es um Menschenführung und um die Vernetzung von Menschen.

Im ersten Kapitel erfahren Sie, warum Veränderungsmanagement so schwierig ist, und warum so viele Change-Projekte scheitern.

Dann stellen wir Ihnen in sieben Kapiteln sieben markante Aspekte vor, die sich in unserer Arbeit anders entwickelten, als wir es zunächst selbst angenommen haben, oder anders, als es in einem Großteil der Literatur über Change Management dargestellt wird. Diese Aspekte bezeichnen wir als »Irrtümer«.

Schließlich ziehen wir ein Fazit aus den beschriebenen Irrtümern und versuchen, eine der derzeit drängendsten Fragen des Managements zu beantworten: Welche Führung braucht Wandel?

Weil wir Autoren in diesem Buch immer wieder auf die Entwicklungen bei Audi in Ingolstadt zurückkommen, beginnen wir mit einem kurzen Abriss des Change-Prozesses, der sich dort zwischen 1996 und 2009 abgespielt hat.

Die Audi-Story

Lange fuhr Audi dem Wettbewerb hinterher, inzwischen gelten die Autos aus Ingolstadt als die Zuverlässigsten weltweit, ihr Bedienkonzept als revolutionär einfach und ihre Lichttechnik als führend. Einer der Treiber dieser Entwicklung war die radikale Entwicklung der Elektrik/Elektronik (EE): Die Veränderung der Produkte einerseits, die Veränderung der gesamten Mannschaft andererseits – vom Management bis zum Werkstatt-Mitarbeiter.

1996: Der J.D.Power-Schock: 1996 wird Dr. Willibert Schleuter zu Audi geholt, um Zusammenarbeit und Führung im Bereich Elektrik/Elektronik zu verbessern. Die Unternehmenskultur bei Audi ist noch stark hierarchiegeprägt. Kurz nach dem Amtsantritt schneidet die Elektronik in einer Studie zur Zufriedenheit US-amerikanischer Autofahrer (J.D.Power-Studie) sehr schlecht ab. Der Rückstand der Audi-Elektrik/Elektronik zum Wettbewerb ist immens, radikale Veränderungen waren dringend notwendig.

Zündeln an der Basis: Es wird ein Kreis von sechs Mitarbeitern gegründet, um den Veränderungsprozess in Gang zu bringen. Mit diesem Sechserkreis wird eine Mitarbeiterbefragung angestoßen. Die Fragen und Fragebogen werden von den Mitarbeiten selbst entwickelt. Nach der Befragung werden die Ergebnisse sofort veröffentlicht – und das heißt auch: das Abschneiden der Führungsriege. Es entsteht »Druck von unten« und Widerstand im mittleren Management.

Mitarbeiter bekommen Zutritt bei Wettbewerbern. Dort können Mitarbeiter mit eigenen Augen sehen, wie weit sie hinter dem Wettbewerb liegen. Diese Einsicht wird in die Mannschaft und ins Führungsteam getragen und rüttelt wach.

Umgang mit Widerstand: Nicht alle Vertreter des Mittleren Managements begrüßen diese neue Führungskultur. Sie befürchten Machtverlust, Kontrollverlust. Die Führungsmannschaft wird »ins Boot« geholt. In einigen Fällen sind Aufgabenwechsel nicht zu vermeiden.

Der direkte Draht zur Basis: Es werden zahlreiche Methoden entwickelt, um direkt mit der Basis zu kommunizieren: Schleuter arbeitet mit einem Foto-Organigramm, um alle Mitarbeiter namentlich ansprechen zu können. Er besucht die Werkstätten persönlich, sucht überall das Gespräch, kurbelt so oft wie möglich »das Audi-Fenster runter«. Er gibt einem Meister aus der Werkstatt die Möglichkeit, eine Präsentation vor dem Vorstand zu halten. Er bringt den Pokal »Goldenes Lenkrad« von der Vorstandsetage in die Werkstatt.

1997: Die Vision mobilisiert die Mitarbeiter: Der neue Führungsstil setzt Energien frei. Diese werden gebündelt in einer ersten »Vision«, die unter Einbindung der Basis entsteht. 1997 erarbeiten und verabschieden Führungsteam und Mitarbeiter in einem Strategieworkshop die Vision für den Bereich Entwicklung Elektronik: »Die Kompetenz für attraktivste, kundenorientierte Elektroniksysteme.« Diese Vision, unterstützt durch das Logo »EE macht an!« als Identifikationssymbol, entfaltet Kraft. Der Veränderungsprozess nimmt Fahrt auf.

Veränderungsagenten mobilisieren Mitarbeiter: An der Basis werden »Veränderungsagenten« gewählt, die den Veränderungsprozess organisieren und vorantreiben sollen. Diese Veränderungsagenten haben »direkten Draht« zum Führungsteam. Unterstützung von außen (durch Trainings) macht das Team stark. Die Veränderungsagenten vernetzen sich über die Abteilungsgrenzen hinweg und setzen mit den Mitarbeitern Verbesserungsideen um. Um den Prozess intensiv zu treiben, wird ein Mitarbeiter zu 100 Prozent freigestellt. Er wird der erste Veränderungsprozess-Manager in der technischen Entwicklung bei Audi.

Radikale Offenheit und konsequentes Fehlermanagement: Was man nicht messen kann, kann man auch nicht managen. Unter diesem Motto werden mehrere Mess-Systeme eingeführt (Balanced Scorecard; wöchentliches Fehler-Monitoring für Fahrzeuganläufe in der Prozesskette) – sie sichern eine radikal offene Kommunikation der Ergebnisse. So entsteht eine neue »Fehlerkultur«. Und ganz neu: Auch »weiche« Faktoren kommen auf den Prüfstand, wie zum Beispiel das Führungsverhalten oder die Zahl der Informationsveranstaltungen für Mitarbeiter.

Veränderung durch Vernetzung: Es wird verändert, indem

- Teamworkshops mit Zulieferern initiiert werden,
- Hervorragende Mitarbeiter an andere Abteilungen abgegeben werden, um sich mit den Abteilungen enger zu vernetzen,
- Mitarbeiter gezielt vernetzt und die klassische Hierarchie mit einer neuen Form der Netzwerkorganisation unterstützt wird,
- Personalentwicklung für alle ermöglicht wird: Vom Werkstattmitarbeiter über Veränderungsagenten bis zum Management,
- Mitarbeiter von Zulieferern abgeworben und Kompetenz mit externem Know-how aufgebaut wird,
- Zahl und Zuschnitt der Abteilungen immer wieder angepasst und verändert werden, und zwar gemeinsam mit den Betroffenen.

2002: Die Vision wird im A8 zur Realität: Der Audi A8 ist ein Markstein in der Elektronik-Entwicklung von Audi. In diesem Produkt erfüllt sich das, was 1997 als Vision formuliert worden war.

2003: Einzug in das radikal vernetzte Elektronik-Center: Nach dem 1999 formulierten »Traum vom Elektronik-Center« sollen alle, die zur »Audi Elektronik« beitragen, unter einem Dach zusammenarbeiten. 2001 wird der entsprechende Bau genehmigt. 2003 zieht Audi-Elektronik in das futuristische Gebäude ein.

2004: Kreative Unruhe an der Basis: Mitarbeiter fordern eine »neue Vision«. Sie haben wichtige Ziele erreicht und wollen neue Herausforderungen.

2005: Die zweite Vision entsteht: Ein Visionsteam mit progressiven Mitarbeitern aus verschiedenen Bereichen wird gebildet. Mitarbeiter, Kollegen aus anderen Unternehmensbereichen und Kunden tragen Ideen bei. Der Versuch einer »Synthetischen Visionsfindung« aus den Befragungsergebnissen scheitert. Mithilfe von Expertengesprächen gelingt die Formulierung der neuen Vision: »Audi Elektronik: Kompetenz erfahren mit allen Sinnen.« Die Vision umfasst alle, die zu Audi Elektronik gehören.

Die »Jungen Wilden« stark machen: Durch das Wachstum der Abteilung gibt es viele neue Führungskräfte. Diese werden durch Trainings vernetzt. Durch Job Rotations vom Zulieferer in die Audi-Entwicklung und von der Entwicklung in die Produktion, die Qualitätssicherung und den Service, wird Audi Elektronik zum »Durchlauferhitzer«.

Die gesamte Führungsmannschaft entwickelt sich weiter: Von den »jungen Wilden« geht frischer Wind aus. Das Führungsteam stellt sich selbst auf den Prüfstand. Das Werteprofil erzeugt Offenheit und Veränderungsbereitschaft. Führungstrainings und Coachings werden für alle Führungskräfte ebenso umgesetzt wie Gesundheits- und Stresscoaching.

Reorganisation ohne Ressourcenzuwachs: Das Umfeld der Elektronik bringt viele neue Aufgaben, allerdings ohne Möglichkeit, neue Mitarbeiter einzustellen. Die Anpassung der Kerneigenleistung wird notwendig, auch um Schnittstellen und Vernetzung zu verbessern. Die Reorganisation verläuft für viele Mitarbeiter schmerzhaft, ist aber gerade wegen der Einbeziehung der Betroffenen letztlich erfolgreich.

Das Netz größer spinnen: Die Zulieferer werden noch stärker eingebunden, eine Kultur der Offenheit und des Austausches zum gegenseitigen Nutzen weiter ausgebaut. Zu Fahrzeugtests werden alle Zulieferer gleichzeitig eingeladen. Mitarbeiterteams besuchen die Lieferanten regelmäßig, und stellen damit bisherige Gepflogenheiten auf den Kopf.

Ergebnisse der zweiten Vision: Entwicklung und Produktion werden deutlich beschleunigt. Ergebnis pro Fahrzeug: Reduktion der Schadensfälle um 74 Prozent, der Gewährleistungskosten um 68 Prozent und der Zahl der »Liegenbleiber« um 88 Prozent. Es ergibt sich ein Imagegewinn intern wie extern. Die weichen Ziele werden weiter gemessen. Mitarbeiterbefragungen und Stimmungsbarometer zeigen Verbesserungen und weitere Potenziale.

Veränderung steckt an: Veränderungsmethoden werden auch in anderen Audi-Bereichen erprobt. Mitarbeiter aus dem »Visionsteam« sind als interne Berater gefragt. Der Audi EE-Veränderungsprozess wird für viele Zulieferer zum Vorbild.

Der Veränderer und der Vernetzer: Willibert Schleuter, Jahrgang 1947, war von 1996 bis 2008 Leiter der Elektrik/Elektronik-Entwicklung bei Audi. Er kommt aus einer einfachen Familie. Durch seine Erfahrungen als aktiver Fußballspieler wird er inspiriert von den Potenzialen des Mannschaftssports und der Zusammenarbeit im Team. Er geht mit 14 Jahren in die Lehre, besucht die Abendschule, die Ingenieurschule, studiert schließlich an der RWTH Aachen. Sein Promotionsthema lautet: »Batterien für Elektrostraßenfahrzeuge«. Anschließend wechselt er zu Bosch. Er fühlte sich von den Grundprinzipien des Firmengründers Robert Bosch angezogen, die auf Fordern und Fördern basierten. Hier erlernt er das Handwerkzeug des Zulieferers und des Veränderungsmanagements in kritischen Zeiten. Er ist geprägt von der Erfahrung, dass sich Dinge verändern lassen, wenn alle zusammen halten und offen miteinander umgehen. Und dass alle davon profitieren, wenn sie sich vernetzen und gegenseitig unterstützen.

Der Begleiter und Berater: Johannes von Stosch, Jahrgang 1954, unterstützte ab 1997 aktiv den Prozess der Veränderung der Elektrik/Elektronik-Entwicklung bei Audi. Johannes von Stosch schöpfte einen großen Teil seines Know-how aus seinem 14-jährigen Aufenthalt in den USA, wo er als Trainer und Führungskraft arbeitete. Dieses Wissen adaptierte er nach seiner Rückkehr nach Deutschland im Jahr 1989 auf die hiesigen Verhältnisse nach der Maxime »In der Einfachheit liegt die Wirkung«. So sind auch einige der bei Audi angewandten Werkzeuge entstanden, die in diesem Buch ausführlich beschrieben sind. Johannes von Stosch starb im Jahr 2009. Er teilte mit Willibert Schleuter die Vorstellung, dass sich alles verändern lässt, wenn Zusammenhalt, Gemeinschaft und Offenheit zusammenspielen.

Warum Veränderungsmanagement Unternehmen herausfordert

Veränderung ist der Normalfall

Die technische Entwicklung schreitet rasant voran: In den 1980er Jahren sahen Autotelefone aus wie Ersatzkanister, heute sind winzige Mobiltelefone Standard, die mindestens so viel können wie ein Computer, eine Stereoanlage, ein Fotoapparat und eine Videokamera zusammen.

Mit dem Wertewandel und dem steigenden Bildungsniveau in Deutschland ändern sich auch die Mitarbeiter: Niemand will ein kleines Rad in einer großen Maschine sein, das sich auf Befehl von oben dreht. Für Unternehmen heißt das: Sie müssen sich immer wieder von verfestigten Strukturen lösen, Neues ausprobieren und bei Erfolg neue Strukturen schaffen – die oftmals innerhalb kürzester Zeit wieder aufgelöst werden müssen. Dies stellt Management und Mitarbeiter vor große intellektuelle und emotionale Herausforderungen. Kein Wunder also, dass so viele Veränderungsprozesse scheitern.

Die technische Revolution wird immer schneller

Als das Telefon erfunden wurde, konnte sich niemand vorstellen, wozu man ein solches Gerät brauchen könnte. Heute hat es sich so weit durchgesetzt, dass Unternehmen und Haushalte ein ernstes Problem haben, wenn es ausfällt. Während das Telefon erst nach 36 Jahren eine Nutzerzahl von 10 Millionen erreichte, waren dies beim Kabelfernsehen noch 25 Jahre, beim Fax 22 Jahre. Das Internet hingegen brauchte nur noch zwei Jahre, um diese Nutzerzahl zu erreichen. Und heute ist kein Wirtschaften mehr denkbar ohne elektronische Datenbanken oder Kommunikation per E-Mail.

Abbildung 3: Marktdurchdringung von Technologien

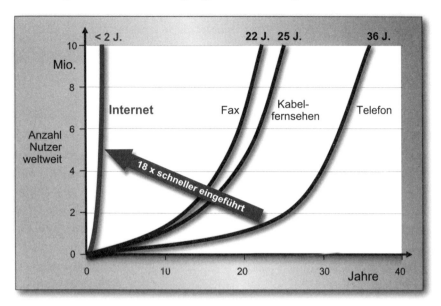

Während sich Fernsehen, Internet, Mobiltelefone und in jüngster Zeit auch Navigationsgeräte vor den Augen der Öffentlichkeit über das Land verbreiteten, entwickelt sich die Elektronik im Automobil zu großen Teilen unbemerkt »hinter den Kulissen«. Wer weiß schon, dass der Audi A4 im Jahr 2000 nur 13 MB Speicherkapazität brauchte, der neue A4 sieben Jahre später schon 175 MB? Welchem Autofahrer ist es bewusst, wie viele vernetzte Systeme (elektronische Steuergeräte, die miteinander kommunizieren) sich heute in seinem Wagen befinden?

Ende der 90er Jahre ist die Zahl der vernetzten Systeme innerhalb weniger Jahre von fünf auf 40 angestiegen. In der Praxis bedeutete dies eine totale Umwälzung.

Erstens, weil Audi diese Entwicklung um knapp zehn Jahre verschlafen hatte und dann gezwungen war, innerhalb kürzester Zeit alles nachzuholen, was BMW und Mercedes sich schon längst erarbeitet hatten. Zweitens bedeutete es einen gravierenden Umbau der Organisation: Je mehr Systeme in einem Produkt vernetzt werden, desto mehr Mitarbeiter müssen sich vernetzen – und zwar entlang der gesamten Prozesskette Elektrik/ Elektronik und unter Einbeziehung externer Lieferanten. Einem Unternehmen, das für Innovationsbereitschaft steht und mit entsprechend flexiblen Strukturen und agilen Mitarbeitern ausgestattet ist, mag eine solche Veränderung leichter fallen – einem hierarchisch strukturierten Traditions-Autohersteller fällt sie schwer.

Druck der Märkte

Märkte sind radikalen Brüchen unterworfen, die durch ganz unterschiedliche Impulse ausgelöst werden können: Das können neue Vertriebswege sein, die sich plötzlich öffnen (Direktvertrieb über das Internet), völlig neue Produkte (Klingeltöne für Mobiltelefone), neue Konkurrenten (Billigflieger), oder neue Problemlagen der Kunden (Beispiel: Miniautos für verstopfte japanische Großstädte, in denen ein Kunde erst einen Parkplatz nachweisen muss, bevor er ein Auto zugelassen bekommt).

Radikale Brüche können plötzlich einbrechende Finanzmärkte oder explodierende Kosten auf dem Energiemarkt sein. Oder beides auf einmal – was die Auto-Industrie derzeit in ihre größte Krise seit Jahrzehnten treibt. Durch die Finanzkrise halten Verbraucher ihre Geldbeutel zu. Sie kaufen weniger Autos und sind nicht mehr bereit, viel Geld für Kraftstoff auszugeben. Einige Autobauer beginnen, die Zukunft der Branche radikal neu zu denken: Warum brauchen Autohersteller eigene Fabriken? Sollten sie sich nicht auf Entwicklung, Design und Marketing konzentrieren und damit dem Vorbild des Spielkonsolenherstellers Nintendo folgen?

Gefühlter Veränderungsdruck

Die radikalen Umwälzungen betreffen alle Branchen. So rechnen acht von zehn CEOs in den kommenden drei Jahren mit umfangreichen oder sehr umfangreichen Veränderungen – das zeigt die aktuelle IBM-Umfrage *Making Change Work* unter 1 500 Managern aus 15 Nationen und 21 Branchen. Die Finanzkrise wird dies noch deutlich verschärfen. IBM analysierte die Erfahrungen von Change Managern, die mit ihren Projekten ganz unterschiedliche Ziele verfolgten. Auf der Liste standen

- Einstieg in neue Märkte,
- Verbesserung der Kundenzufriedenheit,

- Steigerung von Ertrag und Umsatz,
- Innovationen bei Geschäftsmodellen, Prozessen, Produkten und Services,
- organisatorische Veränderungen,
- Kostensenkungen und
- Implementierung von Technologien.

Warum Veränderungsmanagement so schwierig ist

Mit Change-Projekten ist es so ähnlich wie mit guten Vorsätzen zum Jahreswechsel: Groß werden sie angekündigt und nach kurzer Zeit kleinlaut für gescheitert erklärt oder vergessen. Laut der IBM-Studie *Making Change Work* laufen nur rund 41 Prozent der Veränderungsprojekte erfolgreich. Das heißt: Projektziele werden innerhalb der Zeit-, Budget- und Qualitätsvorgaben erfüllt. Die übrigen 59 Prozent der Projekte verfehlen mindes-

Abbildung 4: Die größten Herausforderungen im Zusammenhang mit Veränderungen (Zahlen nach einer IBM-Studie)[5]

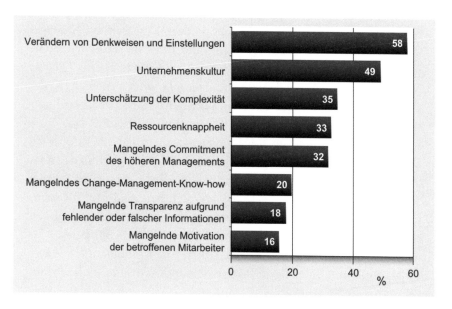

tens ein Ziel (44 Prozent) oder scheitern gänzlich respektive werden gestoppt (15 Prozent).[4] Nach der IBM-Studie empfinden Manager folgende Punkte als besonders herausfordernd:

Eine aktuelle Befragung von Booz & Company unter 350 Senior Managern, die in Unternehmen mit über 5 000 Mitarbeitern umfassende Transformationsprogramme verantwortet haben, zeigt: Change Management wird zu spät und nicht systematisch auf allen relevanten Ebenen angeschoben. So ist es nicht verwunderlich, dass sich in Deutschland mehr als die Hälfte aller operativ tätigen Mitarbeiter innerhalb von Veränderungsprozessen aktiv ablehnend verhält. Fast ein Drittel deutscher Manager mit Führungsverantwortung opponiert aktiv gegen Veränderungen und erreicht damit im internationalen Ländervergleich einen negativen Spitzenwert.[6]

Warum ist Veränderungs-Management so schwierig? Darauf gibt es keine einfache Antwort. Es ist durchaus möglich, große Organisationen wachzurütteln und zu verändern. Dies wird das Thema folgender Kapitel sein.

Capgemini-Change-Management-Studien

Im Jahr 2003 hat das Beratungsunternehmen Capgemini Consulting seine erste Analyse zum Veränderungsmanagement in deutschsprachigen Unternehmen abgeschlossen, die 2005 und 2008 überprüft und erweitert wurde. Die Befragung konzentriert sich auf Manager aus Großunternehmen und gilt aufgrund ihrer thematischen Breite und ihres Längsschnittcharakters als zentral für das Thema Change Management. Viele Teilergebnisse spiegeln wider, inwiefern der Change-Prozess bei Audi anderen aktuellen Change-Prozessen entspricht, und in welchen Aspekten er ganz anders verlaufen ist:

Mitarbeiterorientierung des Managements: In der Literatur wird zwar die mitarbeiterorientierte Führungskraft propagiert, in der Realität aber ist sie nicht so häufig verbreitet: »Wenn man zehn zufällig ausgewählte obere Führungskräfte vor sich hat, sind fünf bis sechs partizipativ-integrativ ausgerichtet und vier bis fünf als ›tough‹ zu charakterisieren«, so die Capgemini-Studie 2008. Im Mittleren Management sehe es nicht anders aus. Durch eine Kombination aus Personalpolitik und Führungskräfteentwicklung lässt sich, so die Erfahrung bei Audi, die Zahl der mitarbeiterorientierten Führungskräfte signifikant erhöhen.

Kompetenzprofil des Managements: Der »ideale Change Manager« muss eine Fülle von Wünschen hinsichtlich seines Profils erfüllen. An der Spitze der wünschenswerten Eigenschaften stand und steht die Kommunikationsfähigkeit (2007: 73 Prozent; 2005: 64 Prozent), also die Fähigkeit, sich konstruktiv, effektiv und intendiert zu verständigen. Ohne diese Fertigkeit, sagen drei von vier der Befragten, gehe es gar nicht. Die Eigenschaften Kommunikationsfähigkeit, Motivationsfähigkeit (61 Prozent/44 Prozent) und Zielorientierung (57 Prozent/49 Prozent) werden immer wichtiger. Das entspricht exakt den Erfahrungen bei Audi.

Einbeziehung der Basis: Hier unterscheidet sich das Vorgehen bei Audi massiv von den in der Studie befragten Unternehmen, die überwiegend nach dem hierarchischen »Top-down-Prinzip« vorgehen: Nach den drei Stakeholdern befragt, die bei Veränderungen den größten Einfluss besitzen, nannten die meisten Studienteilnehmer 2005 den CEO an erster Stelle (61 Prozent), am zweitwichtigsten war das Senior Management (60 Prozent), das Middle Management hat ein recht geringes Gewicht (30 Prozent). Erschreckend ist folgendes Ergebnis: »Die Mitarbeiter selbst besitzen bei Veränderungsprozessen allenfalls noch ein leises Stimmchen und keine vernehmliche Stimme mehr«, so Capgemini. Lediglich in jedem vierzehnten Unternehmen (7 Prozent) gehörten sie noch zu den drei wichtigsten Stakeholdern. Deshalb schließen die Autoren der Studie: »Es scheint immer mehr zum akzeptierten Managementstil zu gehören, bei Veränderungsvorhaben Interessen und Bedürfnisse der Belegschaft auszublenden.« Genau diese aber waren bei Audi von hoher Bedeutung.

Change-Instrumente: Es gibt eine ganze Reihe von Change-Instrumenten, die laut Studie 2008 in mindestens vier Fünfteln der Unternehmen eingesetzt werden: Training/Schulung (92 Prozent), Personalentwicklung (85 Prozent) und Projektmanagement (91 Prozent) stehen ganz oben auf der Liste, gefolgt von Veranstaltungen/Events (89 Prozent) und Workshops (89 Prozent). Capgemini fragte die Studienteilnehmer zusätzlich, welche Tools sie sich wünschen würden.

Dabei kristallisierten sich neun Tools heraus, die »als derzeit nicht vorhanden, aber zweckmäßig« bezeichnet wurden. Bei Audi haben wir fünf dieser Tools eingesetzt: Visionsentwicklung (wurde in der Capgemini-Studie von 45 Prozent der Befragten genannt), Change Agents (37 Prozent), Change Controlling (35 Prozent), Konfliktmanagement (33 Prozent), Mitarbeitermobilisierung (33 Prozent). Top-Schlüssel bei Audi waren darüber hinaus Teambuilding-Aktivitäten und Organisationsentwicklung (22 Prozent), Coaching (17 Prozent) und persönliche Kommunikation (15 Prozent).

Einbeziehung externer Berater: Audi hat im gesamten Change-Prozess vergleichsweise wenig mit externen Beratern zusammen gearbeitet. Insbesondere die Kommunikation der Veränderungen und die Mitarbeitermobilisierung wurde Audi-intern gestemmt. Andere Unternehmen im deutschsprachigen Raum gehen hier offenbar anders vor. Laut Capgemini gibt jedes vierte Unternehmen die Verbreitung der Veränderungsidee in externe Hände: Projektmarketing (25 Prozent), Mitarbeitermobilisierung (27 Prozent) und Information Fair/Roadshow (29 Prozent). Auch bei Workshops, Events und Projektmanagement gaben etwa die Hälfte der Befragten an, dass sie externe Unterstützung hilfreich finden. Auch diese Change-Tools hat Audi nicht aus der Hand gegeben.

Erfolgsfaktoren: Laut Capgemini-Studie 2008 gibt es keinen einzelnen Stellhebel, der Veränderungen erfolgreich macht. Entscheidend sei immer eine Kombination von Erfolgsfaktoren: An der Spitze steht das Commitment und die Glaubwürdigkeit des Managements (75 Prozent). Ohne dieses Commitment steht ein Veränderungsprozess auf tönernen Füßen. Eine realistische, klare Vision erhöht die Wahrscheinlichkeit für den Erfolg von Veränderungsprozessen ganz massiv (55 Prozent). Die offene und klare Kommunikation innerhalb des Projektes und gegenüber anderen Programmen (38 Prozent), Professionalität im Projektmanagement (32 Prozent), Dringlichkeit des Unterfangens (»sense of urgency«, 31 Prozent) sowie Teamgeist und Motivation im Projektteam (»winning spirit«, 28 Prozent) sind ebenfalls erfolgskritische Punkte. Diese Ergebnisse stimmen mit den Erfahrungen des Change-Prozesses bei Audi überein.

Warum ist Veränderungs-Management so schwierig? Darauf gibt es keine einfache Antwort. Es ist durchaus möglich, große Organisationen wachzurütteln und zu verändern.

Ganz wichtig: Es ist ein sehr guter Draht zur Basis notwendig, denn es müssen Menschen »aufgetaut« werden. Und es braucht ein gutes Gespür dafür, wann Veränderung notwendig ist – also eine Not wendet, bevor sie sich zur Notlage zuspitzt. In den nachfolgenden Abschnitten werden etablierte Veränderungsmodelle beschrieben.

Das Modell sozialer Veränderung nach Kurt Lewin

Nach Kurt Lewin (1890–1947), einem der Pioniere der Sozialpsychologie, laufen Wandelprozesse in Organisationen nicht linear, sondern zyklisch ab. Bei jedem Veränderungsschub folgen idealtypisch vereinfacht jeweils drei Phasen aufeinander.

Abbildung 5: Phasen im Veränderungsprozess nach Lewin (1963)

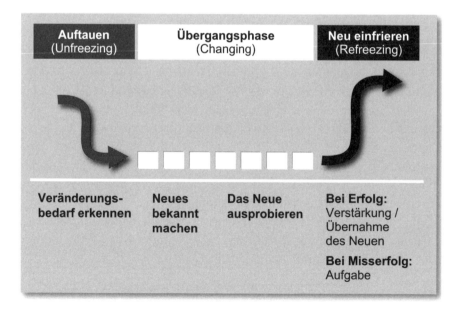

Zunächst befindet sich eine Organisation in einem inneren Gleichgewicht. Es gibt zwar Impulse zur Veränderung, diese werden jedoch durch gegenläufige, veränderungshemmende Impulse aufgehoben. Kommt es zu einem Anstoß (von innen oder von außen), werden die veränderungsantreibenden Kräfte in der Organisation so stark, dass es zu einer »Auftauphase« (»Unfreeze«) kommt, in der »gefrorene« Regeln und Normen wieder formbar werden. Anschließend durchläuft die Organisation eine Phase der Veränderung (»Move«), bis sie sich schließlich in einer neuen Form stabilisiert (»Freeze«). Als Ergebnis der Stabilisierung gibt es drei mögliche Zustände:

- Rückfall oder Misserfolg (niedrigeres Niveau)
- Erfolgreiche Bewältigung einer vorangegangenen Krise (Stabilisierung auf dem alten Niveau vor der Krise)
- Erfolgreiche Veränderung als Durchbruch (Stabilisierung auf höherem Niveau)

Wichtig an Lewins Modell sind zwei Punkte:

- Soziale Systeme können nicht von jetzt auf gleich umgebaut werden, so wie sich eine Maschine umbauen lässt. In jedem Fall ist zunächst eine Phase der Destabilisierung notwendig.
- Eine Organisation muss sich nach einer Veränderung in ein neues Gleichgewicht einpendeln – das geht nicht von heute auf morgen.

Auch heute noch ist Lewins Modell überzeugend, weil es so einfach ist. Doch genau da liegt auch das Problem: Heute weiß man, dass sich Organisationen nicht »ordentlich« von einem stabilen Zustand in den nächsten bewegen, sondern dass sie einem permanenten Wandel unterworfen sind. Oder, anders gesagt: Dass sich viele Unternehmen pausenlos am Rande des Chaos bewegen und deshalb die Vorstellung vom ordentlichen und stabilen Unternehmen fiktiv ist. Einerseits, weil äußere Einflüsse Unternehmen ständig aus der Spur treiben, andererseits, weil nur ein hohes Maß an kreativer Unruhe die Organisation überhaupt in die Lage versetzt, schnell und intelligent auf die sich rasend verändernden Anforderungen zu reagieren.

Genau diese Dynamik wird in dem »Wellenmodell der Veränderung« nach Kordis/Lynch zutreffend beschrieben.

Das Wellenmodell der Veränderung nach Kordis und Lynch

Dieses Wellenmodell basiert auf Erkenntnissen der Chaosforschung, der Gehirnforschung und der neueren Management-Philosophien. Zusammengefasst und kreiert wurde das Modell von den US-amerikanischen Autoren Paul Kordis und Dudley Lynch, die es in ihrem Buch *DelphinStrategien* vorgestellt haben.[7]

Abbildung 6: Das Wellenmodell von Veränderungen nach Kordis/Lynch

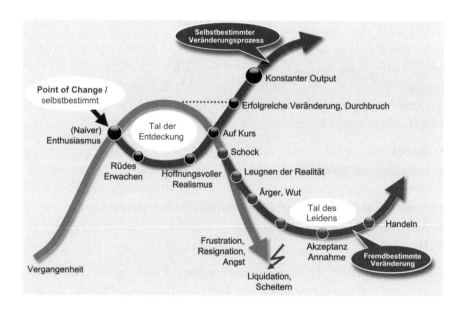

Der richtige Zeitpunkt für Veränderungen ist genau dann, wenn das Ende eines gerade laufenden Zyklus vage erkennbar wird, aber eigentlich noch alles sehr gut läuft. Genau dann muss der Wechsel in Angriff genommen werden – und zwar aus eigener Initiative. Dies ist ein Zeitpunkt, an dem derjenige, der neue Veränderungen anstoßen will, auf totales Unverständnis stößt. »Es läuft doch alles optimal! Warum sollte man also so verrückt sein, gerade jetzt schwerwiegende Veränderungsentscheidungen zu fällen?« Die Antwort ist einfach: Weil sonst die Umwelt diese Entscheidung übernimmt. Sei es der Markt oder die Markt-entwicklung, sei es der Wettbewerber, der Partner, der Mitarbeiter oder Kollege.

Wenn der »richtige Zeitpunkt« (der »Point of Change«) verpasst wird, geht es dennoch eine Zeitlang weiter bergauf. Ein fatales Merkmal der Welle, weil es Sicherheit und Erfolg suggeriert und Bequemlichkeit argu-mentierbar macht, obwohl das Ende der Welle naht. So werden wichtige Entscheidungen, Weichenstellungen, Neueinführungen oder Trennungen versäumt.

Das Tal des Leidens

Jeder kennt aus eigener Erfahrung Situationen, in denen sich die Entwick-lung (Welle) plötzlich beschleunigt und viele Dinge geschehen, auf die man weniger Einfluss hat. Man läuft der Entwicklung hinterher, Chaos bricht aus, man *reagiert* zunehmend auf das Umfeld, statt zu *agieren*. Es geht bergab. Idealtypisch kommt es jetzt zu folgenden Reaktionen:

- Schock
- Leugnung der Situation
- Zorn
- Angst, Unsicherheit, Trauer, Widerstand, Demotivation
- Akzeptanz, Annahme, und endlich
- Handeln

Diese Stadien finden wir übrigens auch, wenn ein Todesfall verkraftet wer-den muss.[8] Um mit dieser Phase der Welle, plakativ auch *Tal des Leidens* genannt, fertig zu werden, postuliert das Wellenmodell den Leitsatz: »Ak-zeptiere, dass es weh tut!«

Das Tal der Entdeckung

Wer die Dinge geschehen lässt, riskiert das Abrutschen in das Tal des Lei-dens. Viel besser ist es, rechtzeitig aus der Welle auszusteigen – nämlich dann, wenn alles schon eine Zeitlang sehr gut läuft. Um allerdings am »Point of Change« etwas Neues zu beginnen, bedarf es einer großen Portion *Enthusiasmus,* der manchmal auch etwas naiv oder blauäugig sein darf.

Denn nach dem Neubeginn kommt recht schnell der Punkt des *rüden Erwachens.* Alles dauert länger als erwartet, ist mühsamer, kostet mehr, ist frustrierender, läuft total anders. Hinzu kommt, dass man an dieser Stelle dem »Hohngelächter« der Umwelt ausgesetzt ist:

> »Ich habe es ja gleich gesagt: Völlig verrückt,
> in dieser guten Situation etwas verändern zu wollen!«
> »Never change a winning team!«
> »Das hast Du jetzt davon, völlig unnötig,
> so viel Zeit und Geld investiert zu haben!«
> »Ein Flop! Ich habe Dich ja gewarnt!«

Solche Kommentare kommen von Mitmenschen oder Mitbewerbern, die nicht erkannt haben, dass sie auf einer Welle reiten, die sich kurz vor dem Überschlagen befindet. Es gehören gute Nerven, ein gutes Team und Beharrlichkeit dazu, um jetzt nicht aufzugeben. Denn nun gilt es – im Vergleich zur Ausgangssituation – eine Zeit des Mangels durchzustehen.

Der Durchbruch

Wenn das Team (oder das Unternehmen insgesamt) durchhält, erreicht es die *Durchbruchs-Zone:* Hier werden bessere Ergebnisse erzielt und eine bessere Stimmung erlebt, als dies auf der alten Welle jemals möglich gewesen wäre.

Ein nachhaltiger Veränderungszyklus ist eingeleitet. Idealerweise gleiten Organisationen oder Menschen so von Welle zu Welle, mit Eleganz, und vor allem mit viel Spaß an der kontinuierlichen Veränderung. An dieses Bild dachten Kordis/Lynch, als sie ihrem Konzept die Bezeichnung »Delphin Strategie« gaben.

Netzwerkorganisation als Veränderungsmodell

Mit unserem Plädoyer für eine vernetzte Organisation wird ein strategischer Ansatz verfolgt, der im Moment von mehreren Managementautoren diskutiert und probiert wird. Vernetzte, modulare oder fraktale Organisationsformen sind genau die Strukturen, die moderne Unternehmen jetzt brauchen, wenn sie überleben wollen.

Vor zehn Jahren waren andere Formen des Change Managements notwendig, vor 20 Jahren wieder andere. Dietmar Vahs, Professor für Change Management und Innovation an der Hochschule Esslingen, hat versucht, die Modewellen der Change-Methoden chronologisch zu erfassen.[9] Tatsächlich überschneiden sich die Konzepte in ihren Kernelementen. Außerdem sind ältere Ansätze keineswegs den jüngeren gewichen, sondern bestehen parallel weiter, oder sie verbinden sich mit neueren Ansätzen.[10] Interessant ist, dass im Moment neue Methoden erforscht werden, die den Gedanken an Standardansätze völlig über Bord werfen, um konsequent am Einzelfall zu arbeiten.[11]

Abbildung 7: Change-Management-Ansätze der letzten 20 Jahre (In Anlehnung an: Dietmar Vahs: Organisation, S. 271)

Lean	Reengineering	Qualitäts-Management	Strategisch
Lean- ... Production ... Management ... Administration	Business- ... Reengineering ... Process Reengineering	TQM Kaizen KVP EFQM-Modell	Netzwerk ... Modulare ... Virtuelle ... ... Organisation
Prozessorientierung	Kundenorientierung		Kompetenzorientierung
1989/1990			2006/2007

Lean: Im Prinzip ist die Ausrichtung der kompletten Organisation an der Wertschöpfungskette richtig und wichtig. Aber ein mittelständischer, deutscher Traditions-Maschinenbauer kann nicht von heute auf morgen zu Toyota werden. Produkte, Produktion, Mitarbeiter und Kunden sind zu unterschiedlich.

Reengineering: Die Consultingbranche griff die Idee des »Quantensprungs« (in den Kategorien Kosten, Marktanteile, Qualität, Produktivität) gerne auf. Einen solchen Quantensprung verspricht das Reengineeringmodell der kompletten Neuorganisation aller Prozesse. Jede Unternehmensberatung brachte ihr eigenes Konzept auf den Markt, konnte die versprochenen Quantensprünge oftmals aber nicht bewirken. Die Gründe leuchten ein: Wenn betroffene Personen nicht in die Veränderungsprozesse eingebunden werden, aber von heute auf morgen alles anders machen sollen, treiben sie diese nicht aktiv voran. Kritiker bemängeln mit Blick auf die Methode des Reengineering den »menschenverachtenden Umgang mit Widerstand«[12] im Unternehmen, und mit Blick auf die Unternehmen, dass diese noch immer mit »Strong-Leadership-Theorien« liebäugeln und brachiale Top-Down-Methoden entsprechend begeistert aufgreifen.[13]

Qualitätsmanagement: Vor allem ein prozesskettenübergreifendes Qualitätsmanagement birgt große Potenziale und spielt eine wichtige Rolle. Wenn sich die Qualitätsarbeit von Unternehmen allerdings nur auf die Qualitätssicherung oder die Produktion beschränkt, wird viel Potenzial verschenkt, da man sich nur auf das Abstellen von Fehlern in einem bestimmten Bereich beschränkt. Qualitätsprobleme werden oft in Qualitätszirkeln diskutiert, in denen eine Angstkultur vorherrscht. Wenn es aber gelingt, die gesamte Prozesskette in Bezug auf Qualität zu mobilisieren, sind große Qualitätssteigerungen möglich. Besonders in der Produktentwicklung wird der Grundstock für Zuverlässigkeit und Produzierbarkeit gelegt. Erst wenn hochgesteckte Qualitätsziele für die gesamte Prozesskette nicht Angst auslösen, sondern Kräfte in der Mannschaft mobilisieren, werden alle Potenziale ausgeschöpft.

Strategische Ansätze: Diese neueren Ansätze zielen darauf ab, das traditionelle Kästchen-Organigramm-Unternehmen aufzulösen. Es soll keine fest vorgeschriebenen Dienstwege von oben nach unten mehr geben. Stattdessen sollen dynamische Netzwerke entstehen, in denen jeder Teil mit jedem anderen Teil in Aktion treten kann, wenn es die Situation erfordert. Die dichte Vernetzung geht auch über das Unternehmen hinaus und bindet Lieferanten, Kunden, Vertrieb und Service ein.

Das genau ist es, was wir erreichen wollen. Viele Mitarbeiter und Manager empfinden es zunächst als beängstigend, aus ihrer angestammten Ressort-Schublade auszusteigen und sich auf ein pulsierendes Gebilde einzulassen, das sich mit seinen Menschen und Aufgaben täglich neu formt. Das gemeinsame Abenteuer, sich in eine Netzwerkorganisation zu verwandeln, wirkt wie eine Entfesselung. Sobald sich die begrenzenden Schubladen öffnen, entfaltet sich ungeheuer viel Kreativität, Teamgeist und eine erstaunliche Lust, mitzudenken und Verantwortung zu übernehmen. Das ist pure Energie.

In den folgenden Kapiteln wird ein Blick hinter die Kulissen geworfen, um zu schauen, wie sich ein traditionell strukturiertes Unternehmen in eine vernetzte Organisation verwandeln lässt. Die intensivsten Einblicke gewährt uns Audi, insbesondere der Bereich Entwicklung Elektrik/Elektronik (EE) und die zugehörige Prozesskette (Entwicklung, Qualitätssicherung, Service, Einkauf, Planung, Controlling). Daneben werden Streiflichter zu Change-Prozessen in anderen Firmen und anderen Branchen gezeigt.

1. Irrtum: Visionen sind Chefsache

Die Angst geht um. Die Finanzbranche und die Automobilindustrie stehen am Abgrund. Big Player von gestern können morgen schon Geschichte sein. Betroffen sind auch mittlere und kleine Banken, Logistikunternehmen, Maschinenbauer, Automobilzulieferer und viele mehr. Sie sind gezwungen, schnell zu reagieren, wenn sie nicht abstürzen wollen. In der Hektik und Panik greifen viele Manager auf Konzepte zurück, die ihnen sicher erscheinen: Sie entwerfen Rettungspläne am grünen Tisch (vielleicht mithilfe und nach der Standard-Methode eines Beratungshauses), drücken die Maßnahmen von oben nach unten durch, filtern Informationen, versuchen, die Kommunikation im Unternehmen zu kontrollieren und setzen alles daran, »dass bald wieder Ruhe einkehrt« in den neu geordneten Ressorts. Doch genau so funktioniert es nicht.

In den folgenden sieben Kapiteln beschreiben wir, wie Change funktionieren kann. Wir konzentrieren uns dabei auf die Punkte, die wir anders gemacht haben als viele andere – und mit denen wir gerade deshalb Erfolg hatten. Wir bezeichnen diese Punkte als »Irrtümer des Change Managements«. Dass wir auf sieben Irrtümer gekommen sind, ergab sich aus der Sache. Als Ingenieure und Berater lassen wir uns durch magische Zahlen nicht beeinflussen.

Veränderungsprozesse brauchen Visionen; Veränderungsprozesse brauchen die Motivation und Veränderungsbereitschaft der Mitarbeiter und Führungskräfte. Deshalb entwickeln Unternehmen in teuren Aktionen immer wieder neue Visionen, lassen diese hochglänzend drucken – und wundern sich, warum sie sang- und klanglos in den Schubladen verschwinden. Energie lösen solche Visionen nicht aus. Im Gegenteil: Oft stoßen die in der Vision fokussierten Veränderungsprozesse auf massiven Widerstand an der Basis oder führen zu Zynismus (»Die da oben erfinden schon wieder das Rad neu ...«). Häufig sind die Mitarbeiter durch zahlreiche erfolglose Veränderungsprozesse in der Vergangenheit schon so strapaziert, dass jegliche Motivation unter einer dicken Schicht von Resignation und Veränderungsmüdigkeit begraben liegt.

Ein Grund dafür ist der weit verbreitete Irrtum, dass eine Vision immer »von oben«, aus dem Top-Management, kommen muss. Visionen wirken aber dramatisch stärker, wenn sie mit der Mannschaft entwickelt werden. Je umfangreicher und stärker die Basis einbezogen wird, desto stärker der Energieschub.

Dennoch: Der Grundsatz, Visionen seien allein Chefsache, zieht sich seit Dekaden durch die Management-Literatur und ist sogar bei den Autoren zu finden, die ansonsten für ihre progressiven Ansätze bekannt sind.[14] Tatsächlich stammen ja auch viele berühmte und sehr erfolgreiche Visionen von Unternehmensgründern: Werner von Siemens wollte ein weltweites Fernsprechleitungsnetz aufbauen. Gottfried Daimler war von der Idee eines Fahrzeugmotors fasziniert, der den Pferdeantrieb ersetzt. Adi Dassler wollte jeden Sportler mit dem besten Schuh für seine Disziplin ausstatten. Die Gründer von Apple verfolgten das Ziel, den Computer zu demokratisieren. Dies sind individuelle Visionen charismatischer Gründerpersönlichkeiten, die ihre Idee mit großer Energie und Leidenschaft in ihre Unternehmen getragen haben. So etwas kann auch heute noch vorkommen – es geschieht aber eher selten.

Schlagzeilen machen heute eher die Visionen von Top-Führungskräften, die sich als Flop erweisen: Edzard Reuters Vision eines integrierten Technologiekonzerns zum Beispiel ging genauso wenig auf wie Jürgen Schrempps Idee einer Welt AG mit Chrysler und Mitsubishi.

Dennoch: Top-Down-Ansätze sind populär, und möglicherweise blühen radikale Vorgehensweisen wie die so genannte »Bombenwurf-Strategie« oder Business Process Reengineering (BPR) gerade in der aktuellen Krisenzeit neu auf. Denn gerade jetzt kommt der Wunsch nach einem »starken Boss« auf. Nach einem, der eine Vision hat, wie das wankende Unternehmen zu retten ist und der jedem genau sagen kann, was zu tun ist. Das ist fatal – aus folgenden Gründen:

- Unternehmen sind heute so komplex, dass das Top-Management ohne die Mitarbeiter gar nicht mehr in der Lage sein *kann*, aktuelle Probleme bis ins Detail zu analysieren und eine zielführende Lösung zu finden. Wer nur am grünen Tisch arbeitet, lässt die Erfahrung, das Know-how und die Intelligenz der Mitarbeiter links liegen.

- Top-Down-Prozesse dauern zu lange. Wird der Wandel schrittweise von oben nach unten in ein Unternehmen gedrückt, läuft dies traditionell über eine Vielzahl von Meetings, Memos, Trainings und Workshops. Damit soll Überzeugungsarbeit geleistet und Widerstand gebrochen werden – was viel zu zeitaufwändig ist, ganz abgesehen davon, dass beides zumeist gar nicht funktioniert.
- Wer Mitarbeitern Visionen »verkauft«, die nicht ihre sind, erreicht ihre Herzen nicht. Er kann vielleicht rational erklären, warum 20 Prozent mehr Umsatz oder weniger Jobs sinnvoll sind, aber er entfesselt damit keine Energie – mit Druck nicht, und mit interner Kommunikation auch nicht. Im Gegenteil: Der Appell »wir müssen« wird nicht zu einem »wir wollen«, sondern treibt die Mitarbeiter in den Widerstand.

Das sind die Gründe, warum bei Change-Prozessen immer radikal mit der Basis zusammengearbeitet werden sollte – also warum man den kollektiven Weg zur Visionsfindung gegenüber dem individuellen Weg ganz klar bevorzugen sollte. Wir, Führungskräfte und Mitarbeiter in einem Unternehmen, stellen das Problem gemeinsam auf den Prüfstand, wir entwickeln Ideen für die Veränderung gemeinsam, entwerfen eine Vision, vereinbaren messbare Ziele, setzen Veränderungen gemeinsam um – und zwar sofort. Wenn Energie da ist, geht plötzlich alles ganz schnell. Dann stehen alle gemeinsam auf, dann werden Zäune eingerannt. Die hohe Geschwindigkeit, mit der erste Ergebnisse für alle sichtbar werden, löst noch mehr Energie aus – und dann gibt es kein Halten mehr.

Wichtig ist dabei: Dieser Ansatz ist besonders dann von Bedeutung, wenn das *Prinzip Dringlichkeit* groß geschrieben wird und wenn das mittlere Management nicht kooperiert.

Was das in der Praxis heißt, lässt sich am Beispiel des Veränderungsprozesses bei Audi Elektronik zeigen. Oft bezieht sich dieses Buch auf diese Praxis. Dazu muss man wissen: Bis in die 1990er Jahre war Audi streng hierarchisch organisiert. Der Bereichsleiter gab sich »unerreichbar«, Mitarbeiterentwicklung fand so gut wie nicht statt, wichtige Informationen kamen nicht an der Basis an. Es herrschte eine Kultur der Schuldzuweisung und des gegenseitigen Misstrauens. Mitarbeiter und Führungskräfte hatten sich an den Status Quo gewöhnt.

Die Mannschaft wachrütteln

Menschen müssen erst aus der Lethargie wachgerüttelt werden, bevor sie sich für eine neue Vision begeistern können. Als probates »Weckmittel« eignen sich unserer Erfahrung nach klare Fakten. Wer die Fakten ungeschönt auf den Tisch legt, der bringt einen Ruck in die Mannschaft, der nicht mehr rückgängig zu machen ist.

Sechs Wochen nach meinem (W.S.) Antritt in Ingolstadt rief mich der damalige Vorstandsvorsitzende an und verwies auf den neuen *JD Power-Status* für das Jahr 1996 (diese Studie gibt jedes Jahr Auskunft über die Fehlerstatistik von neuen Automobilen in den USA): »Wir sind bei der Elektrik/Elektronik weltweit die Schlechtesten. Wenn es uns nicht gelingt, dieses kurzfristig zu korrigieren, dann könnte es einem von uns beiden den Kopf kosten.« Ich hatte den Eindruck, er meinte meinen.

Abbildung 8: JD Power-Status 1996

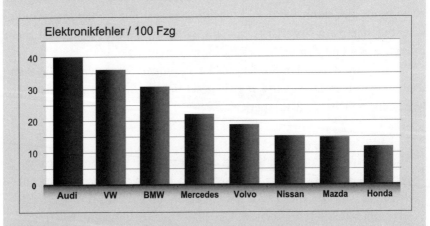

Schlechter hätte es nicht sein können. Diese Studie stellte ich in meinem Bereich vor. Die einen sagten: »Endlich jemand, der die Fakten auf den Tisch legt!« Andere schoben das Problem von sich weg: »Für

Qualität ist doch die Abteilung für Qualitätssicherung zuständig!«
Wieder andere hielten das Ergebnis schlicht und ergreifend für falsch,
und sagten: »Das kann gar nicht sein!« Ich hatte nur einen Impuls:
Ärmel hochkrempeln.

Es interessierten folgende Fragen:

- Wie können wir die Energie erzeugen, dass sich etwas verändert?
- Wo sind die Hebel, die bewegt werden müssen?
- Wer kann sagen, wo es klemmt?
- Wie können alle wachgerüttelt werden?

Aus der Zeit bei Bosch war mir klar, dass es nicht reicht, die Mitarbeiter zu informieren – dann passiert meistens gar nichts.

Mit Fakten konfrontieren

Wer Change will, muss der Basis die Fakten auf den Tisch legen – ohne
Schonung (keine Informationen in Scheibchen). Klare Aussagen zur fak-
tisch messbaren Realität rütteln die Mannschaft so auf, dass es kein Zurück mehr gibt.

Der erste Schritt auf dem Weg zur Veränderung sollte deshalb immer die
direkte und ungeschminkte Information sein: In einer Veranstaltung mit
allen (!) Mitarbeitern werden die Zahlen offen auf den Tisch gelegt.

Doch das reicht nicht. Als nächster Schritt ist der offene Dialog mit der
Basis notwendig, und es muss erreicht werden, dass an der Basis Veränderungsbereitschaft entsteht.

Umsetzungsenergie erzeugen mit Workshops

Dazu eignen sich Workshops – zum Beispiel als *Open Space* oder als *inter-
aktiver Marktplatz mit allen Mitarbeitern*. Was oft unterschätzt wird, ist
allerdings der Mut, den das Management aufbringen muss zur echten, ehrlichen und auch emotionalen Auseinandersetzung. Change-Energie entsteht nur dann, wenn keine Augenwischerei mehr betrieben, sondern tat-

sächlich Klartext geredet wird. Wenn gestritten wird, wenn die Emotionen hoch gehen, wenn jahrelang aufgestauter Frust sich endlich Bahn bricht. Es gibt viele Führungskräfte, die den Verlust von Kontrolle befürchten, ihre Mitarbeiter deshalb lieber mit Power-Point-Shows langweilen und jede Diskussion rhetorisch geschickt im Keim ersticken.

Doch wenn Rhetorik als Ersatz für wirkliche Veränderung eingesetzt wird, ist die Wirkung verheerend: Rhetorik ist ein Mittel, das zu gebrauchen vorrangig das Management versteht, und dem die Basis meist machtlos ausgesetzt ist. Ohnmacht erzeugt Wut, Resignation und Widerstand – deshalb sind Lippenbekenntnisse und leere Floskeln Gift für Change Management.

Wer das Change-Potenzial der Basis entfesselt, braucht außerdem ein großes Maß an *Vertrauen* in die Vernunft der Vielen. Er muss darauf vertrauen, dass die Organisation eben nicht im Chaos zusammenbricht, wenn er die enge Klammer der Kontrolle lockert. Er muss daran glauben, dass die Organisation in der Lage ist, aus sich selbst heraus eine neue Struktur zu entwickeln. Moderne Begriffe wie Selbstorganisation, Chaos-Management oder Fraktales Unternehmen meinen nichts anderes. Dieses Vorgehen ist anstrengend – zumal, wenn erst einmal die Fetzen fliegen. Doch das Abenteuer lohnt sich doppelt: Wer Tacheles redet, schafft bei allen Beteiligten ein neues Verständnis für die aktuelle *Realität* im Unternehmen. Das schmerzt, das schockiert. Doch gleichzeitig ist das der Punkt, an dem eine neue *Vision* zu keimen beginnt. »Wir sind ein Nobody. Doch wenn wir jetzt gemeinsam die Ärmel hochkrempeln, dann können wir es ganz nach vorne schaffen!« Wenn das geschieht, schwappt von der Basis eine Welle des Vertrauens zurück, die gewaltig ist, und eine Führungskraft, die damit nicht gerechnet hat, geradezu umhauen kann.

Die Führungskoalition aufbauen

Ein ganz wichtiges Signal für die Mitarbeiter ist der Aufbau einer geschlossenen Führungskoalition. Das heißt: Alle Führungskräfte – vom Top-Management bis zur Teamleiter-Ebene – müssen hinter den geplanten Veränderungen stehen. Hier sind zahlreiche Meetings, viele geplante und informelle Einzelgespräche und manchmal auch harte Personalentscheidungen unumgänglich.

Bei Audi haben wir zu Beginn des Change-Prozesses viele Workshops durchgeführt. Neben den Führungskräften war eine vergleichbare Anzahl von Teamleitern und Mitarbeitern einbezogen. Durch unsere Offenheit ist so ein hohes Maß an Vertrauen entstanden, dass im Anschluss einer der Mitarbeiter mir (W.S.) zwischen Tür und Angel einen entscheidenden Hinweis gegeben hat. Er warnte vor einem Querschläger im mittleren Management: »Wenn du den nicht loswirst, kannst Du einpacken.« Der weitere Verlauf der Veränderung gab ihm Recht.

Den entscheidenden Durchbruch brachte die Versetzung von zwei Führungskräften auf Positionen außerhalb der EE, die den Veränderungsprozess behindert haben. Der erste bekam einige Monate Zeit, damit er sich in Ruhe eine neue Aufgabe suchen konnte. Die zweite Führungskraft wurde innerhalb weniger Tage aus der Führungsaufgabe bei der EE herausgelöst. Viele Mitarbeiter sagten hinterher, dass sie erst nach dem »Rauswurf« davon überzeugt waren, dass es ernst mit der Veränderung gemeint ist.

Kleine Differenzen auf der oberen Führungsebene multiplizieren sich auf jeder Ebene hin zur Basis. So entstehen gigantische Differenzen und enorme Reibungsverluste an der Basis. Das kostet Hunderttausende oder manchmal Millionen, und vor allem Zeit. So verspielt man das Potenzial, Spitze zu werden. Geschlossenheit kommt aber nicht von selbst. Es braucht Offenheit und Konfliktbereitschaft – da fallen Späne (dazu mehr ab Seite 80).

Schock-Erlebnisse statt Predigten

Was man am eigenen Leibe spürt und mit eigenen Augen sieht, hinterlässt einen nachhaltigen Eindruck. Oft sind solche Lerneffekte schneller und günstiger als Seminare oder Power-Point-Vorträge von Experten. Wenn ein Zulieferer seine Mitarbeiter in einen Bus setzt und zum Band des Automobilherstellers schickt, tritt der Aha-Effekt sofort ein: »Diese Probleme tauchen also auf, wenn unsere Teile nicht die gewünschte Qualität haben!« Umgekehrt gilt das Gleiche: Wenn Mitarbeiter eines Herstellers sehen, auf welchem Stand der Technik Zulieferer oder auch Unternehmen aus ganz anderen Branchen arbeiten, kann eine schockartige Einsicht eintreten: »So weit liegen wir hinter dem Wettbewerb zurück!« Damit werden alle »So-haben-wir-das-doch-schon-immer-gemacht-Argumente« sofort zunichte gemacht, und zwar innerhalb der Mannschaft, auch im mittleren Management. *Wenn die Mannschaft wachgerüttelt ist, macht sie Druck von unten.*

Audi-Mitarbeiter wurden zu Wettbewerbern, Zulieferern und zu High-Tech-Herstellern aus anderen Branchen geschickt, und damit zu Botschaftern der Veränderung gemacht. Die Aha-Erlebnisse dieser Botschafter haben die Basis viel wirksamer überzeugt als eine Power-Point-Predigt *von oben* es je vermocht hätte. »Wir sind 30 Jahre zu-rück«, waren Werkstattmitarbeiter nach einem Besuch bei Daimler entsetzt. »Das ist nicht aufholbar« war eine Reaktion darauf. Letzt-endlich wurde der Rückstand aufgeholt, gerade weil die Mannschaft so schonungslos mit der Realität konfrontiert wurde.

Das »Alte« verabschieden

Ein weiteres Signal, das mit dem eigenen Herzen gespürt werden muss, ist ein Abschied von der Vergangenheit. Wenn eine neue Vision greifen soll, muss das Alte in irgendeiner Weise gewürdigt und verabschiedet werden, damit die Energie für das Neue wachsen kann.

Eine über 100 Jahre alte, regional sehr bedeutende Handels- und Ma-terialbearbeitungsfirma wurde durch einen großen Konzern aufge-kauft. Der neue Eigner wollte zwar die Mitarbeiter übernehmen, den alten Standort aber schließen und den traditionsreichen Namen lö-schen. Grundlage dieser Entscheidung war das konzernweite Motto: »Wir denken und handeln als eine Firma!«

Im Workshop mit der regionalen Führungskraft und deren Mitar-beitern ging es darum, die Kräfte der Mannschaft auf die anstehende Integration in den Konzern zu aktivieren: Zu Beginn sollte die Auseinandersetzung mit der Konzernvision stehen, dann eine emotionale und strategische Standortbestimmung folgen und schließlich an der erfolgreichen Integration gearbeitet werden. Am Nachmittag des ersten Tages war klar: Die größte Herausforderung für die anwesenden Führungskräfte bestand darin, den Mitarbeitern im Werk die Ängste in Bezug auf die Zukunft zu nehmen. Dazu wurden Aktionen diskutiert und Verabredungen getroffen.

Aber es lag noch etwas in der Luft. Am nächsten Morgen brach es dann heraus: Den Beteiligten, vor allem den Älteren, fiel der Abschied schwer, Abschied vom Gebäude, Abschied vom alten Namen. Trauer lag in der Luft. Der »Kopf« war klar ausgerichtet auf die Zukunft, die Argumente für die Integration lagen auf der Hand, aber der »Bauch« wollte noch nicht loslassen. Was also tun? Abschied feiern, trauern? Darf man das?

Der Moderator forderte die Gruppe auf, auf Karten zu notieren, wovon sie bereit sind, Abschied zu nehmen. Während die Teilnehmer schrieben, ging er im Hotel auf die Suche nach einem geeigneten Ritualplatz. Er fand ihn im Innenhof des Hotels und organisierte eine feuerfeste Schale, in der er eine kleine Kerze anzündete. Die Gruppe versammelte sich dann nach einer kurzen Einführung um die improvisierte Feuerstelle. Jeder der Beteiligten las dann laut vor, wovon er Abschied nehmen wollte und übergab dann seine Karten dem Feuer.

Kaum hatte der Erste seine Karte verbrannt, wurde es still und fast andächtig in der Gruppe. Nachdem alle acht Teilnehmer ihre Karten verbrannt hatten, bildete die Gruppe spontan einen geschlossenen Kreis um das Feuer, die Arme auf den Schultern der Nachbarn und verweilte in dieser Stellung, bis das Feuer verloschen war. So manche Träne floss, auch die ganz »Harten« spürten ihren Abschiedsschmerz und erlaubten sich zu trauern und so loszulassen.

Manch einer mag denken: »Emotionen wollen wir aus dem Business heraushalten. Sie stören nur. Und Tränen sowieso! Männer und Trauer – und das noch im Geschäft, ein echtes Tabu!« Doch Mitarbeiter hängen an ihrer Arbeit, mit Leib und Seele. Im Beispiel waren Emotionen die Hauptblockade für eine erfolgreiche Integration. Ohne diese improvisierte »Trauerfeier« wäre eine Identifikation mit der Zukunft im Konzernverbund schwerer gefallen und hätte länger gedauert. Verbinden können wir uns nur mit dem »Neuen«, wenn das »Alte« gelöst ist. Und Lösen heißt oft Trauern. Und das ist emotional.

Die Vision als fokussierte Energie

In der Aufrüttelphase steht das im Mittelpunkt, was nicht so gut läuft. Die Erfahrung zeigt, dass wir nicht beim Aufrütteln stehen bleiben können, sondern die Mitarbeiter inspirieren müssen. In der Aufrüttelphase entstehen Energie und Bewegung – und diese müssen jetzt fokussiert werden.

Aus der Motivationspsychologie weiß man, dass der einseitige Blick auf Probleme Energie abzieht. Und es ist auch bekannt, dass rein quantitative Ziele (mehr Umsatz, weniger Kosten, weniger Fehler, mehr Qualität) »kalte Ziele« sind, die nur den Kopf ansprechen – und daher auch keine nachhaltige Energie auslösen.

Wer etwas bewegen will, braucht ein positives, ein emotionales Ziel. Eine farbige und bildhafte Vorstellung von dem, wer er in Zukunft sein will. Er braucht eine Idee, die die Köpfe der Mitarbeiter auf Hochtouren bringt und ihre Herzen höher schlagen lässt. Er braucht eine Vision. Was ist das?

»Die Vision ist ein konkretes Zukunftsbild, nahe genug, dass wir die Realisierbarkeit noch sehen können, aber schon fern genug, um die Begeisterung der Organisation für eine neue Wirklichkeit zu wecken.«[15]

Definition Boston Consulting Group

Eine Vision ist realistisch. Anders gesagt: Eine Vision ist keine Halluzination. Denn im Unterschied zu einem reinen Hirngespinst ist sie erfüllbar, das heißt: in konkrete Schritte umsetzbar. Anschauliche Beispiele gibt es genug:

- Ikea: »The Ikea vision is, to create a better everyday life for the many people.«
- Unilever: »Our vision for Unilever is to be the world's best food com-

pany by adding vitality to life, empowering people to enjoy food, enjoy health and enjoy life.«

- DuPont: »Our vision is to be the world's most dynamic science company, creating sustainable solutions essential to a better, safer and healthier life for people everywhere.«

Eine Vision muss einfach sein. Die zugkräftigsten Visionen sind die, die ganz einfach daherkommen, die konkret sind, klar und optimistisch. J. F. Kennedy zum Beispiel formulierte die Vision, »einen Mann zum Mond und sicher wieder auf die Erde zu bringen«. Martin Luther King zeigte mit seiner weltberühmten Rede eine Vision von einem neuen Amerika (»I have a dream«). Da entstehen sofort Bilder im Kopf! Das lässt den Menschen eine Gänsehaut über den Rücken laufen.

- Eine Vision spricht Kopf, Herz und Hand an. Im Kopf der Mitarbeiter entstehen die Bilder, die eine Vision vermittelt. Hier sitzt die Ratio, mit der sie prüfen, ob sie die Vision richtig und wichtig finden, und ob sie mit ihren eigenen Zielen kompatibel ist. Im Bauch entsteht das Gefühl dazu: Wie viel Lust habe ich auf die kommenden Veränderungen? Wie sehr freue ich mich auf die Ergebnisse? Wie gerne spiele ich mit? Nicht zuletzt muss das technische und methodische Know-how da sein (»Hand«), die Vision mit Leben zu füllen. Deshalb muss neben einer gelungenen Kommunikation (die Kopf und Herz bewegt) immer auch Mitarbeiterentwicklung stattfinden. [16]
- Eine Vision spricht die Motive an, die Menschen bewegen: Das kann eine herausragende *Leistung* sein (fehlerfreie Elektronik, perfekter Service), es kann die Vorstellung von *Macht* sein (weltweite Kontrolle eines Marktes, »Konkurrenz platt machen«) oder die Freude, Teil einer erfolgreichen Gemeinschaft zu sein (Motivationspsychologen sprechen hier von *Anschlussmotiv*).[17]
- Eine Vision setzt Energie frei. Wenn eine Vision so formuliert wird, dass sie sowohl Kopf, Herz und Hand, als auch das Leistungs-, Macht- und Anschlussmotiv anspricht, bündelt sich die Lebensenergie des Unternehmens zu einer einzigen Kraft, die sich in eine Richtung Bahn bricht. Plötzlich ist es klar, wohin die Reise geht, was wichtig ist und was unwichtig, und warum die gemeinsame Anstrengung ihren Sinn hat.[18]

So weit die Theorie. Wie sieht es in der Praxis aus? *Berge von Visionen, Leitbildern und Führungsgrundsätzen bewegen kaum mehr als die Schreib-*

tischschubladen, in denen sie verschwinden – das hört man immer wieder aus den Unternehmen.

Einfache Rezepte für den Weg zu einer griffigen und überzeugenden Unternehmensvision gibt es nicht. Wer die Entwicklung und Umsetzung von Visionen verantwortet, sollte sich intensiv mit der Literatur zum Thema auseinandersetzen und gegebenenfalls die Unterstützung von Experten in Anspruch nehmen.

Einfach, emotional, attraktiv, Energie freisetzen. Einfache Worte, doch sie umzusetzen ist harte Knochenarbeit. Eine Vision muss exzellent sein, sie muss dem Unternehmen auf den Leib geschneidert sein, und sie muss den Blabla-Test bestehen. Für Allgemeinpositionen brauchen wir kein Führungsteam. Beispiel: »Wir müssen Nummer Eins oder Zwei im Markt xyz werden.« Das ist keine Vision, sondern bestenfalls ein Kriterium, mit dem sich messen lässt, ob die Vision erreicht wurde. An Visionen muss gearbeitet werden: Visionen sind wie Stahl, der umso härter wird, je länger man ihn schmiedet. Japanische Schwerter werden zigmal gefaltet und geschmiedet und sind Weltklasse bezüglich Härte und Schärfe. Genau das müssen Visionen auch sein, um das Unternehmen nach vorne zu katapultieren.

Der Weg zur ersten Vision

Gerade weil es nicht so einfach ist, wollen wir hier eine in der Praxis mit einfachen Mitteln durchgeführte Vorgehensweise darstellen, die anschaulich und leicht übertragbar ist. Wir haben bei Audi auf diese Weise gleich zwei Visionen entworfen – wobei der Weg dorthin jeweils recht steinig war. Doch die Mühe, beide Visionen in enger Zusammenarbeit mit der Mannschaft zu entwickeln, hat sich mehr als gelohnt.

1997 haben wir uns zu verschiedenen Strategieworkshops getroffen. Zunächst entwickelten wir ein Logo mit dem Titel »EE macht an«, das auf die Bereichsbezeichnung »Entwicklung Elektrik/Elektronik« (EE) anspielte. Damit konnten wir dem Gesamtbereich zeigen, dass sich etwas verändert, dass Aufbruchstimmung herrscht, dass wir freundlich provozieren wollen und Dinge in Frage stellen.

Abbildung 9: Das EE-Logo als Identifikationssymbol im Veränderungsprozess

Im Anschluss erarbeiteten Führungskräfte und Mitarbeiter des Bereichs Entwicklung Elektrik/Elektronik in heißen Diskussionen vier Begriffe für die Initiierung einer Vision: Kompetenz, attraktiv, Kundenorientierung und Elektroniksysteme. Jeder der vier Begriffe wurde durch weitere, zum Teil sehr emotionale Schlagworte mit Leben gefüllt. Und daraus leiteten die Teilnehmer ihre Vision ab: »EE: Die Kompetenz für attraktivste, kundenorientierte Elektroniksysteme.« Diese Vision, unterstützt durch das Logo »EE macht an!«, entfaltete eine enorme Kraft.

Abbildung 10: Vision EE 1997

**Die Kompetenz
für attraktivste,
kundenorientierte
Elektroniksysteme**

Nicht zuletzt deshalb, weil wir die Vision aufschlüsselten und so in die Mannschaft brachten. Unter *Kompetenz* verstanden wir beispielsweise »fachliches Know-how« und »entscheidungsfähig«. Mit dem Begriff *attraktiv* verbunden wird »führend, innovativ, emotional, ansprechend, überzeugend, begeisternd«, bei der *Kundenorientierung* legten wir Wert auf Flexibilität und Hochwertigkeit, und mit *Elektroniksysteme* meinten wir »Systeme, die durch Elektronik erst möglich werden«.

Im nächsten Schritt ging es darum, diese Vision zu emotionalisieren und zu bündeln. Hier wollten wir diese Vision in einem greifbaren Produkt zum Leben erwecken. Das gelang uns mit dem Fokus auf die Neuentwicklung des Audi-Flagschiffs A8 (Serienanlauf 2002). Dadurch wurde die Energie der Mitarbeiter auf dieses Ziel gerichtet. Jeder Mitarbeiter war mit vollem Einsatz dabei.

Als Konkretisierung wurde die Vorentwicklung beauftragt, »das weltweit einfachste Bedienkonzept« zu entwickeln. Die Werkstatt nahm sich zum Ziel, ein »flexibler und zuverlässiger Partner in der technischen Entwicklung« zu werden. Die Begriffe Flexibilität und Zuverlässigkeit wurden in Unterzielen abgeleitet.

Die Vision für jeden Mitarbeiter lebendig machen

Es wird immer wieder geschrieben, dass Veränderungsprozesse sehr lange dauern, und dass sie noch länger dauern, wenn man die Basis einbezieht. Wir haben das Gegenteil erlebt.

Sobald Energie in der Mannschaft ist, rollt die Lawine der Veränderung los. Jetzt geht es darum, diese Vision so herunterzubrechen, dass jeder Mitarbeiter weiß, was er dafür tun kann. Alle Beteiligten haben jetzt die Aufgabe, die Energie zu kanalisieren und erste Change-Projekte sofort in Angriff zu nehmen. Am besten solche, die direkt sichtbar sind. Das sind oft die eher kleinen Dinge, die dem Top-Management vielleicht banal erscheinen, die an der Basis aber sehr viel Energie freisetzen können, weil erste Erfolge sichtbar werden.

Die Wirkung der ersten Vision

Es ist erstaunlich, welche erdrutschartigen Veränderungen eine Vision in einem Unternehmen auslösen kann.

Der Veränderungsprozess bei Audi kristallisierte sich in folgenden Meilensteinen:

- Es entstand eine neue Führungskultur, verbunden mit einer starken Energie an der Basis.
- Der Audi A8 kam auf den Markt – ein Meilenstein in der Elekronik-Entwicklung (2002).
- Das neue Bedienkonzept MMI wurde von der Presse als marktführend gefeiert.
- Qualität und Zuverlässigkeit der Elektronik stiegen.

Abbildung 11: Audi Elektronik 2004: Signifikante Verbesserung von Qualität und Zuverlässigkeit

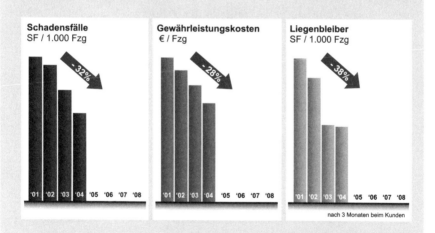

Folgende Punkte haben die Vision erfolgreich gemacht. Sie wurde

- mit Führungskräften und Mitarbeitern gemeinsam erarbeitet,
- mit einem Logo verknüpft, das uns ins Gespräch gebracht hat,

- auf konkrete Handlungsanleitungen heruntergebrochen,
- mit einem Produkt verbunden, mit dem wir zum Wettbewerb (Premiumklasse) aufschließen wollten. Ein Ziel, das in weiter Ferne lag, aber gerade deswegen alle zu Höchstleistungen angespornt hat. Dieses Ziel der damaligen Vision hatten wir nun erreicht – und jetzt?

Zwei große Träume waren Wirklichkeit geworden – der A8 und das neue Audi Elektronik Center. Wir glaubten, dass die Mannschaft stolz und zufrieden ist und nun jahrelang einfach auf hohem Niveau weiterarbeiten würde. Doch das war ein Irrtum. Im Juli 2004 waren die Stimmen aus dem Team mehr als deutlich: »War das schon alles? Wo sind die neuen Herausforderungen?«

Der Weg zur zweiten Vision

Die Mannschaft wollte eine »neue Vision«. Ich (W.S.) argumentierte gegenüber den Mitarbeitern, dass wir mit den Begriffen »Kompetenz« und »Kundenorientierung« in der Vision noch lange erfolgreich arbeiten können. Die Diskussion mit den Mitarbeitern und deren Energie diesbezüglich überzeugte mich jedoch von dem Bedarf nach einer neuen Vision.

Das »Visionsteam« geht an den Start: Ich (W.S.) rief also zur Bildung eines »Visionsteams« auf. Es sollte aus Mitarbeitern verschiedener Abteilungen bestehen, die ihr übergreifendes, prozessorientiertes Denken bereits unter Beweis gestellt oder sich bei früheren Veränderungsprozessen bewährt hatten.

Um die Vision in der gesamten Mannschaft zu entwickeln, startete das Visionsteam eine Umfrage an der Basis. Gesucht wurden Begriffe, die Energie bei den Mitarbeitern auslösten, wie etwa Sehnsucht oder Begeisterung. Zusätzlich kamen die Mitarbeiter des Visionsteams auf die Idee, andere Bereiche und auch die Kunden zu befragen.

Auf Grundlage der gefundenen Begriffe erarbeitete das Team eine erste Formulierung für die Vision, die auf einem gemeinsamen Strategieworkshop vorgestellt werden sollte. Alle Führungskräfte waren hochgradig gespannt, was sich das Visionsteam ausgedacht haben mochte. Endlich leuchtete eine Folie auf mit dem Slogan: *Gemeinsam zu Höchstleistung, die den Kunden weltweit begeistert.*

Doch statt leuchtender Augen sahen wir nur lange Gesichter. Diese Vision traf nicht den Nerv. Eine *synthetische Visionsfindung* war offenbar nicht der richtige Weg. Wir mussten größer denken: Erstens brauchten wir Ideen aus der Profi-Liga. Und zweitens mussten wir endlich über die engen Grenzen der Abteilung hinausdenken, und neben dem »Bereich Entwicklung EE« alle einbeziehen, die mit Elektronik zu tun haben.

»Audi Elektronik« – dieser Begriff fiel jetzt zum ersten Mal. Das klang viel größer, wichtiger, dynamischer als »Entwicklungsbereich Elektronik« und als das alte »Doppel-E«. Ich spürte, dass ich beim Gedanken an »Audi Elektronik« Herzklopfen bekam.

Hilfe aus der Profi-Liga: Im November 2004 luden wir Stefan Reicherstorfer, Brand-Manger bei der Männerpflege-Marke AXE und Tom Groth, Chefvisionär bei Sun Microsystems, zu einem Workshop ein. AXE hatte sein Hauptprodukt mit einer zweiten Vision ausgestattet und damit stärker gemacht als seinen aggressiven Mitbewerber Gammon. Unser Aha-Erlebnis: Die neue AXE-Vision war keine völlig andere, sondern eine weiter entwickelte Version. Eine Evolution statt einer Revolution. So etwas brauchte Audi Elektronik auch.

Eine zentrale Erkenntnis lieferte uns der Chefvisionär von Sun Microsystems, Tom Groth: In Zukunft wird das Fahrzeug zur zentralen Schnittstelle zwischen Privatleben und Beruf: Während einer Dienstreise online auf die private CD-Sammlung zugreifen. Die aktuelle Version der Firmenpräsentation abrufen, und dieser auf dem Parkplatz den letzten Schliff geben. Das Visionsteam diskutierte heftig: Hieß das nicht, dass die Kunden in Zukunft mit allen Sinnen Auto fahren? Und dass die Elektronik des Fahrzeugs alle Sinne der Kunden anspricht? Und wo blieb die Kompetenz der Ingenieure? Das, worauf wir in Ingolstadt besonders stolz sind? Schließlich stand dieser Slogan: »*Audi Elektronik: Kompetenz erfahren mit allen Sinnen.*«

Da stand sie nun, die neue Vision. Nun hatten wir allerdings über unsere Grenzen hinausgedacht, ohne die Nachbarn aus der Prozesskette Elektronik um Erlaubnis zu fragen. Wir luden also im Dezember 2004 Vertreter der Prozesskette zu einem Termin ein, der im Hause Audi als legendär gilt. Wir konnten sie von der Bedeutung der Vision für die gesamte Prozesskette überzeugen.

Damit waren wir einen großen Schritt weiter. Der für mich persönlich spannendste Termin stand aber noch bevor. Die Mitarbeiter des Visionsteams wünschten sich noch einen Diskussionspartner, der mit einem Team über einen längeren Zeitraum erfolgreich war. Da fiel mir kein besserer ein als Ottmar Hitzfeld, der ehemalige Trainer des FC Bayern München. Audi ist ein Sponsor des FC Bayern München, deshalb ist der Trainer regelmäßiger Gast in Ingolstadt. Das Gespräch mit Hitzfeld zeigte uns, dass die Kommunikation der Ziele und Visionen eng mit der Motivation der Spieler zusammenhängt. Die richtige Kommunikation entfesselt die Energie der Spieler. Nur dann ist ein Spiel auf höchstem Niveau möglich.

Die Vision wird zur Marke: Wir mussten also unsere weiterentwickelte Vision so kommunizieren, dass sie im Herzen der Mitarbeiter ankommt. Es ging schließlich um viel mehr, als einfach nur darum, einen neuen »Spruch« zu verkünden. Wenn wir etwas haben wollten, mit dem sich alle identifizieren und hinter dem alle stehen konnten, brauchten wir ein Bild. Eine Marke.

Hierzu nahmen wir Kontakt zum Audi Design auf. Dort entwickelte Christian Labonte für uns ein Logo, das erstens das Thema Vernetzung abstrahierte, das treibend war in der Entwicklung des A8, und zweitens unseren Arbeitsplatz, das hypermoderne Audi Elektronik Center.

»Audi Elektronik« als Marke. Prägnanter geht es nicht. Aber auch nicht abstrakter, und das stellte wiederum ein Problem dar. Für was genau sollte diese Marke stehen?

Nachdem wir die Vision entwickelt hatten, wurde uns klar, dass wir zur Kommunikation des eher abstrakten Slogans der Mannschaft eine Erläuterung an die Hand geben mussten. Wir wollten eine Brü-

Abbildung 12: Vision 2005 Audi Elektronik

cke in die reale Arbeitswelt der Elektronik-Entwickler schlagen. Deshalb hat das Visionsteam gemeinsam mit der EE-Führungsmannschaft Leitsätze formuliert und kurze Erklärungen erarbeitet, um die Vision zu konkretisieren. Unzählige Stunden lang haben wir über diese Leitsätze diskutiert und um Formulierungen gerungen; viele Mitarbeiter haben das Thema auch mit nach Hause genommen und nach Feierabend weiter an den Leitsätzen gefeilt. Hier die Kernaussagen, die wir in einem Booklet zusammengefasst haben:

- Wir schaffen Emotionalität und Individualität
  unter Berücksichtigung von Kosten und Standards.
- Wir leben Kundenorientierung.
- Wir gestalten komplexe Funktionen einfach.
- Wir schaffen Qualität bei kurzen Innovationszyklen.
- Wir setzen gezielt technische Innovationen um,
  die den Kunden beeindrucken.

Die Mühen der Diskussionsrunden sieht man den Sätzen jetzt nicht mehr an. Wichtig ist, dass sich die Arbeit gelohnt hat. Wir sind sicher, dass sich die Mitarbeiter erst mithilfe des Booklets konkret etwas unter der Vision vorstellen konnten.

Doch läuft irgendein Audianer zu Hochtouren auf, wenn wir ihm diese Leitsätze gerahmt an die Wand hängen? Wir wollten die Herzen der Mitarbeiter erreichen, und dazu brauchten wir mehr. Keine gerahmten Sprüche, sondern großes Spektakel.

Das »verbotene« Gelb – Booklet und »Visionsauto«: Kernpunkte des Kommunikationskonzepts waren also eine große Veranstaltung (der »Roll-Out«), ein kleines Heft mit unseren Leitsätzen (das »Booklet«), ein Geschenk für jeden und ein »verbotenes« Auto.

Auf 20 Seiten erklärte das kleine Booklet (im Format eines Urlaubsfotos) mit kurzen, griffigen Sätzen, auf was es nun ankommen sollte. Das handliche Heft verknüpfte die Vision mit dem konkreten Alltag jedes Mitarbeiters. Aber das reichte nicht, um Begeisterung auszulösen.

Um die Audianer wirklich mit allen Sinnen zu packen und ihnen außerdem ein Symbol mit auf den Weg zu geben, wollten wir jedem Mitarbeiter ein Modellauto schenken. Ein persönliches »Visionsauto«, das jeder auf dem Schreibtisch oder im Testaufbau an einem Sonderplatz positionieren konnte. Wir entschieden uns für den aktuellen A6 – das Modell Q7 war damals noch nicht fertig. Aber der A6 allein erschien uns nicht spannend genug für ein echtes Visionsauto – im Grunde wollten wir wieder einen Regelbruch. »Auch die Farbe muss ein Knaller sein!«, hieß es im Visionsteam. Für jedes Modell verabschiedet der Audi-Vorstand eine Reihe von Farben, andere als diese werden nicht freigegeben. Knallig und »eigentlich nicht freigegeben«, welche Farbe wäre besser als Gelb? »Imola-Gelb« sollten die Modellautos also werden. Aber es zeigte sich, dass die Modellautos in dieser Farbe gar nicht so leicht zu beschaffen waren.

Zusätzlich kam mir (W.S.) die Idee, das Visionsauto in der verbotenen, knallgelben Farbe im Werk als Dienstwagen bauen zu lassen. Also rief ich meinen Kollegen, den Werkleiter aus Neckarsulm, an und er sagte mir spontan seine Unterstützung zu. Mit dem realisierten Visionsauto konnte ich jedem zeigen, wie sehr ich hinter der Idee stand. Natürlich wurde auch gefrotzelt: »Der Chef im Postauto?« »Klar«, sagte ich, »bei uns geht doch die Post ab!« Ich stand hinter der Vision und identifizierte mich damit.

Abbildung 13: Das Visionsauto

Ein Jahr lang bin ich mit diesem signalfarbenen Fahrzeug unterwegs gewesen. Das ist relativ lange – im Normalfall wechselt das Topmanagement eines Automobilherstellers die Dienstwagen schneller.

Der »Roll-Out«: Wir hatten das Booklet, wir hatten das Visionsauto. Nun sollten alle Mitarbeiter in der großen Halle, der so genannten Magistrale des Elektronik-Centers, zusammenkommen und das erleben, was die Profis »Roll-Out« nennen – und hier begingen wir wieder einen Regelbruch. Wir überließen die Organisation nämlich keinen Event-Agenturen und die Key-Notes keinen Motivations-Gurus, sondern machten alles selbst – von den Impulsvorträgen bis hin zu einem Motivationsfilm, den Mitarbeiter der Audi Elektronik selbst montiert und mit dramatischer Musik unterlegt hatten.

Während des Films stieg ich (W.S.) in mein gelbes Visionsauto, das versteckt im Keller bereits im Lastenaufzug stand und fuhr langsam aufwärts. Exakt zum Schlussakkord dieses Films öffneten sich die Aufzugtüren und ich lenkte meinen gelben Wagen langsam hinein in die staunende Menge der Mitarbeiter. Ich sah leuchtende Augen. Lachende Gesichter. Dann öffnete ich die automatische Heckklappe des Kofferraums, der randvoll gefüllt war mit gelben Modellautos und Booklets für alle Mitarbeiter der Audi Elektronik. In der Halle wurde es richtig laut, als die Abteilungsleiter der gesamten Prozesskette Elektronik die Visionsautos und die Booklets verteilten.

Die Stimmung des »Roll-Outs« erinnerte mich daran, wie wir früher vor jedem Fußballspiel die Köpfe zusammen steckten, uns an den Schultern packten und gemeinsam schrien: »Wir gehen raus und schaffen das!«

Ergebnisse der zweiten Vision

Als Ergebnisse der zweiten Vision können folgende Punkte festgehalten werden:

- Die Zusammenarbeit und der Geist in der Prozesskette *Audi Elektronik* wurden deutlich verbessert.
- Qualität und Zuverlässigkeit der Elektronik wurden gesteigert und zum Benchmark in der Automobilindustrie.
- Die Prozesskette erhielt intern wie extern hohe Anerkennung.

Abbildung 14: Audi Elektronik 2008: Nochmals signifikante Verbesserung von Qualität und Zuverlässigkeit

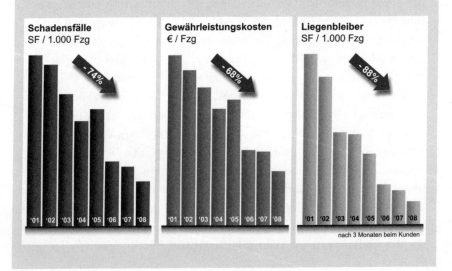

Eine »Vision von unten«?

Um Missverständnisse zu vermeiden: Wenn wir für eine radikale Einbeziehung der Basis in den Prozess der Visionsfindung plädieren, meinen wir nicht, dass das Top-Management seine Hauptverantwortung abgibt und komplett an die Basis delegiert. Das wäre unverantwortlich, unsinnig und auch gefährlich. Wir sind aber der Überzeugung, dass die Basis einen entscheidenden Beitrag in der Visionsfindung leisten kann und sollte. Wenn die Mitarbeiter das Gefühl haben, sie werden fair und mit Wertschätzung behandelt, dann setzen sie sich mit ganzem Herzen ein. Wenn sie das Gefühl haben, dass ihr Beitrag einen Sinn hat, dann arbeiten sie im Sinne des Unternehmens. Die größte Energie wird bei den Mitarbeitern freigesetzt, wenn sie auf ihr Produkt, das Umfeld und die Firma stolz sind.

In einer Kultur des gegenseitigen Vertrauens können die Fesseln der Kontrolle ein Stück weit gelockert werden. Und sie müssen es auch: Führungskräfte eines modernen Technologiekonzerns wirken wie ein Bremsklotz, wenn sie versuchen, jedes Detail zu überwachen.

Trotz allem ist es aber immer noch das Top-Management, das den Gesamtprozess im Blick haben und steuern muss. Es kann immer wieder Bremser und Querschläger geben, die beobachtet, gecoacht und gegebenenfalls aus dem Verkehr gezogen werden müssen. Möglicherweise verzettelt sich die Mannschaft – dann braucht es neue Impulse, wie zum Beispiel ein Gespräch mit einem externen Experten. Oder die Mannschaft fällt zurück in das alte Denken in Ressorts und Hierarchien – dann müssen wieder Verkrustungen eingerissen werden, zum Beispiel mit gezielten Netzwerktrainings.

In jüngster Zeit hat ein Autorenteam um Bernhard Krusche (Autor des Buches *Paradoxien der Führung*) modernes Management mit der Steuerung eines Kampfjets verglichen. Ein solcher Jet wird von einer Blackbox gesteuert, die den Kurs des in sich instabil konstruierten Flugzeugs in jeder Sekunde mehrmals justiert. Das Flugzeug, erklären die Autoren, beobachtet »sich permanent selbst beim Absturz (…), um daraus die entsprechenden Schlüsse für die Fortführung seiner Operationen zu ziehen.«[19]

Durch diese »Form des sich selbst kontrollierenden Chaos«[20] gewinnt das Flugzeug an Freiheit und Beweglichkeit – und der Pilot übernimmt eine völlig neue Rolle: Er versteht nicht mehr im Detail, was in der Blackbox passiert, und würde beim Versuch, das Flugzeug manuell zu steuern, sofort abstürzen. Der Pilot muss seiner Blackbox absolut vertrauen, und er muss sie »machen lassen«. Er braucht die Blackbox – umgekehrt braucht die Blackbox aber auch den Piloten. Er gibt die Richtung vor, er leitet Kurswechsel ein, er sorgt für die Wartung und Erneuerung der technischen Systeme. Analog zur veränderten Rolle eines Jet-Piloten hat, so Krusche, wirkungsvolle Führung heute die Aufgabe, »Freiraum zu lassen für das Potenzial einer intelligenten Belegschaft und diesen gleichzeitig selbst zu nutzen, um strategische Kurswechsel rechtzeitig einzuleiten, sowie die Armada der kooperierenden und konkurrierenden Maschinen im Blick zu behalten«.[21]

Diese Beobachtung stimmt mit unserer Erfahrung vollkommen überein. Allerdings wollen wir hier einen Punkt ergänzen: Eine Mannschaft ist anders als eine Blackbox. Sie ist kein geschlossenes System, sondern ein offenes und lebendiges Gebilde, das sich immer wieder verändert und sehr sorgfältig gepflegt werden muss, und zwar auf allen Ebenen: Als »ganze Mannschaft«, die hinter einem Namen und einem Logo steht, als eine große Anzahl lebendiger Teams, die miteinander kooperieren, und nicht zuletzt kommt es auf die Integration, die Motivation und Leistungsfähigkeit eines jeden Einzelnen an – genau wie im Fußball.

Wenn es dem Top-Management gelingt, eine intelligente Mannschaft und eine Kultur des gegenseitigen Vertrauens aufzubauen, dann, und nur dann ist eine »Vision von unten« realisierbar.

Heute prangt das Visionslogo von Audi Elektronik auf allen Präsentationen, und wenn unsere Abteilung am Ingolstädter Halbmarathon teilnimmt, tragen wir selbstverständlich Teamshirts mit unserem Logo und dem Visionsslogan. Es ist immer wieder ergreifend, sich klar zu machen, welche Wirkung von der Marke »Audi Elektronik« ausgeht. Es ist umwerfend, was passiert, wenn ein Team sich selber steuert: Es entsteht so viel Kreativität und Motivation. Pure Energie, die in die gesamte Mannschaft ausstrahlt.

Werkzeuge

Checkliste: So rütteln Sie die Mannschaft wach

Bereiten Sie sich selber innerlich vor. Die Basis eines erfolgreichen Veränderungsprozesses besteht aus dem Wachrütteln und gleichzeitigem Inspirieren sowie Begeisterung erzeugen. Fragen Sie sich hierzu: *Wie steht es mit Ihrer eigenen Inspiration und Begeisterung? Wie bereit sind Sie, kritisch auf die Situation zu schauen? Sind Sie selber schon wachgerüttelt?* Ohne emotionales Engagement sind Veränderungsprozesse nicht erfolgreich. Das entsteht nur durch die offene und manchmal schmerzhafte Auseinandersetzung mit der Realität. Aber nur wachrütteln reicht nicht. Es braucht positive Emotionen. Es sind eine von allen getragene und gemeinsame positive Vision und klare, emotionale, energieauslösende Ziele notwendig. Fragen Sie sich hierzu: *Sind Sie bereit, sich auf einen Dialog mit Ihrer Mannschaft einzulassen, die nötige Offenheit zuzulassen? Haben Sie Lust auf Emotion, Klarheit und den positiven Blick nach vorne?*

Legen Sie die Fakten auf den Tisch: Qualität, Absatz, Umsatz, Gewinn, Marktanteile, Zahl der Patente – über all dies gibt es Zahlen, die an der Basis aber oft nicht bekannt sind, oder über die zuweilen auch falsche Vorstellungen kursieren. Legen Sie die Zahlen so auf den Tisch, wie sie sind, und sprechen Sie Klartext darüber. Zeigen Sie: Wo steht das Unternehmen? Wie sieht die Zukunft des Unternehmens aus, wenn alle so weitermachen wie bisher? Gibt es das Unternehmen in einem Jahr noch, in fünf, oder in zehn Jahren? Was könnten Sie erreichen, wenn Sie jetzt einen neuen Kurs setzen und mit aller Kraft umsteuern?

Organisieren Sie Besuche bei Wettbewerbern, Kunden, Lieferanten: Wenn andere Unternehmen dem eigenen meilenweit voraus sind, führen Besuche vor Ort oft zu der schockartigen Einsicht, dass Veränderung notwendig ist. Schicken Sie Ihre Mitarbeiter auf Exkursionen. Am Montageband des Herstellers zum Beispiel ist es unmittelbar sichtbar, welche Probleme durch mangelhafte Teile eines Zulieferers ausgelöst werden.

Lassen Sie Change-Workshops veranstalten: Laden Sie Mitarbeiter und Führungskräfte zu gemeinsamen Workshops ein. Hier können die Veränderungsnotwendigkeit beraten und Verbesserungsmaßnahmen erarbeitet werden und gleichzeitig Teamgeist und Motivation für das Veränderungsvorhaben entstehen. Arbeiten Sie mit dem Wellenmodell der Veränderung (vgl. hierzu »Warum Veränderungsmanagement Unternehmen herausfordert«), fordern Sie die Beteiligten auf, mit einem Punkt auf der Welle zu markieren, wo sie das Unternehmen, den Bereich oder das Team sehen. Erlauben Sie Auseinandersetzungen zu unterschiedlichen Sichtweisen.

Bieten Sie den Raum für informelle Gespräche: Schaffen Sie viel Zeit und Raum für informelle Gespräche. Laden Sie etwa zu »Kaminabenden« oder »Frühstücksrunden« ein – wenn möglich auch außerhalb des Unternehmens. Hier können sie ganz anders über Fragen und Sorgen sprechen als in der Alltagshektik. Sprechen Sie vor allem auch über Ängste. Viele Mitarbeiter sagen schnell »Ja« zu einer Veränderung, haben aber dennoch Ängste und vermeiden es, darüber zu sprechen. Das wirkt wie eine Energieblockade. Erst, wenn Mitarbeiter über ihre Ängste gesprochen haben, können sie wirklich mitziehen. Mischen Sie die Teilnehmer (Funktion und Hierarchie).

Schaffen Sie Marktplätze: Dies ist eine Form der interaktiven Großgruppenveranstaltung. Es werden verschiedene »Marktstände« aufgebaut, an denen sich Abteilungen präsentieren und die Mitarbeiter sich informieren, miteinander diskutieren, Ideen erarbeiten und Kommentare hinterlassen können. Sorgen Sie dafür, dass diese festgehalten werden. Damit garantieren Sie gleichzeitig für genügend Bodenhaftung der Führungskräfte. In einer derartigen Multiperspektiven-Diskussion erkennen die Führungskräfte schnell, ob sie sich bereits drei Schritte vor der Mannschaft befinden, oder ob das Tempo der Veränderung sogar zu langsam ist. Beides sorgt für Frust und Unverständnis. Entweder an der Basis oder in der Führung.

Führen Sie Mitarbeiterveranstaltungen durch: Wird die Veränderungsbotschaft authentisch, glaubwürdig und klar auf einer großen Veranstaltung präsentiert, haben alle den Eindruck, sie waren vom ersten Moment an dabei. Sprecher sollten keine »Gurus«, sondern die Führungskräfte selbst sein: Nur so vermittelt sich Leidenschaft. Wenn Sie Sprechblasen fabrizieren und falsche Erwartungen wecken, demotivieren Sie die Mannschaft. Seien Sie also authentisch, sprechen Sie Klartext. Gestalten Sie diese Versammlungen wenn möglich interaktiv, also keine Botschaft von oben, sondern die Auseinandersetzung damit.

Checkliste: So entwickeln Sie eine Vision, die Energie auslöst

Prüfen Sie den »Blutdruck« Ihrer aktuellen Vision. Fragen Sie Ihre Mitarbeiter, ob sie die aktuelle Vision kennen. Wie schätzen sie diese ein? Löst sie Energie und Begeisterung aus? Weiß ein Mitarbeiter, was die Vision für seine eigene Arbeit bedeutet? Wenn Sie feststellen, dass die Vision Ihres Unternehmens schwächelt (blass wirkt), hauchen Sie ihr neues Leben ein.

Gründen Sie ein Visionsteam. Suchen Sie die Mitglieder für Ihr Visionsteam sorgfältig aus. Ihre Visionäre sollten in Prozessen denken können, sie sollten sich durch eine grundsätzliche Freude an Veränderungen auszeichnen. Es können ruhig auch Querdenker und Querköpfe dabei sein, kratzbürstige Typen, die im Team bisher nicht immer nur angenehm aufgefallen sind. Diese können die Arbeit bereichern.

Lassen Sie das Visionsteam starten. Geben Sie den Startschuss, und lassen Sie Ihr Visionsteam dann »alleine laufen« – unter der Bedingung, dass die gesamte Basis an der Visionsentwicklung beteiligt wird. Das Team entscheidet selbst, wie es vorgeht. Bleiben Sie im Dialog, geben Sie Anregungen; gute Ideen verdienen Ihre volle Anerkennung.

Geben Sie sich nicht mit dem ersten Entwurf zufrieden. Das Visionsteam präsentiert einen ersten Entwurf in einer gemeinsamen Strategiesitzung. Diskutieren Sie hart, aber konstruktiv. Wenn der Entwurf keine Begeisterung auslöst, müssen Sie ihn weiterentwickeln. Geben Sie sich nicht zu früh zufrieden! Eine blutleere Vision gibt keine Energie.

Holen Sie sich Unterstützung von außen. Lernen Sie von den Besten: Laden Sie Vertreter anderer Unternehmen ein, Zukunftsforscher, Sozialwissenschaftler, Chaostheoretiker, Philosophen – wer immer Ihnen fruchtbare Anregungen geben kann. Suchen Sie externe Kompetenz aus, die sich durch Kreativität und/oder einen scharfen Verstand auszeichnet. Beteiligen Sie Mitarbeiter an diesen Expertengesprächen.

Formulieren Sie die Vision. Die Vision entsteht voraussichtlich nicht an Ihrem Schreibtisch, sondern in einer gemeinsamen Diskussion mit Experten, Management und Mitarbeitern. Schaffen Sie Raum für Diskussion und kritische Auseinandersetzung!

Entwickeln Sie ein Kommunikationskonzept. Ihre Vision muss auf verschiedenen Wegen kommuniziert werden: Sie brauchen einen Text, der die Inhalte der Vision erklärt (Beispiel »Booklet«). Sie brauchen ein Logo. Sie brauchen gegebenenfalls weitere Symbole (Beispiel »Visionsauto«).

Feiern Sie Ihre Vision. Wichtig ist ein großes »Visions-Roll-Out«. Geben Sie Ihrem Visionsteam Unterstützung von Experten, aber vertrauen Sie auch auf die Expertise Ihrer Mitarbeiter. Diese wissen oft besser als Sie, was bei der Mannschaft ankommt und Energie für Veränderungen erzeugt.

Machen Sie die Vision präsent. Präsentieren Sie Ihr Visionslogo so oft wie möglich: Auf Plakaten, Fahnen, Präsentationsunterlagen, Give-aways, T-Shirts. Die Vision muss überall präsent sein. Und kalkulieren Sie das Kopfschütteln einiger konventionell eingestellter Kollegen aus anderen Unternehmensteilen ein.

Machen Sie die Vision konkret. Brechen Sie die Vision herunter auf konkrete Handlungsanleitungen für den Mitarbeiter. Letztendlich muss jeder wissen, was genau er in seinem Bereich zu tun hat, mit welcher Messlatte sein Erfolg gemessen wird, und in welchem Zeitraum er seine Ziele erreichen soll.

2. Irrtum: Mitarbeiterbefragungen sind Selbstläufer

Die Mitarbeiterbefragung ist die stärkste Change-Methode, die wir kennengelernt haben. Sie reißt die Mitarbeiter von jetzt auf gleich aus der Lethargie. *Ein Irrtum ist, dass die Befragung von Experten entwickelt werden muss.* Wenn man die Mitarbeiter ihre Befragung in Eigenregie durchführen und in Windeseile auswerten lässt, kommen alle Probleme auf den Tisch. Und nur dann kann Veränderung beginnen. *Nachhaltig wirkt die Befragung aber nur dann, wenn die Ergebnisse auch umgesetzt werden. Ein Selbstläufer ist die Mitarbeiterbefragung nicht.*

Befragung auf eigene Faust

Ende der 1980er Jahre war die große Zeit der japanischen Industrie: Nippons Unterhaltungselektronik hatte den US-amerikanischen und den europäischen Markt abgeräumt. Und spätestens nach dem Bestseller von Jim Womack u.a. *The Machine that changed the world* (deutschsprachig *Die zweite Revolution in der Automobilindustrie*, Campus 1984) wurde befürchtet, dass die Japaner auch die westliche Automobilindustrie vom Weltmarkt verdrängen werden. Deutsche Autobauer und die gesamte Zulieferindustrie standen unter enormem Druck. Viele Projekte mussten radikalen Kostensenkungskuren unterzogen oder eingestellt werden.

Beispiel Bosch

Nach meiner Zeit an der Hochschule stieg ich (W.S.) bei Bosch ein. Dort leitete ich ab 1985 nacheinander die Bosch-Entwicklungen für Antriebstechnik und Lenkung. Dann schlug mir Bosch zwei neue Aufgaben zur Auswahl vor: Ich sollte entweder die Kosten bei Anti-Blockier-Systemen senken, oder mithelfen, den Bereich Lichtmaschinen zu sanieren, der seit Jahren die Ergebnisziele verfehlte. Ich entschied mich für die zweite Aufgabe, obwohl sie aus meiner Sicht risikoreicher war. Mehrere Vorgänger waren gescheitert – was am Produkt und an der Mannschaft lag.

Das Produkt war modern, aber zu teuer. Und zwar, weil es im »Hochlohnbezirk« Stuttgart gefertigt wurde. Die Produktion wurde in ein hoch automatisiertes Werk nach Cardiff verlagert. Die kompetenten Mitarbeiter in Stuttgart, deren Ressourcen reduziert wurden, waren nicht begeistert, das Know-how mit aller Offenheit und Geschwindigkeit zu übertragen. »Das kann doch gar nicht funktionieren«, sagten sie »die im Ausland haben doch keine ausreichende Kompetenz«.

Meine Entwicklermannschaft bestand aus zwei Teilen, die nicht effektiv zusammenarbeiteten. Zwei Drittel der Mannschaft waren über 40 und erfahren – um nicht zu sagen, das waren knorrige Typen. Das andere Drittel der Mannschaft war jung und hungrig, aber wenig integriert. Die Älteren befürchteten wohl, dass die Jungen ihnen die Karriereperspektiven blockieren würden. Sie sahen noch nicht, dass sie alle untergehen würden, wenn sie so weiter machten wie bisher.

Manche Nacht lag ich wach und »schwitzte Blut«. Meine Mannschaft musste zusammenwachsen und sich mit Produktion, Qualitätssicherung und anderen Bereichen vernetzen – sonst würde die Sanierung scheitern. Uns fehlte das »Wir«! Aber wie war das zu schaffen?

Ich sah mich bei anderen Unternehmen um, weil ich wissen wollte, wie diese die damalige Krise meisterten. Mit meinen Mitarbeitern besuchte ich zum Beispiel Hewlett-Packard (Waldbronn/Karlsruhe) und lernte dort einen unermüdlichen Treiber für Prozesse kennen: Hermann Dietrich. Er war als Fachabteilungsleiter in eine Querschnitts-aufgabe gewechselt und schilderte uns seine Erfahrungen mit *Mitar-beiterbefragungen*, die bei HP zum jährlichen Standard geworden waren.

»*Das könnte es sein!*«, dachte ich. Acht Mitarbeiter (darunter vier Vertrauensleute, ein Betriebsrat und ein Student) übernahmen die Aufgabe, eine *Mitarbeiterbefragung* zu entwickeln. Wir saugten alle Informationen auf, die wir zum Thema finden konnten. Dann riefen wir die Mannschaft zusammen und erklärten, was wir vorhatten. Schließlich holten wir uns von der Mannschaft den Auftrag, die *Mit-arbeiterbefragung* umzusetzen.

Wir wollten die Fragen so stellen, dass sie bei den Mitarbeitern Veränderungswünsche wecken – also »Blutdruck« erzeugen. Die Dis-kussion darüber machten wir öffentlich. Während der Vorbereitung konnte sich jeder den Stand der Fragen-Formulierung anschauen. Damit wurde der Fragebogen für die Mitarbeiter »*unser Fragebo-gen*«. Schlussendlich wurden folgende Themenkomplexe festgelegt:

- Tätigkeit / Arbeitsorganisation,
- Arbeitsbedingungen,
- Sozialleistungen, Entgelt,
- Kommunikation/Information,
- Zusammenarbeit,
- Umsetzung, Leistungsfähigkeit,
- Entwicklungsmöglichkeiten,
- Vorgesetztenverhalten und
- Unternehmensimage.

Acht Wochen nach der internen *Mitarbeiterbefragungs*-»Kund-gebung« wurden die Fragebogen ausgeteilt, der Rücklauf war nach fünf Wochen beendet. Die Auswertung durch studentische Mitarbei-ter dauerte sechs Wochen.

Dass wir keinen einzigen Berater in Anspruch genommen hatten, war eine aus der (finanziellen) Not geborene Tugend, die sich als Er-folgsfaktor entpuppte: Unsere studentischen Mitarbeiter machten das besser! Sie waren zu einem Teil der Mannschaft geworden – was Beratern per Definition nicht möglich ist – und genossen hohes Vertrauen. Das ist wichtig, weil Mitarbeiter häufig die Anonymität der Befragung bezweifeln und Angst vor Sanktionen haben, wenn sie ihre Meinung ehrlich aufschreiben.

Das Ergebnis der *Mitarbeiterbefragung*:

- 76 Prozent der 109 Mitarbeiter beteiligten sich.
- Die Mitarbeiterbefragung wurde von mehr als 70 Prozent der Befragten als wichtig/sehr wichtig bewertet.
- Über die Beteiligung der Vertrauensleute und des Betriebsrats wurde auch deren Arbeit im Speziellen sehr positiv beurteilt (deutlich stärker als üblich).
- Damit fühlten diese sich auch verpflichtet, bei der Umsetzung intensiv mitzuwirken.

Abbildung 15 zeigt das Ergebnis der Themenkomplexe nach Erfüllungsgrad (Stand) und Tendenz:

Abbildung 15: Mitarbeiterbefragung Bosch 1993

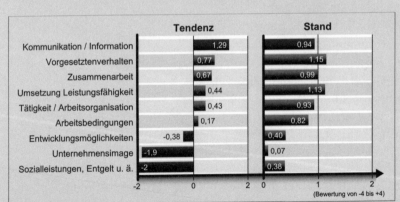

Das Ergebnis erstaunte: Bosch gilt traditionell als sozial eingestelltes Unternehmen. Wegen der kritischen Phase der Wirtschaft wurden die Sozialleistungen und das Unternehmensimage insgesamt sehr kritisch eingeschätzt. Dagegen erhielt die aktuelle Umsetzung der Leistungsfähigkeit starke Werte, ebenso die Beurteilung der Führungskräfte, deren Verhalten zuvor kritisch gesehen wurde. Die Kommunikation/Information im Bereich erreichten bezüglich der Tendenz die stärksten Verbesserungen.

Betriebsrat und Personalabteilung wurden bei der Veröffentlichung und Umsetzung der Ergebnisse intensiv einbezogen – und saßen so mit im Boot. Über die Offenlegung des Führungsverhaltens wurde der Bezug der Führungskräfte zur Mannschaft drastisch verbessert. Die Leistungsfähigkeit, der Stolz der Mannschaft und das *Wir-Gefühl* stiegen dramatisch an. Bedenkenträger hatten wegen der hohen Beteiligung und des starken Einsatzes der Vertrauensleute und des Betriebsrats keine Chance: Wir setzten das um, was die deutliche Mehrheit der Mannschaft uns aufgetragen hatte.

Über den starken Wir-Effekt nahm auch die Offenheit gegenüber Problemen und die Fehlerkultur eine deutliche Wende. So veränderte sich mit der Bereichskultur auch die Offenheit der Zusammenarbeit mit den Werken im Ausland und zum Beispiel auch die Bereitschaft zu Job Rotation. Der Wandel war nicht mehr aufzuhalten.

Nach knapp zwei Jahren waren im Projekt deutliche Fortschritte erzielt. Es zeigte sich Licht am Ende des Tunnels – und es war nicht der entgegenkommende Zug.

Die Mitarbeiter waren mittlerweile so eingestellt, dass die Veränderungsprojekte stark nach unternehmerischen Gesichtspunkten priorisiert wurden. Das blieb auch der Geschäftsführung nicht verborgen, die zunehmend Budget für Veränderungsprojekte freigab. So konnten Projekte mit externen Forschungseinrichtungen zur Verbesserung von Produkten (Ziel: weltweit Nr. 1 beim Thema Geräusch) und zur Verbesserung von Prozessen gestartet werden. Es wurden neue Entwicklungswerkzeuge (für Berechnungen, schnelle Herstellverfahren, PCs) beschafft, und es wurde ein Raum eingerichtet, in dem alle wesentlichen Wettbewerberprodukte und deren Einzelteile für jeden Mitarbeiter sichtbar waren. Die bereichsübergreifende Zusammenarbeit wurde in den Fokus gebracht (dazu gab es etwa ein Produktwörterbuch in Deutsch-Englisch-Spanisch zur besseren Zusammenarbeit mit den dortigen Werken), die Kommunikation/Information wurde durch ein Fotoorganigramm mit allen Mitarbeitern und eine Abteilungszeitschrift mit monatlicher Auflage verbessert.

Letztere wurde im Wesentlichen durch Studenten gestaltet, die nun in größerer Anzahl kamen, weil die Offenheit und die Veränderungsprozesse das Umfeld bei dem alten und vorher scheinbar langweiligen Produkt »Lichtmaschine« attraktiver machten.

Das höchste Lob für mich kam von zwei Mitarbeitern, die in den Ruhestand gingen und nach langen Jahren des Misserfolgs sich stolz mit dem Satz verabschiedeten: »Danke, Sie haben uns unser Berufsleben wiedergegeben.«

Die vorliegende Mitarbeiterbefragung fand 1993 statt und entspricht nicht mehr in jedem Fall der heutigen Unternehmenskultur im Hause Bosch.

Mitarbeiterbefragung als Change-Motor

Eine Mitarbeiterbefragung ist kein Instrument, das Veränderungen erst einmal vorbereitet. Sie ist keine Trockenübung. Sie ist kein Papiertiger. *Eine Mitarbeiterbefragung ist Change.*

Jede Befragung greift tief in die Organisation ein. Wenn Mitarbeiterbefragungen in regelmäßigen Abständen durchgeführt werden, lösen sie einen Organisationsentwicklungsprozess aus, der ernst genommen werden muss, und mittlerweile auch ernst genommen wird.

Mitarbeiterbefragungen haben sich seit Mitte der 1990er Jahre als Führungsinstrument verbreitet. 80 Prozent der 820 befragten größten Unternehmen im deutschsprachigen Raum haben bereits Erfahrungen mit Mitarbeiterbefragungen gesammelt, 66 Prozent führen sie mindestens zweimal jährlich oder noch häufiger durch, 86 Prozent der Unternehmen bescheinigen ihr einen hohen Nutzen – das zeigt eine Umfrage von 2007.[22]

Warum der Effekt so stark ist

Eine Führungskraft kann noch so engagiert im Dialog mit ihren Mitarbeitern stehen – sie stößt immer auf Stimmungen, subjektive Einschätzungen, Spekulationen und Anekdoten. Eine Mitarbeiterbefragung schlägt eine Schneise durch diesen Dschungel. Sie fragt systematisch ab, wie Mitarbeiter ihre Arbeitsbedingungen einschätzen, wie sie mit Führung und Zusammenarbeit zufrieden sind, ob sie die Strategie des Unternehmens verstanden haben – und ob sie dahinter stehen.

So wird einem Unternehmen (vielleicht erstmals) klar, wo es steht: Was läuft gut und was nicht? Wo liegen die Stärken der Firma, wo ihre Schwächen? Auf dieser Basis lassen sich die Veränderungsprozesse anstoßen, die wirklich notwendig sind, um das Unternehmen voranzubringen. (Ohne das Instrument der Mitarbeiterbefragung kann es leicht geschehen, dass veränderungslustige Führungskräfte ihre Lieblingsthemen beackern, auch wenn hier gar kein Change-Bedarf besteht.)

Der Effekt von Mitarbeiterbefragungen ist auch deshalb so stark, da sich der Erfolg der angestoßenen Veränderungen in weiteren Befragungen messen lässt, was zu noch mehr Erfolg führen kann.

Regelbrüche verstärken die Wirkung

Wer Regeln bricht, erzeugt Energie. Und wer bei einer Mitarbeiterbefragung Regeln bricht, erzeugt noch mehr Energie. Die Regeln der Mitarbeiterbefragung lassen sich aus der oben genannten Unternehmensbefragung ableiten.

Die Initiative für eine Mitarbeiterbefragung kommt bei

- 78 Prozent der Befragungen aus der Geschäftsleitung, bei
- 40 Prozent der Befragungen aus dem Personalbereich und bei
- 3 Prozent der Befragungen von Arbeitnehmervertretern.

Wenn es um externe Hilfe durch Berater geht, arbeiten

- 5 Prozent der Unternehmen mit externen Beratern,

- 80 Prozent der Unternehmen mit externen und internen Beratern und
- 15 Prozent der Unternehmen ohne externe Berater.

Zum Zeitrahmen sagen die Befragten, dass im Schnitt

- 5 Monate zwischen Planung und Start der Befragung vergehen, und
- 3 Monate zwischen der Befragung und der Veröffentlichung der Ergebnisse.[23]

Im vorliegenden Fall kam der Auftrag zur Mitarbeiterbefragung nicht von oben oder außen, sondern die Mitarbeiter selbst haben sich beauftragt. Das Know-how für Befragung und Auswertung kam nicht durch externe Berater, sondern wurde mithilfe von Benchmarks und Nachwuchskräften sowie Studierenden selbst erarbeitet. Dies, und die intensive Beteiligung von Vertrauensleuten und Betriebsrat, stärkte das Vertrauen in die Methode. Die kurze Zeitspanne zwischen der Idee und der Ergebnis-Veröffentlichung sorgte für zusätzlichen Schwung in der Mannschaft.

Beispiel Audi

An diesen Schwung dachte ich (W.S.), als ich nach meinem Wechsel nach Ingolstadt auch Audi-Mitarbeiter mit der Idee einer Mitarbeiterbefragung infizierte. Doch hier stießen Regelbrecher auf engere Grenzen: Ich konnte zwar ein Team installieren, das für die Erarbeitung eines eigenen Fragebogens zuständig war. Aber bevor es zur Befragung kam, trat ein »Störfall« auf: Ich wurde vom Personalbereich eingeladen, der mir den Hinweis gab, dass bei Audi schon ein Fragebogen aus dem Personalbereich existiere, und dass es nur diesen geben sollte. Dieser Fragebogen sei einzusetzen und kein anderer. Nach diesem Schock haben wir uns nach einer Woche zusammengerauft. Der Fragebogen der Personaler wurde zu unserem hinzugefügt und die Mitarbeiter waren stolz, das Projekt Mitarbeiterbefragung zur Umgestaltung der Burg »Entwicklung Elektrik/Elektronik« starten zu können.

Nach der Ausgabe des Fragebogens hatten die Mitarbeiter zwei Wochen Zeit zur Beantwortung der standardisierten und offenen Fragen, deren Bearbeitung rund drei Stunden in Anspruch nahmen. Dabei ging es um folgende Themenkomplexe:

- Tätigkeit / Organisation,
- Arbeitsbedingungen,
- Kommunikation,
- Zusammenarbeit,
- Entwicklungsmöglichkeiten,
- Führungsverhalten.

Wir waren baff: 86 Prozent der Mitarbeiter hatten sich beteiligt!

Abbildung 16: Mitarbeiterbefragung Audi 1997/1998

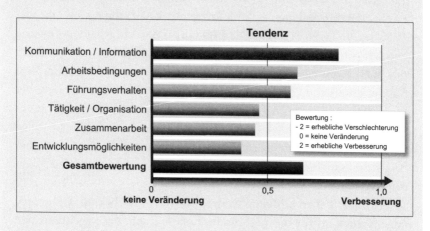

Eine Besonderheit dieser Befragung war neben dem Führungsverhalten das Thema »Cross-Beurteilung«: Jeder Mitarbeiter einer Abteilung hat die Chance, die Zusammenarbeit mit allen anderen Abteilungen zu bewerten.

Die Mitarbeiterbefragung und ihre Umsetzung haben die Audi Elektronik tiefgreifend verändert. Die wichtigsten Punkte waren:

- Wahl von 30 Veränderungsagenten,
- Berufung eines »hauptamtlichen« Change Managers,
- Einführung der Balanced-Scorecard,
- Messung der Führungskräfte an der Umsetzung der geforderten Veränderungen,
- Auswertung der Mitarbeiterbefragung nach Bereichs- und Abteilungsergebnissen und
- Start von bereichsübergreifenden Strategieprozessen für das Produktumfeld Elektronik.

Weitere bereichsinterne Mitarbeiterbefragungen fanden in den Jahren 1998, 2000, 2004 und 2006 statt. Seit 2005 ist darüber hinaus für Audi übergreifend das so genannte Stimmungsbarometer installiert. Damit werden alle Mitarbeiter jährlich befragt.

Die Mitarbeiterbefragungen hatten eine ungeheure Kraft zur Veränderung ausgelöst, sodass Wiederholungen angesagt waren. Im Dezember 1998 beteiligten sich 78 Prozent der Mitarbeiter, im Oktober 2000 waren es 90 Prozent. Die Ergebnisse der Mitarbeiterbefragung wurden professionell für den Gesamtbereich, aber auch aufgeschlüsselt nach einzelnen Abteilungen dokumentiert und waren die Basis für die unternehmerische Umgestaltung und Weiterentwicklung des Bereichs. Abbildung 16 zeigt als Ergebnis der Mitarbeiterbefragungen 1997 und 1998 den Trend in den Themenkomplexen. Bei allen Komplexen wurden deutliche Verbesserungen erzielt, vor allem aber bei Kommunikation/Information, Arbeitsbedingungen und Führungsverhalten.

Doch die Wellen schlugen weiter: Im Mai 1997 bekam Audi einen neuen Vorstand für die Technische Entwicklung, der gegenüber den Themen Mitarbeiter und Prozesse sehr aufgeschlossen war. Er stieß im gleichen Jahr eine Befragung unter den 4000 Mitarbeitern der kompletten Technischen Entwicklung an. Dadurch wurde aus der ehemaligen unerschließbaren »Burg EE« ein Bereich mit Vorbildrolle, auf die die Mitarbeiter natürlich sehr stolz waren. Die vormaligen

»Bremser« und »Mauerblümchen« waren zu Treibern im Veränderungsprozess geworden.

Neben der Mitarbeiterbefragung gab es auch Kundenbefragungen der Partner im Netzwerk von Audi. Wir holten uns neben den internen Impulsen im Bereich damit auch einige externe aus dem Audi-Netzwerk. Darüber hinaus wurde eine Vielzahl von strategischen Projekten initiiert mit dem Ziel, den Rückstand in der Premiumklasse zu reduzieren. Die Wettbewerber sollten uns nicht mehr lange davonfahren.

Aus der Mannschaft kam über die Prozesse und die Offenheit eine ungeheure Energie. Wir waren 2002 überrascht, dass wir unser Ziel übererfüllten: Audi Elektronik war mit dem neuen A8 zum Benchmark in dieser Klasse geworden, wie Leserbefragungen in einer großen Automobilzeitschrift belegten.

Risiken und Nebenwirkungen

Wer Mitarbeiter befragt, kann viel Energie in den Change-Prozess bringen – er kann aber auch auf dem Bauch landen. Laut Dr. Elisabeth Frank und Dr. Matthias Zimmermann, beide Geschäftsführer der Gesellschaft Logit Management Consulting in München, spricht vieles dafür, »dass Mitarbeiterbefragungen oft mit großem *Tam-Tam* propagiert und eingeführt werden, häufig aber weit hinter den hohen Ansprüchen zurückbleiben«. Als typische Rückmeldungen sind ihnen zufolge: »Das Management steht nicht sichtbar hinter der Befragung, nach der Mitarbeiterbefragung passiert nichts, Maßnahmen werden nicht konsequent implementiert, oder es sind keine Verbesserungen zu erkennen, Führungskräfte sind überfordert, Mitarbeiter sind befragungsmüde und beteiligen sich nicht mehr.«[24] Der Professionalität der Datenerhebung stehe ein deutlicher Dilettantismus in der Phase nach der Mitarbeiterbefragung gegenüber. Zum Beispiel würden

- keine vernünftigen Rückmeldungen über die Ergebnisse gegeben,
- keine Maßnahmen aufgesetzt oder
- Maßnahmen aufgesetzt, die nicht zu Verbesserungen führen – nur um irgend etwas zu tun.

Der Druck (»Jetzt muss etwas passieren!«) führe manchmal zu einem Aktionismus, der das Instrument der Mitarbeiterbefragung in Misskredit bringe und alle Beteiligten frustriere (»Bringt doch alles nichts.« »Da mache ich nicht mehr mit.«). Um ein Bonmot von Jack Welch zu variieren: Wer Mitarbeiterbefragungen zu oft und zu schlecht durchführt, riskiert, dass die Leute sie behandeln wie Blähungen: Wenn man lange genug wartet, gehen sie von selbst wieder weg.

Wenn Mitarbeiterbefragungen aber von der Basis mit Energie, Konsequenz und Verantwortung durchgezogen werden, bleibt auch in alten Burgen kein Stein mehr auf dem anderen.

Werkzeuge

Checkliste: So wird Ihre Befragung zum Change-Motor

Legen Sie vorab die Ziele und Verfahrensweise der Mitarbeiterbefragung fest. Klären Sie die Fragen: Was genau wollen Sie erreichen? Wie wollen Sie die Ergebnisse weiterverfolgen? Sind Sie bereit, auf alle Ergebnisse – und seien sie noch so schlecht – zu reagieren? Sind Sie bereit, langfristig am Ball zu bleiben und die Mitarbeiterbefragung als ein Instrument der permanenten Veränderung zu akzeptieren?

Holen Sie sich das Commitment aller Beteiligten. Nichts ist schlimmer als eine lustlos dahindümpelnde Mitarbeiterbefragung, weil sie von der Organisation nicht mit Herzblut getragen wird. Daher müssen Sie Betroffene zu Beteiligten machen!

Erarbeiten Sie den Fragebogen gemeinsam mit den späteren Beteiligten. Gründen Sie ein Fragebogen-Team (Mitarbeiter, Kollegen, Führungskräfte und Betriebsrat). Geben Sie Raum zum Finden von relevanten Fragen, die »Blutdruck« in der Mannschaft erzeugen, kein intellektuelles Supertool.

Gestalten Sie den Fragebogen so, dass Rückschlüsse auf Führungskräfte möglich sind. Nutzen Sie die Ergebnisse der Mitarbeiterbefragung konkret zur Führungskräfteentwicklung. Dieses geht nur, wenn die Mitarbeiterfeedbacks auf Personen beziehbar sind.

Checkliste: So erzielen Sie die sichersten Ergebnisse

Sorgen Sie für eine zügige Auswertung und ein schnelles Feedback an die Beteiligten. Vier bis sechs Wochen sind ein akzeptabler Zeitraum für eine erste Reaktion an die Beteiligten. Zu lange Reaktionszeiten lassen den Spannungsbogen sinken, schwächen die Aktualität und führen zu »müder« Bearbeitung.

Sorgen Sie für radikale Offenheit. Mitarbeiterbefragungen, deren »falsche« (weil unerwartete) Ergebnisse im Nachhinein in Frage gestellt werden, sind Gift für die Kultur. Nichts darf verschämt in den Papierkorb geworfen werden! Gehen Sie in der Bearbeitung der Ergebnisse selber mit gutem Beispiel voran. Stellen Sie sich auf den Prüfstand und geben Sie das Startsignal zu radikaler Offenheit.

Nutzen Sie die Mitarbeiterbefragung zur Führungskräfte-Entwicklung. Führen Sie mit jedem Ihrer Führungskräfte ein persönliches Auswertungsgespräch über sein Führungsverhalten und legen Sie Entwicklungsmaßnahmen fest (Einzelcoaching, Führungskräfteschulung, Teamentwicklung, etc...). Stellen Sie sicher, dass die Führungskraft sich dem Dialog mit der Mannschaft stellt. Sorgen Sie in kritischen Fällen für externe Unterstützung.

Verfolgen Sie nachhaltig und intensiv die Ergebnisse der Mitarbeiterbefragung weiter. Jedes Team, jede Abteilung, jeder Bereich muss die Ergebnisse in Workshops besprechen. Die Führungskräfte sind dafür verantwortlich, dass die besprochenen Maßnahmen, etwa mit Unterstützung von Change-Agents, umgesetzt werden. Sorgen Sie für den Gesamtüberblick aller Maßnahmen (»Kommandoraum«).

Sorgen Sie für vergleichbares Workshop-Design in der Bearbeitungsphase. Auf diese Weise stellen Sie sicher, dass in verschiedenen Bereichen in etwa die gleiche Qualität der Bearbeitung der Mitarbeiterbefragung gegeben ist. Nutzen Sie die Hilfe von studentischen Mitarbeitern oder holen Sie sich Hilfe von außen.

Regelmäßige Boxenstopps: Fragen Sie sich hierzu: Wo stehen wir ein Jahr später? Was hat sich geändert? Wo klemmt's? Lassen Sie sich nicht durch schlechte Ergebnisse der Boxenstopps entmutigen. Sie sind manchmal nur Ausdruck einer gestiegenen Erwartungshaltung der Mitarbeiter.

3. Irrtum: Über Schwächen spricht man nicht

Wer offen ist, macht sich angreifbar. Dieses Risiko gehen Menschen ungern ein. *Ein Irrtum ist, dass Risikovermeidung zu guten Ergebnissen führt.* Wenn alle Mitarbeiter feststellen, dass jeder Fehler macht und keiner dafür abgestraft wird, sorgt Offenheit für dynamische Veränderungen.

Mangelnde Offenheit ist, glaubt man Jack Welch, »das dunkelste Kapitel der Geschäftswelt«.[25] Dabei meint der Ex-CEO von General Electric (GE) nicht böswillige Unaufrichtigkeit oder geheime Machenschaften, sondern einfach die schlechte Angewohnheit, nicht offen zu sein. In welchen Unternehmen legen Manager ihre Fehler offen auf den Tisch? Wo sagen Mitarbeiter ihren Chefs ins Gesicht: »Dein Vorschlag ist unsinnig, lass uns das anders machen?« Oder dem Kollegen aus der Nachbarabteilung: »Dein Taktieren geht mir auf die Nerven?« Lieber schweigen sie, um Konflikte zu vermeiden und schlechte Nachrichten zu vertuschen. Sie machen gute Miene zum bösen Spiel, so, wie sie es seit ihrer Kindheit gelernt haben.

Angst statt Vertrauen

Offenheit gilt in den meisten Unternehmen als gefährlich – denn wer sein Visier hochklappt, macht sich angreifbar. Tatsächlich frisst das Vertuschen von Fehlern, die Kommunikation über tausend Ecken und das Verfassen von Memos, die zwischen den Zeilen Klartext sprechen, extrem viel Zeit. Mehr Zeit, als Unternehmen in Krisenzeiten haben.

Offenheit trägt wesentlich zum Erfolg von Veränderungsmanagement bei. Je radikaler diese Offenheit gelebt wird, desto mehr zahlt sie sich aus. Offenheit löst Energie aus. Offenheit erzeugt Schnelligkeit. Wenn eine Kultur entsteht, in der Dinge offen, ehrlich, direkt und schnell angesprochen und Fehler nicht vertuscht werden, trägt das zur schnellen Umsetzung bei.

Doch Offenheit lässt sich nicht erzwingen – Menschen öffnen sich nur dann, wenn sie Vertrauen haben. Vertrauen und Offenheit bedingen einander, und es ist mit einfachen und wirkungsvollen Werkzeugen möglich, Offenheit zu unterstützen und Vertrauen aufzubauen. Tatsächlich ist es notwendig, Offenheit zu organisieren und radikal vorzuleben. Sie entsteht nicht von allein.

Alle reden darüber, dass offene Kommunikation Vertrauen schafft – aber die meisten leben Offenheit nicht. Tatsächlich ist das auch nicht so einfach, weil die Aufforderung zu Offenheit erst einmal Angst auslöst. Denn folgende Fragen scheinen berechtigt zu sein:

- »Verliere ich meinen Job, wenn ich zugebe, dass ich mit meiner technischen Panne mehrere Tausend Euro in den Sand gesetzt habe?«
- »Wie reagiert mein Chef, wenn ich ihn offen kritisiere?«
- »Rammt mein Kollege mir aus Rache ein Messer in den Rücken, wenn ich aufhöre, seine Fehler zu decken?«

Wo keine Offenheit ist, da ist auch kein Vertrauen. Wer misstraut, braucht mehr Informationen und verengt zugleich die Informationen, auf die zu stützen er sich getraut. Er wird von weniger Informationen stärker abhängig – was dazu führt, dass er Entscheidungen tendenziell vor sich herschiebt, anstatt sie schnell zu treffen. Wer misstraut, liest jede E-Mail mehrmals, bevor er sie abschickt und schiebt jeden Anruf stundenlang vor sich her: Er könnte ja etwas sagen, woraus ihm ein anderer einen Strick drehen kann.

So funktioniert Change nicht. Change braucht eine dynamische Kultur, in der Dinge mit enormer Schnelligkeit umgesetzt werden. Change braucht radikale Offenheit:

- Probleme müssen schnell und direkt geklärt werden, und zwar mit möglichst vielen Beteiligten. Je mehr Menschen mitdenken, desto besser das Ergebnis. Und je schneller Ideen offen auf den Tisch kommen, desto schneller werden sie weiterentwickelt und umgesetzt.
- Fehler müssen frühzeitig auf den Tisch kommen, damit Prozesse schnell laufen und Kosten niedrig gehalten werden können.
- Konflikte müssen offen gelegt und konstruktiv geklärt werden.
- Mit menschlichen Unzulänglichkeiten (jeder hat sie!) muss offen und humorvoll umgegangen werden.

Klärende Gespräche setzen viel Motivation und Energie frei. Das Aufatmen kann man förmlich hören, und sehen, wie allen Beteiligten eine schwere Last von den Schultern fällt. Leider ist diese Art der Offenheit in den Unternehmen keine verbreitete Praxis. Hier steckt noch viel ungenutztes Potenzial.

Wenn der Chef die Deckung verlässt

Vertrauen und Motivation können nur entstehen, wenn die Führungskraft starke Signale der Offenheit setzt – wenn der Chef *die Hose runterlässt*. Eine solche Haltung löst bei Führungskräften oft Entsetzen aus. Dass sie, und nur sie, aber zum Erfolg führt, hat GE-Chef Jack Welch vorgelebt: Offenheit sollte belohnt, angepriesen und praktiziert werden, »vielleicht sogar ein wenig übertrieben«, ermutigt er. Im Laufe seiner Karriere ist er immer wieder vor seiner eigenen Offenheit gewarnt worden. Heute liegt diese Karriere hinter ihm, und Welch sagt: »sie ist durch Offenheit erst möglich geworden«.

Als ich (W.S.) in der Audi Elektronik-Entwicklung anfing, hatten wir deutlich weniger Mitarbeiter als die wichtigsten Wettbewerber. Die Qualifikation der Leute war geringer, die Ausstattung schlecht. Wie konnten wir da die Aufholjagd gewinnen? Mir war klar, dass Offenheit entscheidend dazu beiträgt, dass die Umsetzungskraft entsteht, die wir brauchen.

Wie kann ich eine neue Kultur der Offenheit schaffen? Instinktiv wusste ich, dass es kraftvolle Anstöße braucht, Symbole. Ich sah die Chance, dass die Change-Lawine ins Rollen kommt, wenn sich alle Führungskräfte offen dem Feedback ihrer Mitarbeiter stellen. Das war damals gegen alle Regeln bei Audi. Insofern war mir klar, dass es Energie auslöst. Es erforderte aber auch, dass ich es vorlebe. Deshalb habe ich, als ich mich erstmals den Mitarbeitern vorstellte, auch über meine Schwächen gesprochen.

Einige meinten hinterher »was mag da alles noch an Schwächen kommen, wenn er uns das heute schon freiwillig erzählt«. Andere waren begeistert und meinten »und wenn Sie nur 10 Prozent der

Dinge umsetzen, die sie da vortragen, dann wird das für uns ein Riesenfortschritt sein«.

Ein zentraler Bestandteil der Mitarbeiterbefragung von 1997 war das Verhalten der Führungskräfte. Jede Führungskraft bekam ihr Ergebnis auf einem bunten Bogen. Bei jedem Kriterium zeigte ein farbiger Balken das individuelle Abschneiden auf einer Skala von *schlecht* über *weniger gut*, über *gut* bis hin zu *sehr gut* an.

Mein Führungsverhalten war 1993 bei Bosch schon einmal unter die Lupe genommen worden. Damals hatte ich einen Schreibtisch in der Ecke eines Großraumbüros. Dort habe ich mein Ergebnis an eine Stellwand gehängt. Damit wollte ich meinen Mitarbeitern sagen: »Ich will mich als Chef noch weiterentwickeln und verbessern. Helft mir dabei.« Das hatte eine enorme Wirkung.

Als ich nun, vier Jahre später die Bewertung der Audianer in meinen Händen hielt, dachte ich: »Ich mache das gleiche noch einmal.« Und pinnte das Blatt mit dem Ergebnis meines Führungsverhaltens von außen an meine Bürotür.

Abbildung 17: Führungsverhalten (Beispiel Schleuter)

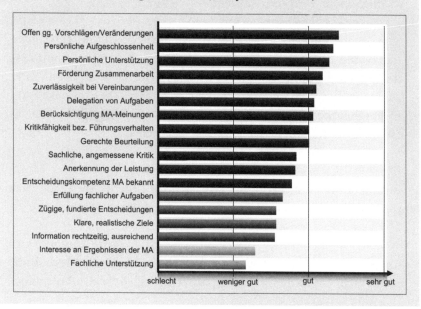

Dies sollte provozieren. Für meine Mitarbeiter und auch für die anderen Bereiche war es zuerst ein Kulturschock, aber die Botschaft war: Ich gehe offen damit um. Natürlich gibt es auch bei mir Punkte, wo ich besser abschneiden könnte. Das muss man aber mit den Mitarbeitern diskutieren, denn es liegt auch an ihnen, wenn der Chef schlecht abschneidet. Damit ich an meinem Führungsverhalten etwas ändern kann, brauche ich das Feedback und die Unterstützung meiner Mitarbeiter.

Für die anderen Führungskräfte war meine Aktion richtig hart. Denn ich sagte offen: »Ich zeige mein Profil und überlasse es jedem Leiter, das auch zu tun.« Damit standen sie enorm unter Druck. Ich hatte ihre Vorstellung von Führung über den Haufen geworfen. Ich provozierte sie.

Ich wollte niemanden öffentlich an den Pranger stellen und auch niemanden absägen, nur weil er ein schlechtes Ergebnis hat – das habe ich den Managern klar gemacht. Den Mitarbeitern habe ich gesagt: »Eure Chefs können schwach sein. Redet mit ihnen darüber. Und verteufelt sie nicht. Die Schwäche beruht zum Teil auf eurer Zusammenarbeit und die gilt es zu verbessern. Wenn ihr einen besseren Chef haben wollt, könnt ihr daran mitwirken.« Diese Botschaft war wichtig, damit Vertrauen entsteht.

Die Leiter haben erstmals mit ihren Leuten über das Thema »Führung« reden müssen. So ist eine Menge Selbsterkenntnis entstanden – gezwungenermaßen. Gleichzeitig boten immer mehr Führungskräfte ihren Mitarbeitern das »du« an. Nicht flächendeckend, aber genug, um das Klima in der Abteilung zu ändern. Diesen Effekt hatte ich überhaupt nicht erwartet. Umso mehr freute ich mich darüber. So hatte ich das Gefühl: Das Team rückt zusammen.

Eine radikal offene Fehlerkultur lässt sich im Unternehmen viel leichter leben, wenn das Top-Management die gleiche Haltung zeigt.

Für Martin Winterkorn, damals Vorstandsvorsitzender von Audi, war es nicht ungewöhnlich, im Qualitätszirkel, vor seinen Vorstandskollegen und weiteren Managern, offen zu sagen: »Das hier besprochene Problem habe ich durch eine Entscheidung zu einem früheren Zeitpunkt nicht verhindert. Mit meinem heutigen Wissensstand würde ich anders entscheiden.« Damit übernahm er die Verantwortung für das vorliegende Problem, gleichzeitig aber war dies ein starkes Signal an alle versammelten Führungskräfte: Legt Fehler offen und frühzeitig auf den Tisch! Diejenigen sind die Stärksten, die Fehler frühzeitig erkennen und sie nachhaltig abstellen!

Von der Offenheit zum Dialog

Wenn das Top-Management seine eigene Führungsbeurteilung veröffentlicht und öffentlich Fehler eingesteht, sind das starke Signale – aber erst der Anfang. Es muss mehr folgen. Bei Audi gehörten dazu auch Maßnahmen, die in fortschrittlichen Unternehmen längst völlig normal waren. Zum Beispiel:

- Regelmäßige Versammlungen aller Mitarbeiter, in denen das Top-Management über aktuelle Entwicklungen informiert und Fragen beantwortet.
- Meetings in jeder Hierarchie-Ebene: Dies ist für das mittlere Management zumeist nichts Besonderes, in der Werkstatt aber können solche Termine als etwas völlig Neues wahrgenommen werden und eine enorme Energie freisetzen, vor allem, wenn die Führungskräfte nicht nur »senden«, sondern auch zuhören und sich dafür interessieren, was die Basis denkt und fühlt.
- Ein (zumeist Intranet-gestütztes) Informations-Management, das allen Mitarbeitern den Zugriff auf die Informationen ermöglicht, die sie für ihre tägliche Arbeit brauchen. Lieber zu viel als zu wenig. Denn überall, wo Informationen fehlen, wuchern Spekulationen.

Wenn ein Unternehmen schon über ein transparentes Informations-Management verfügt, ist auf diesem Feld vielleicht nicht mehr viel zu holen. Macht eine Firma aber ihre Informationspolitik zur Machtpolitik, lohnt sich, alles auf den Kopf zu stellen.

Je mehr die Mitarbeiter selbst in die Hand nehmen können, desto stärker die Wirkung – dies könnte man als »Wikipedia-Effekt« beschreiben: Jeder Einzelne fühlt sich plötzlich berufen, sein Wissen zu teilen.

Letztendlich sind es nicht die aufwändigen Medienprodukte, die wirklich zu einer Kultur der Offenheit führen – sondern es ist die Face-to-Face-Kommunikation. Viel zu viele Führungskräfte verstecken sich hinter ihren Power-Point-Präsentationen oder hinter ihren Bürotüren und scheuen das direkte Gespräch mit der Mannschaft. So fühlen sie sich in Sicherheit, lassen aber jede Menge Energie verpuffen. Energie, die sofort da ist, wenn der Chef sagt: »Ihr müsst mir helfen, ich bin ein miserabler Umsetzer!« Oder: »Wir haben ein gravierendes Problem, das ich nicht lösen kann. Habt Ihr die rettende Idee?«

Redet die Führungskraft immer Klartext, wenn etwas *nicht* gut läuft – dann trifft auch Lob direkt ins Herz. Denn alle wissen, dass dies kein leeres Motivationsgeschwätz, sondern ernst gemeint ist. Es gibt kaum etwas, das mehr Energie auslöst in der Mannschaft.

Was heißt radikale Offenheit?

Offenheit und Ehrlichkeit sind Tugenden, die in vielen Unternehmen zu wenig gelebt werden. Allerdings muss Offenheit richtig verstanden werden, damit man sie richtig leben kann.

Offenheit heißt nicht, dass jeder sich ungebremst entlasten (»auskotzen«) und den anderen dabei verletzen darf. Das ist nicht offen, sondern rücksichtslos. Und es wirkt nicht öffnend, sondern stößt den Gesprächspartner vor den Kopf.

Das Management muss ein »offenes Ohr« für die Probleme und Anregungen der Mitarbeiter haben. Dies ist viel zu oft nicht der Fall. In vielen Unternehmen wird viel über »Offenheit« geredet, aber sie wird nicht konsequent gelebt. Mitarbeiter dürfen zwar in Alibi-Veranstaltungen ihre Meinung sagen – ob diese aber irgendeinen Effekt auf die Entscheidungen des Managements hat, bleibt offen.

Wenn Change wirklich stattfinden soll, ist »reflexive Offenheit« notwendig. Diese Offenheit bedeutet, dass alle Beteiligten gemeinsam verschiedene Sichtweisen diskutieren und dabei auch ihre gewohnten Denkmuster in Frage zu stellen bereit sind. Im Idealfall ist jeder Einzelne bereit, sich bis ins Mark erschüttern zu lassen – eine emotionale Anstrengung, die im Normalfall vermieden wird.

Eine Persönlichkeit muss sehr stabil sein, um eine derartige Erschütterung zuzulassen. Gleichzeitig müssen auch die Beziehungen zwischen den einzelnen Gesprächspartnern von gegenseitigem Vertrauen und Respekt geprägt sein. Führungskräfte können gar nicht zu viel Energie in den Aufbau und die Pflege derartiger Beziehungen investieren.

So entsteht radikale Offenheit

In einem Veränderungsprozess müssen immer wieder neue Instrumente entwickelt werden, um möglichst schnell die Probleme anzusprechen, die da sind. Offenheit zu predigen bringt nichts, es braucht effektive Schritte, die das Entstehen von Offenheit unterstützen.

Abteilungen bewerten ihre Zusammenarbeit

Im Rahmen von Mitarbeiterbefragungen bietet es sich an, alle Abteilungen aufzufordern, ihre Zusammenarbeit mit allen anderen Abteilungen zu bewerten.

Im Zuge der Audi-EE-Mitarbeiterbefragung beurteilten die einzelnen Abteilungen die Qualität ihrer Zusammenarbeit mit den Noten 1 (sehr gut), 2 (gut), 3 (weniger gut) und 4 (schlecht). Um Beispiele zu nennen: Die Abteilung OE2 beurteilte die Zusammenarbeit mit OE1 als sehr gut, diejenige mit OE5 aber als schlecht.

Die Cross-Beurteilung haben wir als farbige Matrix dargestellt: Alle Felder bis zur Durchschnittsnote 2,25 waren grün, von 2,25 bis 2,5 gelb, und danach rot bis dunkelrot (Die Farben werden hier anders wiedergegeben).

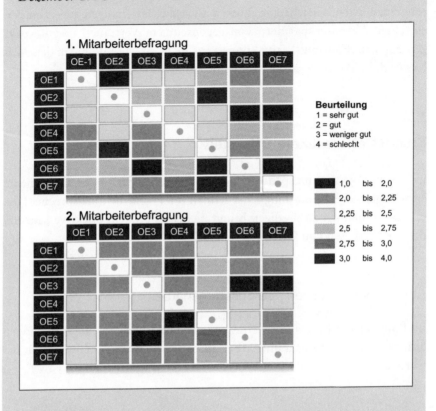

Abbildung 18: Cross-Beurteilungen von Abteilungen Juli 1997 – Dezember 1998

Als das Ergebnis vorgestellt wurde, haben wir gestaunt: So viel Rot! In fünf Fällen hatte eine Abteilung die Zusammenarbeit mit einer anderen als »schlecht« beurteilt. Zwei Abteilungen erhielten als Gesamtergebnis eine Note, die deutlich in Richtung »weniger gut« tendierte. Hier habe ich gesagt: »Wo rot ist und ein geringer Grad an Zusammenarbeit, da wird es ausreichen, wenn sich die Betroffenen zum Kaffee einladen, um ›den Bauch frei‹ zu machen. Wo aber rot ist und ein hoher Grad an Zusammenarbeit, da müssen wir Workshops machen, um den tatsächlichen Problemen auf den Grund zu gehen.«

Tatsächlich hat die radikale Offenheit so etwas wie sportlichen Ehrgeiz der Abteilungen ausgelöst. Sie wollten »die schlechte Farbe wegkriegen« und besser abschneiden, wenn die Befragung wiederholt würde. Sie haben die Botschaft verstanden: »Macht was draus!«

Bei der nächsten Mitarbeiterbefragung 18 Monate später war die Anzahl der roten Felder auf ein Drittel reduziert.

Moderierter Dialog

Für den Erfolg einer Cross-Beurteilung sind anschließende Dialogworkshops unerlässlich (das Gleiche gilt auch für Führungsbeurteilungen). Entscheidend ist nicht die Bewertung, sondern dass man hinterher miteinander redet – und zwar konstruktiv.

Deshalb ist es sinnvoll, die Teams nicht einfach so aufeinander loszulassen. Wenn es sich abzeichnet, dass die Emotionen hochkochen, sollte ein interner oder externer Moderator den Prozess moderieren.

Besonders hilfreich ist es, wenn die Workshops von Kollegen aus Nachbarabteilungen moderiert werden, die vorher entsprechend geschult wurden. Dadurch entsteht ein wichtiger Nebeneffekt: Es kommen sich nicht nur die Teams näher, die sich gegenseitig bewertet haben, sondern es entsteht auch ein Draht zu dem Team des Moderators – nicht zuletzt, weil sich alle Beteiligten noch mehr zur Offenheit durchringen müssen als im Beisein eines externen Moderators. Wird das geschafft, bricht wirklich Eis.

Es braucht Spielregeln

Offenheit wirkt nur dann ansteckend, wenn klar ist, dass demjenigen, der die Rüstung der Fehlervertuschung ablegt, nicht in der nächsten Sekunde ein Messer in den Rücken gejagt wird. Es müssen klare Spielregeln herrschen. Bewährt haben sich folgende Spielregeln der Offenheit:

- Wir sagen ehrlich und direkt unsere Meinung.
- Wir reden nicht übereinander, sondern lösen Probleme direkt.
- Keiner ist schuld an Problemen, aber alle verantwortlich, an der Lösung mitzuarbeiten.

- Wir stellen niemand an den Pranger, sondern unterstützen den, der Schwierigkeiten hat.

Offen Wünsche äußern

Der Dialogworkshop ist ein einfaches, aber sehr wirkungsvolles Konzept. Hier werden ein produktiver und konstruktiver Rahmen, vor allem aber ein Klima der Offenheit hergestellt. Im Mittelpunkt stehen folgende Fragen:

1. Was schätzen wir an euch?
2. Was wünschen wir uns von euch?
3. Was können wir selbst dazu beitragen, dass es besser wird?

Ein bekannter deutscher Hersteller von Stahlprodukten stand Ende 2008 vor folgender Situation: Die vor zwei Jahren eingeführte Neuorganisation aus sechs Stahlwerken, drei marktorientierten Produktlinien und einer Zentralentwicklung funktionierte nicht wie gewünscht. Konflikte, Missverständnisse und Reibereien zwischen den Stahlwerken und den Produktlinien, den Produktlinien und der Zentralentwicklung sowie zwischen den Werken und der Zentralentwicklung erschwerten das Vorwärtskommen des gesamten Unternehmens.

Der Frust war so groß, dass alle zehn betroffenen Führungskräfte der drei Bereiche gemeinsam beschlossen, in eine zweitägige Klausur zu gehen – ohne Geschäftsführung. Alle waren entschlossen, die anliegenden Probleme offen anzuschauen, zu verstehen und zu lösen. Weil klar war, dass Emotionen hochkochen und alle sich die Köpfe heiß reden würden, engagierten die Beteiligten einen externen Moderator.

Bei der gemeinsamen Standortbestimmung zu Beginn der Klausur waren die Antworten erfreulich einmütig und erschreckend klar: »Es ist fünf vor zwölf!« Erste gemeinsame Ideen kamen auf: »Wir müssen uns enger vernetzen!«, »Wir brauchen einen gemeinsamen Blick!«, »Wir müssen uns mehr Zeit für uns nehmen, um uns besser zu verstehen!«, »Wir brauchen mehr Offenheit untereinander«. Erstaunlich war, dass niemand die Organisation grundsätzlich in Frage stellte.

Alle Anmerkungen und Kommentare zielten auf weiche Themen – und das bei einer Gruppe, in der sich alles um harten Stahl dreht!

Ein »heißer Stuhl« half dann, die vorhandenen Probleme schonungslos offen anzusprechen. Nacheinander kamen Werke, Produktgruppen und Zentralentwicklung auf den Prüfstand, um sich jeweils den beiden anderen Funktionen zu stellen. Diese gaben je zwei Statements ab, die jeweils mit folgender Formulierung begannen:

1. »Wir schätzen an euch....«, und
2. »Wir wünschen uns von euch...«.

Auf diese Weise wurde sichergestellt, dass Offenheit ohne Verletzung herrschen konnte. Damit Klartext gesprochen wurde statt »Wischi-Waschi«, wurden alle Statements für jeden sichtbar an großen Tafeln mitprotokolliert. Am Ende einer jeweiligen Runde gab es von dem Bereich, der Feedback empfangen hatte, eine so genannte Quittung: »Bei uns ist Folgendes angekommen...«. Eventuell auftretende Unstimmigkeiten wurden direkt behoben.

Die Klausur war anstrengend, sie war intensiv – und gerade deshalb sehr produktiv. Am Ende war allen Beteiligten klar: »Wir werden mehr miteinander reden und Probleme dann offen ansprechen, wenn sie auftreten. Vor allem werden wir persönliche Konflikte nicht nach oben an die Geschäftsleitung delegieren, sondern im direkten Kontakt miteinander lösen.« Eine kleine Gruppe wurde beauftragt, Spielregeln zur Konfliktbewältigung zu entwerfen, eine andere, Ideen zu entwickeln, wie durch mehr Offenheit Konflikte in Zukunft gar nicht mehr entstehen. Beim Abschied herrschte Einmütigkeit darüber, dass sich vernetzen auch bedeutet, klar zu sein in dem, was man erwartet und offen zu sein, auch Unangenehmes anzusprechen.

Workshops schaffen Lösungen

Offenheit kann auch hergestellt werden, indem zu Workshops nicht nur Führungskräfte, sondern auch Teamleiter und Mitarbeiter von der Basis gebeten werden. Unter diesen Bedingungen kann keine Maske aufrechterhalten bleiben, Offenheit wird pur gelebt und auch eingefordert. »Die da unten« blicken »denen da oben« direkt in die Augen – und umgekehrt. Regelmäßige Teamworkshops helfen dabei, offene Aussprache auf gleicher Ebene zu erzeugen. Das ist wichtig, denn, so hat es einmal ein Mitarbeiter formuliert: »Wenn die Bäuche frei sind, dann können wir besser zusammenarbeiten.«

Grundlage für kontinuierliche Offenheit sind darüber hinaus Workshops für Mitarbeiter von der Basis, in denen zeitnah interne Probleme, aktuelle Veränderungen im Unternehmen, Entwicklungen bei Mitbewerbern oder sogar politische Rahmenbedingungen diskutiert werden. (Bei Audi wurden diese Workshops »Boxenstopps« genannt.) Hier können *Themenfelder sondiert und einzelnen Personen als Sonderaufgabe mitgegeben werden,* die eigenständig Experten aus dem Unternehmen rekrutieren, die Themen gemeinsam bearbeiten und schließlich wieder öffentlich machen. An der Basis kommt an:

- die Führung verheimlicht nichts,
- mit meinem Input bewirke ich etwas,
- es werden aktuelle Themen behandelt und
- mein Beitrag ist extrem wichtig.

Werteprofile machen Energie sichtbar

Zusätzlich zum *Können* der Mitarbeiter braucht es eben auch das *Wollen* (Motivation) und das *Dürfen* (Unternehmenskultur). Die Effektivität im Unternehmen entsteht durch neue Strategien, die Effizienz durch neue Strukturen und Prozesse, die Energie und das Engagement entstehen durch die Kultur und die *gelebten Werte.* Sie kann auch die 3-E-Strategie der Veränderung genannt werden:

1. Effektivität mittels Strategie
2. Effizienz mittels Prozessen und Strukturen
3. Energie und Engagement mittels (gelebter) Werte und Unternehmenskultur

Nach welchen Werten Führungskräfte tatsächlich handeln, lässt sich in der Praxis auf den ersten Blick oft gar nicht beschreiben. Heute gibt es Instrumente, mit denen sich dieser Wertekanon messen und vergleichen lässt.

Im Veränderungsprozess bei Audi wurde das Werteprofil nach Claire Graves[26] eingesetzt. Der Austausch von persönlichen Werteprofilen, die für jeden aus der Führungsmannschaft mittels eines Fragebogens ermittelt wurden, wurde in Form einer *Wertelandkarte* dargestellt und erzeugte Offenheit und Transparenz im Team darüber, was die Mannschaft insgesamt motiviert beziehungsweise demotiviert. Es war spannend zu sehen, was ist das Gesamtprofil, wenn alle Führungskräfte die drei Fragen beantworten:

- Was sind meine wichtigsten persönlichen Werte?
- Welche Werte leben wir heute?
- Welche Werte sollten wir leben?

Das Ergebnis für das Führungsteam sah so aus:

Abbildung 19: Wertelandkarte des Führungsteams

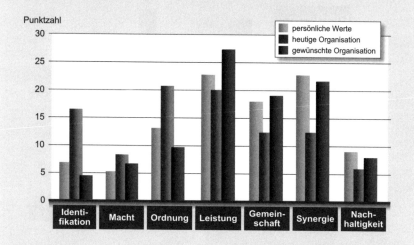

Diese Wertelandkarte gab Auskunft darüber, welche spezifischen Werte die Führungskräfte (1) persönlich im Vergleich zu den (2) heute gelebten Werten der Organisation und den (3) für die Zukunft gewünschten Werten der Organisation haben. Im obigen Beispiel zeigte die Führungsmannschaft dem Wert »Ordnung« die rote Karte, das heißt »bitte nicht noch mehr Bürokratie!«. Gleichzeitig sah die gleiche Mannschaft Entwicklungsbedarf in Sachen übergreifende Zusammenarbeit (Wert »Synergie«). Der gering ausgefallene Wert »Macht« zeigte, dass Führen über Macht (keine Einbindung der Mitarbeiter, Befehle, Druckausübung und so weiter) in dieser Organisation kein Thema ist.

Im Teamworkshop wurde es noch einmal spannend: Welches ist das Werteprofil vom »Boss« und von jedem einzelnen Teammitglied? Zunächst legten wir unsere Profile anonym offen, und jeder sollte raten, wer der Besitzer des Profils sein könnte. Das verbanden wir dann mit einem gegenseitigen Feedback. Hier ein Beispiel für ein individuelles Profil:

Abbildung 20: Persönliches Werteprofil der Führungskräfte (Beispiel)

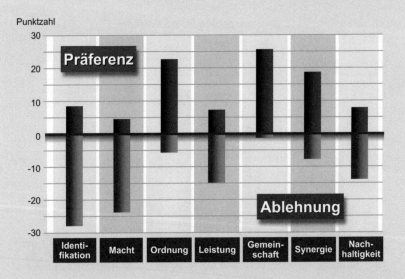

Als Nächstes verglichen wir unsere persönlichen Profile miteinander, und es wurde deutlicher, was jeden von uns »antrieb«, beziehungsweise wofür jeder bereit war, sich einzusetzen.

Diese Übung fand so großen Anklang, dass sie auch mit allen Teams der nächsten Ebene durchgeführt wurde. In der Folge wuchs durch diese praktizierte Offenheit das Verständnis füreinander drastisch an. Es hat sich also gelohnt, Offenheit radikal bis hin auf die Ebene der persönichen Werte zu praktizieren.

Offenheit steckt an

Radikalkuren, wie die Probleme per Aushang veröffentlichen, sind nur dann wirkungsvoll, wenn eine Kultur des Vertrauens da ist. Viele Unternehmen machen den Fehler, zu wenig Zeit in den Aufbau einer Kultur des Vertrauens zu investieren. Dabei ist das gar nicht so schwer, weil die einfache Regel gilt: Offenheit steckt an.

Aus der psychologischen Konfliktforschung weiß man, dass die Offenheit des einen Gesprächspartners den anderen Gesprächspartner öffnet: Eröffnet der Initiator ein Gespräch wohlwollend und empathisch, kann er eine offene Atmosphäre herstellen. Ist er aber knapp und abrupt, erzeugt er Abwehr. Umgekehrt gilt das Gleiche: Verschanzt sich der Gesprächspartner von vornherein hinter einer Mauer der Abwehr, verlässt der Gesprächsführer geradezu zwangsläufig seine offene Haltung.

Was auf der Ebene der Individuen gilt, lässt sich ähnlich auch in einzelnen Teams oder sogar im Gesamtunternehmen beobachten. Lebt die Führungsspitze eine Kultur der Offenheit, zeigen Manager und Mitarbeiter ebenfalls Offenheit. Wird aber an der Spitze eine Politik der Desinformation und Geheimnistuerei betrieben, schalten das mittlere Management und schließlich auch die Basis um auf Abwehr.

Am 16. April 2009 haben der US-amerikanische Präsident Barack Obama und seine Frau ihre Steuererklärung im Internet veröffentlicht; Vize-Präsident Joe Biden und seine Gattin haben sich diesem Schritt angeschlossen. Obama und Biden sendeten damit ein Signal der Offenheit und schützten sich gegen den Verdacht, ihre Entscheidungen könnten durch verdeckte Abhängigkeiten und Interessenkonflikte beeinflusst werden. Beide wollten Transparenz, beide wollten Ehrlichkeit, beide versuchten, diese Vorstellungen vorzuleben – als Vorbilder.

Ein Wirtschaftsunternehmen ist zwar nicht Amerika – aber auch bei Audi kam das Signal von oben: »Ich stelle mich der Kritik wie alle andern!« Die Botschaft hatte eine starke Wirkung – wobei die Wirkung des Regelbruchs hier einmal mehr als Verstärker wirkte. Die vorherrschende Praxis in vielen Unternehmen sieht ganz anders aus: Hier gehen die oberen Führungskräfte nicht mit gutem Beispiel voran, verordnen dem mittleren Management dennoch Beurteilungen ihres Führungsverhaltens.

Offen und ehrlich miteinander reden – ein solches Ergebnis klingt vielleicht nicht besonders erstaunlich. Aber es sind oft die ganz einfachen, grundlegenden Dinge, die in Veränderungsprozessen am meisten bringen. Dazu gehört auch eine elementare Handbewegung: Sich an die eigene Nase fassen – statt laut zu rufen: »Die da waren es!«

Den »Die-da!«-Effekt überwinden

In vielen Abteilungen kann man die Erfahrung machen, dass die eigene Offenheit in das gesamte Unternehmen ausstrahlt – und darüber hinaus: In der Zusammenarbeit bei Problemen mit Zulieferern wurde oft damit begonnen, eigene Stärken und Schwächen darzustellen. Gerade beim Thema »Qualitätsverbesserung« hat diese Haltung sehr geholfen.

Auch in der Zusammenarbeit mit anderen Bereichen ist es bei Problemen wichtig, nie den Finger auf andere zu richten, sondern auf den Tisch zu legen, wo wir unsere Stärken und Schwächen sehen. Das hat viel Offenheit und Kooperationsbereitschaft gebracht – und nicht zuletzt den Humor gefördert. (»Euch kann man gar nichts mehr vorwerfen, ihr habt schon die Hosen runtergelassen.«)

Notorische Nörgler erziehen

Schon Kinder wissen: Einen Turm aus Bauklötzen aufzubauen ist mühsam, ihn zum Einsturz zu bringen ist leicht – und verleiht ein Gefühl der Macht, von dem auch viele Erwachsene sich gerne verleiten lassen.

Es gibt sie in jedem Unternehmen: Mitarbeiter oder Manager, die neue Ideen prinzipiell vom Tisch wischen. Es ist leicht, noch ungelöste Probleme zu finden und diese in Totschlag-Argumente zu verwandeln. Aber ein solches Spiel erstickt Innovationen im Keim, es ist destruktiv, es lähmt.

Deshalb gilt: Wer Kritik äußert, muss auch einen Lösungsvorschlag unterbreiten. Es ist eine Kernaufgabe des Führungsteams, eine Kultur konstruktiver Kritik zu schaffen und zu pflegen.

Der Erfolg ist messbar

Eine stabile Vertrauensbasis im Unternehmen – und, weiter gedacht, in strategischen Unternehmensnetzwerken – macht nicht nur die Arbeitsatmosphäre angenehmer, sondern steigert auch den ökonomischen Erfolg.

Es gibt Hunderte von betriebswirtschaftlichen Studien, die den weichen Faktor »Vertrauen« unter die Lupe nehmen und schauen, wie er sich in Euro und Cent auszahlt. Er zahlt sich dramatisch aus – das zeigen alle Ergebnisse.[27] Vertrauen ist ein Faktor, der

- Transaktionskosten senkt,
- Kontrollkosten senkt,
- Produktivität und Profitabilität steigert,
- Kooperationen erfolgreicher macht,
- eine schnellere und kostengünstigere Realisierung von Innovationen ermöglicht,
- den Austausch von Ressourcen zwischen Organisationseinheiten fördert,
- den Transfer von Know-how fördert,
- den Aufbau weiterer Netzwerkbeziehungen fördert und
- die konstruktive Regelung von Konflikten fördert.

Wenn Mitarbeiter offen miteinander umgehen, dann eiern sie nicht lange herum und suchen händeringend Schuldige (»Die da!«). Sie wenden sich schnurstracks an ihre Kollegen, wenn irgendwo etwas anbrennt: Wenn Termine platzen, Kosten explodieren, Lieferungen liegen bleiben, Mitarbeiter quer schießen – was auch immer. Der direkte Zuruf oder der spontane Griff zum Telefon ist das, was Prozessen heute das Tempo verleiht, das sie so notwendig brauchen.

Je stabiler das Vertrauen ist, desto mehr steigen die Menge und die Qualität der ausgetauschten Informationen, und desto eher sind einzelne Manager und Mitarbeiter bereit, auch ihre persönlichen Meinungen und Werturteile mitzuteilen. Je mehr sie sich persönlich öffnen, desto verwundbarer machen sie sich gegenüber Angriffen, desto authentischer wirken sie aber auch im Team – und desto eher gelten sie als »verlässliche Informationsquelle«. Genau das macht sie in Veränderungsprozessen zu wichtigen Brückenköpfen.

Und genau das spart Geld. Denn je mehr sich Netzwerkpartner vertrauen, desto eher werden komplexe Vertragswerke überflüssig, die jede Menge Zeit fressen: Studien zeigen, dass Netzwerkakteure durchschnittlich 23 Prozent ihrer Zeit für die Planung und 19 Prozent für die Aushandlung von Verträgen aufwenden.[28]

Offenheit im Umgang mit Fehlern

Innovation ist immer mit Risiken behaftet. Wer querdenken soll, muss das ohne Angst vor Fehlern tun dürfen. Es ist eine der wichtigsten Aufgaben von Führungskräften, für einen offenen Umgang mit Fehlern zu sorgen. Denn Fehler sind eine wichtige Lernchance – und das Vertuschen von Fehlern ist eine »intellektuelle Sünde« (Karl Popper). Oder, anders gesagt:

Spieler, die viele Tore schießen, schießen auch viele Bälle ins Aus. Deshalb arbeiten wir nach folgenden Spielregeln:

- Fehler sind »normal«, denn wer entscheidet und handelt, kann auch irren.
- »Neue« Fehler sind ein willkommener Anlass, ihre Ursache zu erforschen und auszumerzen. Dabei gilt: Wir suchen nach der Ursache, nicht nach dem Verursacher. Sätze wie: »Wer war das?« sind tabu.
- Bei persönlichem Versagen gibt es ein deutliches Feedback unter vier Augen.
- Wenn der gleiche Fehler wieder auftritt, wird er mit Konsequenz verfolgt: Stimmte die gefundene Lösung nicht? Liegt die Ursache doch woanders? Hat jemand das Thema noch nicht verstanden?
- Sollte der gleiche Fehler dennoch wieder auftreten, kann das nicht geduldet werden und muss zwangsläufig Konsequenzen nach sich ziehen, auch wenn sie bitter sind.

- Immer sollten Sie bereit sein, sich zu hinterfragen: »Bin ich ein Teil des Problems? Habe ich durch unklare Anweisungen oder Mängel in der Information zum Fehler beigetragen?«

Sie sollten

- *Fehler vermeiden,* und wenn sie doch geschehen,
- *Fehler sofort kommunizieren, offen legen, statt sie zu vertuschen,*
- *Fehler sehr früh finden* und
- *Fehler nachhaltig abstellen.*

Wesentlich ist, wie Manager den Umgang mit Fehlern tatsächlich vorleben. Das kann sehr radikal sein, wie eine Beispielsgeschichte zeigt, die seit Jahren in der Trainerbranche kursiert:

Eine junge Führungskraft in einem großen amerikanischen IT-Konzern hatte aus Mangel an Erfahrung und durch persönliche Fahrlässigkeit ein wichtiges Projekt in den Sand gesetzt. Der Schaden für das Unternehmen belief sich auf rund eine Million Dollar. Die Führungskraft wurde zum Chef gerufen und erwartete, dort die Entlassungspapiere entgegennehmen zu müssen. Das war auch das Erste, was sie dem Chef sagte. Dieser antwortete ihm: »Sind Sie wahnsinnig! Ich denke gar nicht daran, Sie zu entlassen. Ihre Erfahrung hat mich eine Million gekostet. Sie sind jetzt mein wertvollster Mann.«

Offenes Fehlermanagement macht schnell

Wer mit Software arbeitet, der weiß, dass diese mit zunehmender Vernetzung immer besser, aber auch immer anfälliger für Fehler wird. So treten bei einer neuen Elektronik- oder Infotainmentplattform für ein Fahrzeug rund 10 000 Softwarefehler auf, die abgestellt werden müssen. Bei der Entwicklung von computergesteuerten Anlagen für die Industrie sieht es ähnlich aus.

Diese Fehlerbeseitigung zu erreichen, erfordert eine hocheffektive Kultur der Offenheit im Netzwerk des Herstellers. Viele Fehler sind nur unter Beteiligung mehrerer Zulieferer zu lösen, die zum Teil untereinander im Wettbewerb stehen. Die Fehlerbeseitigung kann nur dann mit der erforderlichen Schnelligkeit erfolgreich bewerkstelligt werden, wenn die Partner offensiv in einer vertrauensvollen Form zusammenarbeiten. Konkret heißt das: Sie treffen sich zu gemeinsamen Arbeitsterminen bei ihrem Kunden. Konkurrierende Ingenieure arbeiten Hand in Hand, um ein gemeinsames Problem zu lösen. Konkurrenz und Kooperation überlagern sich in einer Form, die vor zehn Jahren noch undenkbar war. Es funktioniert trotzdem. Warum? Schließlich steigen die Kosten für alle Beteiligten überproportional an, je später die Probleme gelöst werden.

Beim Audi A8 hatten wir noch nicht alle Fehler beseitigt, als die Produktion startete (SOP = Start of Production). Beim A6 waren wir kurz vor dem Produktionsstart fehlerfrei, sodass die Vernetzungsfreigabe wesentlich früher stattfinden konnte. Bei den Modellen Q7 und A5 konnten wir die Fehlerfindung und Behebung noch frühzeitiger

Abbildung 21: Fehlermanagement: Der Lerneffekt bei Fahrzeuganläufen

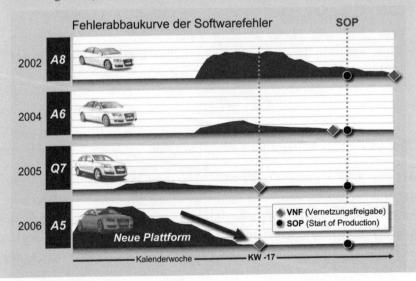

im Termin abschließen, womit die Produktion sicherer und kostengünstiger wurde. Beim A5 gelang das, obwohl wegen einer neuen Elektronikplattform in der gleichen Zeit siebenmal so viele Fehler zu beseitigen waren als beim Q7. Die Mitarbeiter hatten dazugelernt, die Zusammenarbeit und das gegenseitige Vertrauen waren noch weiter gesteigert worden.

Beichtstunden

Ein systematischer und offener Austausch über Fehler passiert niemals spontan. Um eine Kultur aufzubauen, in der nicht vertuscht, sondern offen über Schwierigkeiten und Fehler geredet wird, braucht es feste »Beichtstunden«.

Bei Audi zum Beispiel wurde diese »Beichtstunde« die »Donnerstagsrunde« genannt: Hier kamen, etwa bei Fahrzeuganläufen, die Probleme offen auf den Tisch – und es kam zu einem erstaunlichen Effekt. Je mehr Mitarbeiter ihre Karten aufdeckten, desto mehr Kollegen legten ihre Karten ebenfalls offen. Eine Kettenreaktion, die mit einem Schlag die Atmosphäre verändert hat: Kein Pokerface mehr, kein einziges in der ganzen Runde. Endlich zeigten sich die Mitarbeiter unverstellt und authentisch. Sie waren wie befreit, weil sie alle im Grunde ihres Herzens viel lieber brillante Lösungen für technische Probleme austüfteln als Fehlerverstecken zu spielen.

Was gemessen wird, kann gesteuert werden

Weil wir nur das verbessern können, was wir auch messen können, muss ein schonungsloses Monitoring eingeführt werden, das neben den technischen Prozessen (Termineinhaltung, Fehlerzahl) auch die Entwicklung der weichen Faktoren (zum Beispiel Zahl der Job Rotation und Schulungen), den Aufbau der Netzwerkorganisation (strategische Partnerschaften und die Anzahl der Besuche bei Lieferanten) und die Kundenorientierung (Studien, Anzahl der Kundenkontakte) misst.

Abbildung 22: Zielerreichung Balanced Scorecard

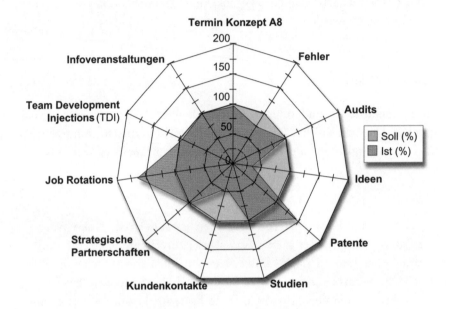

Monitoring ist entscheidend. Schlagkräftig kann Monitoring nur dann sein, wenn es wiederum mit radikaler Offenheit, oder anders gesagt: radikaler Öffentlichkeit, kombiniert wird. Eine solche lässt sich ganz einfach herstellen, indem die Monitoring-Ergebnisse und Abteilungsvergleiche auf große Plakate gedruckt und überall ausgehängt werden. Für jeden Mitarbeiter, der durch das Unternehmen geht, ist so auf einen Blick erkennbar, welche Abteilung in welcher Hinsicht gut abschneidet, und wo sie noch Punkte aufholen muss. Offener Wettbewerb beflügelt, spornt an und – Erfolg bringt weiteren Erfolg.

Risiken und Nebenwirkungen

Das weckt den sportlichen Ehrgeiz aller Beteiligten, kann allerdings auch unerwünschte Nebenwirkungen haben:

- Wenn zu viele Kennzahlen erhoben werden, dann überrollt der Mess- und Controlling-Aufwand den eigentlichen Veränderungsprozess. Monitoring muss für alle Beteiligten lebbar sein.
- Gelegentlich fokussieren die Mitarbeiter ihre Energie so sehr darauf, »ihr Bild« zu verbessern, dass sie die Optimierung der realen Prozesse darüber aus dem Blick verlieren. So stellt beispielsweise eine Abteilung ihre Arbeit am Thema »Studien« oder »Patente« ein, weil sie hier bereits einen Höchstwert erreicht hatte. Derartige Fehlentwicklungen lassen sich schnell beheben, wenn das Management in einem permanenten und engen Dialog mit allen Abteilungen steht.

Im Normalfall überwiegen die positiven Aspekte eines engmaschigen Monitorings die negativen sehr deutlich. Die meisten Mitarbeiter empfinden es als sehr hilfreich, wenn sie sehen, dass ihre Anstrengung einen messbaren Effekt hat. Damit verschwindet auch die Einstellung »Das schaffen wir nie!« und macht Platz für die Erkenntnis, dass alle Mitarbeiter zusammenarbeiten, um einen Quantensprung zu bewältigen. Diese Perspektive ist es, die die Herzen der Mitarbeiter bewegt und Energie freisetzt.

Werkzeuge

Teamworkshops

Wir beschränken uns hier auf drei wirkungsvolle Methodenbeispiele für Teamworkshops, die Emotionen und Energie auslösen, und dabei helfen, gemeinsame Probleme engagiert und kraftvoll zu lösen:

1. *Aufgabe: Wir malen das Führungsteam.* Jeder Mitarbeiter und jeder Manager kann malen – auch wenn ihm diese Aufgabe zunächst merkwürdig vorkommt. Lassen sich die Teilnehmer darauf ein, zeigt sich zum Beispiel, dass es einen inneren und einen äußeren Führungskreis

gibt. Die Bilder können eine deutliche, emotionale Botschaft haben und einen ehrlichen, offenen Prozess in Gang bringen.

2. *Aufgabe: Jeder schreibt jedem im Team eine Karte: »Mein Wunsch, Tipp, Feedback an dich.«* Diese Karten werden an ihre Adressaten verteilt. Dann spricht jeder mit jeweils wechselnden Gesprächspartnern im Zehn-Minuten-Takt über das, was man sich gegenseitig geschrieben hat. Eine Lieblingsübung der Teilnehmer: Diese Übung löst viel Energie aus, weil Probleme und Schwierigkeiten direkt, offen, konstruktiv, schnell angesprochen und gelöst werden.

3. *Aufgabe: Jeder schreibt jedem eine Karte: »Was ich mit dir klären möchte. Was ich mir von dir wünsche.«* Anschließend werden Vier-Augen-Gespräche geführt, die alle fünf Minuten mit einem neuen Partner stattfinden. Hier geht es häufig um wichtige Klärungen auf der Beziehungsebene, wie überall ein bedeutender Stolperstein für gute Zusammenarbeit.

Checkliste: Cross-Beurteilungen der Schnittstellen im Unternehmen

Bereiten Sie mit einem Mitarbeiterteam die Befragung vor. Planen Sie Kommunikation, Information und Motivation mit dem Ziel, dass sich so viele Mitarbeiter wie möglich an der Befragung beteiligen und neugierig auf die Ergebnisse werden.

Führen Sie die Befragung durch. In einem Fragebogen bewerten die Mitarbeiter die folgenden Fragen mit Schulnoten:

- Wie beurteilen Sie die abteilungsübergreifende Zusammenarbeit mit Abteilung X?
- Wie beurteilen Sie die abteilungsübergreifende Zusammenarbeit mit Abteilung Y?

Die Ergebnisse werden verdichtet und in ein Cross-Beurteilungs-Raster eingetragen (siehe Seite 86).

Visualisieren Sie die Ergebnisse für alle öffentlich. Im nächsten Schritt werden die Ergebnisse der Cross-Beurteilung für alle öffentlich visualisiert. Das ist radikal und gegen die Regel! Dabei ist besonders wichtig: nicht nur die Zahlen veröffentlichen, sondern mit Farben hinterlegen, grün (tiefgrün 1) bis rot (tiefrot 2), sodass man sofort auf einen Blick sieht, wo Problemfelder sind.

Spielregeln für den Erfolg:

- Abteilungen mit schlechten Ergebnissen dürfen nicht an den Pranger gestellt werden. Im Gegenteil: Sie sollten Sie aktiv dabei unterstützen, dass es besser wird.
- Keiner ist schuld an einem Problem, aber jeder ist verantwortlich für die Lösung.
- In der Analyse dürfen Sie nicht nur auf die Empfänger achten, sondern auch auf die Sender: Welche Noten werden von wem gegeben? Wer auffallend viele rote Punkte verteilt, sieht nicht nur die Probleme mit den anderen, sondern hat auch selber eins.

Vertrauen und radikale Offenheit gehören zusammen. Das öffentliche Visualisieren von Problemen ist nur möglich, wenn eine Kultur des Vertrauens herrscht. Diese Kultur kann aufgebaut werden, indem sich das Top-Management zu seinen Schwächen bekennt. Die vorherrschende Praxis in vielen Unternehmen ist, dass die obere Führungsriege dies nicht praktiziert, zugleich aber ihren Mitarbeitern Führungsfeedbacks verordnet.

Gezielte Veränderungsmaßnahmen: Unterstützen Sie den Veränderungsprozess gezielt und massiv, etwa durch Schnittstellenworkshops. Wichtig ist dabei, dass diese Schnittstellenworkshops gerade bei Konflikten einen guten Moderator brauchen, entweder von außen oder durch eigene Mitarbeiter, die zu internen Moderatoren ausgebildet werden.

Befragung wiederholen, messen und visualisieren: Wiederholen Sie die Befragung zum Beispiel ein Jahr später. Visualisieren Sie erneut die Ergebnisse. Messen Sie Fortschritte und erkennen Sie weitere Potenziale. Anerkennung verdient insbesondere der, der sich verändert.

Das Werteprofil (nach Graves) zur Veranschaulichung

Werte zeigen an, wofür Menschen, Teams, ganze Unternehmen bereit sind, Energie einzusetzen. Wenn bekannt ist, wo die »Antriebskräfte« sind (oder auch nicht sind), gelingt es, den Veränderungsprozess so zu gestalten, dass die vorhandene Energie genutzt werden kann.

1. Das Werteprofil als Energie-Messlatte

- Wo ist die Energie individuell? (persönliche Werte)

- Wo ist die Energie organisatorisch?
  (Werte, die im Unternehmen oder Teilen davon gelebt werden)
- Vergleich der gefundenen Werte mit den Herausforderungen,
  die das Unternehmen meistern muss

2. Funktionsweise und Nutzen des Werteprofils
Auf der *individuellen Ebene* gibt das Werteprofil Einblick in:

- die dominierenden individuellen Antriebswerte der Mitarbeiter,
- diejenigen Antriebswerte, die Mitarbeiter als belastend empfinden,
  wenn andere sie zu sehr betonen,
- Polaritäten innerhalb einer Gruppe, Team, Abteilung,
  wenn die individuellen Werteprofile gegeneinander gestellt werden.

Auf der Organisationsebene gibt das Werteprofil außerdem Einblick in die *vorherrschenden* und die *erwünschten* Unternehmenswerte und zwar:

- die aktuell gelebten Werte,
- die Werte, von denen die Mitarbeiter meinen, dass sie einen größeren Stellenwert haben sollten in Anbetracht der gesteckten Ziele.

Somit können mögliche Konflikte zwischen den Zielen des Veränderungsprozesses und der Organisation aufgedeckt werden. Darüber hinaus lassen sich auch interne Konfliktherde zwischen Abteilungen und Teams sichtbar machen.

4. Irrtum: Berater schaffen Wandel

Ein neutraler und fachlich versierter Blick von außen kann wie ein Katalysator wirken. *Ein Irrtum ist, dass teure Berater den Wandel (quasi im Alleingang) schaffen.* Der Wandel muss in den Köpfen und mehr noch in den Herzen der Mitarbeiter stattfinden. Und die erreichen Berater in der Regel nur schwer.

Change-Energie kann man nicht kaufen. Das genau aber hoffen viele Unternehmen, die Berater beauftragen, Change-Konzepte zu entwickeln und die Mannschaft zu motivieren. Viel zu oft und viel zu schnell geben Führungskräfte ihre Verantwortung ab, statt Veränderungsprozesse mit Leidenschaft und Hochdruck *selbst* voranzutreiben. Dabei ist das gerade jetzt das falsche Signal. Je tiefer Unternehmen in der Krise stecken, und je schneller Krisen aufeinander folgen, desto mehr müssen Unternehmen sich auf ihre eigenen Ressourcen besinnen. Es dauert schlicht und ergreifend zu lange, in jedem Change-Prozess wieder ein neues Beraterteam durch das Unternehmen zu schicken. Dieser Weg ist zudem für krisengeschüttelte Unternehmen nicht mehr finanzierbar. Der Weg der Zukunft wird sein, viel mehr mit internen Kräften zu arbeiten. Der größte Erfolg entsteht ohnehin, wenn Veränderungsideen direkt von der Basis kommen.

Der Chef als erster Change Manager

»Wir brauchen keine Unternehmensberater, die uns sagen, was wir zu tun haben«, unterstreicht Jack Welch in seinem Buch *Winning – Das ist Management*. Der Chef kennt sein Geschäft am besten. Der Chef selbst treibt Change voran. Er kann diese Aufgabe nicht an Berater delegieren und diese die »Drecksarbeit« machen lassen – ganz gleich, ob es sich um interne oder externe Dienstleister handelt oder um ein Veränderungskomitee. Das sehen nicht nur wir so. So sagte Peter Schöffel, Chef und Eigentümer der Outdoorfirma Schöffel, in einem Interview im Handelsblatt.

> Frage: »Haben Sie schon einmal Berater engagiert, um die Sparpotenziale zu finden?«
>
> Schöffel: »Sie meinen solche jungen Leute mit dunklen Anzügen? Das haben wir vor acht, neun Jahren einmal probiert. Doch so was funktioniert bei uns nicht. Die Veränderung muss aus der Mannschaft heraus kommen. Wenn Berater durch die Flure laufen, entsteht doch der Eindruck, dass der Prophet im eigenen Haus nichts gilt. Das will ich unbedingt vermeiden. Außerdem bin ich überzeugt, dass es die ureigenste Aufgabe des Managements ist, ein Unternehmen zu führen.«[29]

Der Chef kann Change aber auch nicht allein stemmen. Dazu sind vernetzte Organisationen viel zu komplex. Er braucht die Intelligenz aller. Er braucht die Hilfe seiner eigenen Mitarbeiter.

Eigene Mitarbeiter als interne Berater nutzen

Die eigenen Mitarbeiter sind die besten Berater. Das gilt sicherlich nicht für alle Fragestellungen, doch für viel mehr als zumeist vermutet. Die eigenen Leute kennen die Abläufe sehr genau, sie wissen, wo was klemmt und kennen auch die mit den Prozessen verbundenen Personen. Sie, und nur sie können die Vorschläge entwickeln, die tatsächlich passen und angenommen werden. Und sie sind es auch, die Veränderungen »von unten« im Unternehmen integrieren.[30] So meint Christine Schmid, Audi EE, Veränderungsagentin:

> »Beratung ausschließlich von außen – das hätte uns gar nichts gebracht. Ich hatte auch den Eindruck, dass die Fachliteratur über Veränderungen, die wir vom Bereichsleiter bekommen haben, einen gu-

ten Grundstock an Methoden und Mechanismen vermittelt, jedoch wegen der täglichen Herausforderungen und insbesondere der Geschwindigkeit der Veränderungen nicht wirklich zu Audi passte. Wir mussten unsere Veränderungen selbst entwickeln. Der Prozess musste aus sich selbst heraus entstehen, gemeinsam geformt und an unsere Bedürfnisse und Überzeugungen angepasst werden.«

»Veränderungsagenten« treiben den Prozess voran

Veränderungen müssen mit von der Basis kommen – und an der Basis integriert werden. Wenn alle wild durcheinander laufen, und jeder alles verändern will, funktioniert das natürlich nicht. Aus diesem Grund haben wir Mitarbeiter mit der Aufgabe betraut, einerseits Veränderungsimpulse von der Basis aufzunehmen und zu bündeln, und andererseits die Umsetzung konkreter Veränderungen zu steuern und zu kontrollieren.

Diese Position haben wir *Change Agent* oder *Veränderungsagenten* genannt. Sicher ist diese Bezeichnung nicht unsere Erfindung, wir haben unsere Agenten aber sehr viel radikaler eingesetzt, als es in der Praxis meistens der Fall ist. Und zwar in folgenden Punkten:

Freie Wahl der Agenten: Wir haben unsere Change-Agents von der Basis wählen lassen. Jede Abteilung konnte sich ihren Agent frei wählen. Wir haben so viele Agents wählen lassen, dass letztendlich jeder für 8 bis 15 Mitarbeiter zuständig war.

Tempo durch Bypässe: Die Veränderungsenergie fließt direkt von der Basis zum Top-Management und wieder zurück – ohne den Umweg über das Mittelmanagement. Möglich wird dies durch den direkten Draht zwischen Veränderungsagenten und Leitungsebene (regelmäßige Meetings, häufige Telefonate).

MbO von unten: Wir haben einen Teil des Management by Objectives (MbO = Führen durch Zielvereinbarung) in die Hände der Veränderungsagenten gelegt – ein radikaler Schritt. Denn tatsächlich haben die Agenten selbst mit der Basis quartalsweise neue Ziele vereinbart. Die Auswirkung dieses Schrittes war für alle Beteiligten erstaunlich. So sagt Stefan Bauch, Audi EE, Veränderungsagent:

»Endlich konnten wir auch Ziele einbringen, die vorher schwer durchsetzbar waren – etwa gegenüber dem eigenen Chef. Erstaunlicherweise sind auch unsere Chefs zu uns gekommen, um Zielvorschläge einzubringen. Endlich konnten wir Ziele festlegen, die für uns wirklich sinnvoll waren. Auch das Mittelmanagement staunte: Die Mitarbeiter haben sich höhere Ziele gesetzt, als wir von ihnen gefordert hätten.«

Benchmarking mit der Basis: Das Agenten-Team soll die Freiheit haben, sich bei anderen High-Tech-Unternehmen umzuschauen – bei Mitbewerbern, Zulieferern, bei Herstellern ähnlicher oder ganz anderer Produkte. Bei Bedarf müssen Kontakte hergestellt werden. Agenten stellen ihre Eindrücke nicht nur ihren Kollegen vor, sondern müssen auch dem Vorstand präsentieren können. Damit haben sie etwas ausgelöst, was John P. Kotter kürzlich in seinem Buch *Das Prinzip Dringlichkeit* beschrieben hat.[31] Genau so entsteht Change-Energie.

Monitoring auf Augenhöhe: Jeder weiß, dass Vertrauen gut, Kontrolle aber besser ist. Und jeder weiß auch, dass engmaschige Kontrolle »von oben« jegliche Motivation an der Basis zerstören kann. Deshalb wurde bei Audi Elektronik ein Monitoringsystem eingeführt, in dem Vertreter der Basis die Ergebnisse ihrer Kollegen und ihrer Vorgesetzten festhalten, beispielsweise die Anzahl der Mitarbeitergespräche. Nicht nur das wurde als radikal empfunden, sondern auch die Inhalte des Monitoring. Die Veränderungsagenten hatten explizit die Aufgabe, auch das zu messen, was dem ureigensten Interesse der Mannschaft entsprach.

Karrieresprungbrett: Viele Veränderungsagenten sind stolz auf ihre Aufgabe, werden diesen Titel in ihre Signatur von E-Mails nehmen und im Telefonverzeichnis aufnehmen lassen. Sie zeigen sich erfahrungsgemäß gerne in ihrer Rolle. So wird auch ihre Vernetzung aktiv vorangetrieben, der direkte Draht zum Management für die Sache genutzt. Sie werden *sichtbar* und zeigen, dass sie mehr können als ihren eigentlichen Job. So entsteht ein Nebeneffekt, der das Engagement der Agenten zusätzlich verstärkt. Bei Audi haben einige Veränderungsagenten anschließend eine erfolgreiche Laufbahn eingeschlagen. Diese erfolgreichen Veränderungsagenten haben den engen Basisbezug auch nach der Übernahme von

Führungsverantwortung beibehalten. Damit halfen sie auch dem Top-Management, den engen Bezug zur Basis weiterhin sicherzustellen und sogar zu verstärken.

Zangen-Prinzip: Bei Audi wurden Change-Agents radikal anders eingesetzt, als es bei klassischen Top-down-Veränderungsprojekten der Fall ist. Der Grund ist klar: Die Veränderungen bei Audi liefen nicht nach den bekannten Modellen ab. Weder strikt von oben nach unten, noch strikt von unten nach oben, auch nicht aus dem mittleren Management heraus (Center-Out) und auch nicht so, dass Veränderungen an verschiedenen Stellen gleichzeitig angestoßen wurden.[32] Die Ansätze wurden vielmehr verschränkt, indem das Top-Management in einem sehr engen Prozess die Basis einbezogen hat und gleichzeitig eine flächendeckende Vernetzung aller Mitarbeiter entlang der Prozesskette vorangetrieben hat.

Man könnte diesen Ansatz das »Zangen-Prinzip« nennen: Das Top-Management gibt Energie (nicht ohne Druck) direkt an die Basis und löst dort wiederum eine so starke Energie aus, dass Druck auf das Mittelmanagement, auf andere Abteilungen und auf Zulieferer entsteht. So ist es nur logisch, dass bei Audi die Change Manager aus der Basis kamen und nicht aus dem Pool der »Linienführungskräfte«.[33]

Die neue Struktur von unten aufbauen

Veränderungsagenten schaffen oft das, woran sich externe Berater die Zähne ausbeißen. Sie demontieren zum Beispiel traditionsreiche »Fürstentümer« innerhalb des Unternehmens. Sie bringen es fertig, dass auch solche Kollegen gemeinsam Veränderungen vorantreiben, die sich bisher keines Blickes gewürdigt haben. Und sie sorgen dafür, dass sich der Blick der Mitarbeiter über die eigene Schreibtischkante und den eigenen Gehaltszettel hinaus auf die Ziele des gesamten Unternehmens richtet.

Um sein Überleben im schwieriger werdenden Markt zu sichern, führte ein deutsches Industriehandelsunternehmen 2007 eine Matrixstruktur ein: Die dezentral organisierten Vertriebseinheiten wurden in eine regionale Matrix mit zentralen Servicefunktionen überführt; aus elf Standorten wurden vier Regionen.

Die Organisation war auf die mit einer Matrixstruktur verbundene Kommunikationsdichte nicht vorbereitet. Manager und Mitarbeiter kannten aus der Vergangenheit praktisch keine Organisationsentwicklungsmaßnahmen (Problemlösungsworkshops, Teamentwicklungen, Schnittstellenworkshops), riefen einerseits um Hilfe, standen aber andererseits externer Beratung extrem skeptisch gegenüber.

Die Geschäftsleitung entschied deshalb, dass Manager und Mitarbeiter den Turnaround in eigener Verantwortung steuern sollten. Externe Berater stellten lediglich den Rahmen und die Methode zur Verfügung, begleiteten den Prozess und arbeiteten mit den Führungskräften der ersten und zweiten Ebene in Start-Workshops. Hier die wichtigsten Schritte:

- Zwölf Potenzialträger und junge Führungskräfte aus allen Bereichen werden als Change-Agenten ausgewählt und qualifiziert.
- Es gibt eine Road-Show der Geschäftsführer an allen Standorten, in der die Change-Botschaft kommuniziert wird.
- Es findet ein Kick-Off-Workshop mit der Geschäftsführung und der ersten Ebene statt, der emotional geführte Auseinandersetzungen mit der neuen Vision initiiert. Die 14 Teilnehmer erkennen, dass sie nur eine Überlebenschance haben, wenn das »Silodenken« aufhört.
- Es werden fünf regionale Change-Workshops mit der zweiten Ebene veranstaltet – begleitet durch einen externen Moderator.
- Change-Workshops finden an allen Standorten statt. Sie werden durchgeführt von Veränderungsagenten. Dass die Kollegen die Workshops mit hohem persönlichem Einsatz selbst leiteten, war ausschlaggebend für den Erfolg (»Die sind ja welche von uns!«). Die Führungskräfte waren in ihrer neuen Funktion bei jedem Mitarbeiterworkshop vor Ort, präsentierten die neue Vision, stellten sich den kritischen Fragen der Mitarbeiter und lebten den neuen Gedanken vor: »Gemeinsam Verantwortung übernehmen!«

Change gelingt dann, wenn die Menschen selbst aktiv werden. Wenn sie selbst Veränderungen schnell und effektiv vorantreiben – und sich gegen festgefahrene Regeln und klassisches Hierarchiedenken durchsetzen und für das Unternehmen erfolgreich sind.

Letztendlich führt ein radikal mit der Basis gesteuerter Change-Prozess dazu, dass die mittlere und obere Führungsebene ihrem eigentlichen Job nachgehen kann: Den Mitarbeitern den Freiraum, einen professionell moderierten Rahmen und die Herausforderung zu geben, damit sie Probleme selbst lösen können.

Wenn das gelingt, macht die Basis die Erfahrung, dass sie aus eigener Kraft eine erfolgreiche Veränderung gestalten kann. Sie erlebt folgendes Vorgehen aus eigener Verantwortung und unter Berücksichtigung elementarer menschlicher Bedürfnisse: informiert werden, gefragt werden, gehört werden, sich einbezogen fühlen und das eigene Schicksal mitgestalten. Wer so etwas erlebt hat, lässt sich nie wieder in das »stahlharte Gehäuse der Hörigkeit« sperren[34], in das viel zu viele Unternehmen ihre Mitarbeiter immer noch einpferchen.

Kratzbürstig und konstruktiv

Ob ein internes Beraterteam Erfolg hat oder nicht, hängt auch von der Auswahl der internen Consultants ab. Wir haben gute Erfahrungen damit gemacht, gerade nicht die stromlinienförmigen »Klassenbesten« zu nehmen, die »Everybody's Darlings«, sondern die *kratzbürstigen* Typen. Thomas J. Watson jr. hat einmal gesagt: »Wenn man genügend kratzbürstige, fast unausstehliche Typen um sich hat und die Geduld aufbringt, sie zu ertragen, dann gibt es für ein Unternehmen keine Grenzen.« Diese Typen machen in der direkten Auseinandersetzung mehr Arbeit, weil sie ihren Dickkopf haben – aber genau auf diesen Kopf sind wir in Change-Prozessen angewiesen. Wenn wir kratzbürstig sagen, dann meinen wir *konstruktive* Querköpfe. Es gibt auch Querulanten, die aus Prinzip gegen alles und jeden sind. Solche sind in Change-Prozessen eher hinderlich.

Sehr gut eignen sich Mitarbeiterberater, die schon sehr lange im Betrieb, aber darüber nicht betriebsblind geworden sind. Die in der eigenen Abteilung sehr gut vernetzt sind, und darüber hinaus auch in Verbindung zu strategisch wichtigen Kollegen in anderen Abteilungen stehen; die diese Netzwerke gezielt nutzen, um ihre Arbeit voranzubringen, und die eine natürliche Autorität ausstrahlen.

Auf der anderen Seite eignen sich *neue* Mitarbeiter hervorragend als interne Berater, gerade weil ihr Blick auf das Unternehmen frisch und unverstellt ist. Es sollten solche sein, die den Mut haben, eine andere Meinung als die »alten Hasen« zu vertreten – auch wenn dies ihrer Karriere schaden könnte. Sie sollten extrovertiert sein, ehrgeizig, und ihre eigene Vernetzung mit großem Elan vorantreiben.

Die besten Ideen werden von internen Beraterteams geschmiedet, die überhaupt nicht homogen sind. Wo also alte Hasen neben Greenhorns sitzen, IT-Spezialisten neben Werkstattmitarbeitern, Männer neben Frauen.

In welchen Hierarchieebenen sich die besten internen Berater rekrutieren lassen, kommt auf das Unternehmen an und auf die Aufgabe, die zu lösen ist. Bei Audi gab es einerseits Beraterteams mit Mitarbeitern von der Basis, die die Arbeitsbedingungen, zum Beispiel mithilfe der Ergebnisse der Mitarbeiterbefragungen bahnbrechend verbessert und die Unternehmenskultur nachhaltig in eine Netzwerkorganisation umgekrempelt haben. Parallel dazu gab es andererseits interne Teams mit jungen Führungskräften, die an der Entwicklung der zweiten Vision beteiligt waren.

Übrigens: Als interne Berater *weniger* geeignet sind Karrieristen, die sich lediglich Zugang zu der nächsten Hierarchieebene verschaffen wollen und ihre Change-Verantwortung bei der ersten Gelegenheit fallen lassen. Solche Typen sind mit dem Herzen nicht bei der Sache, sondern nur bei sich selbst.

Nur Einser-Kandidaten?

Aus diesem Grund sollten Sie bei der Auswahl von Nachwuchskräften ganz genau hinschauen: Verlassen Sie sich nicht auf das sogenannte Bauchgefühl der Personaler, die manchmal nichts weiter tun, als Kandidaten mit guten Noten einem Milieu-Check zu unterziehen:»Kleidet er und verhält er sich so wie ich? Spricht und denkt er so wie ich?«. Eliteforscher Michael Hartmann, Professor für Soziologie an der TU Darmstadt, hat in seinen Studien zeigen können, dass das Herkunftsmilieu eine entscheidende Rolle dabei spielt, wer Karriere macht und wer nicht.[35]

Wir brauchen aber keine Leute, die sich vor allem dadurch auszeichnen, dass sie zu Hause Small-Talk und Krawattenknoten gelernt haben. Wir brauchen keine Einser-Kandidaten, die zwar ein hervorragendes Fachwissen mitbringen, sich aber vor allem dadurch auszeichnen, dass sie im stillen Kämmerlein lernen können.

Wir brauchen stattdessen Typen für Wandlungsprozesse, die radikal quer denken können, die begeisterungsfähig sind und die im Team Hochleistungen bringen. Typen, die keine einzige geschriebene und ungeschriebene Regel im Unternehmen als unveränderlich betrachten. Wir brauchen Mitarbeiter, die die Ärmel hochkrempeln, um Veränderungen durchzuboxen. *Es gilt: Das Team ist der Star, den Erfolg haben alle.*

Für Akzeptanz kämpfen

Oft sind die Mitarbeiter, die als Veränderungsagenten ausgewählt werden, überhaupt nicht begeistert. Vor allem dann nicht, wenn es so etwas im Unternehmen noch nie gegeben hat. Eine Menge Fragen tauchen auf:

- Woher soll ich denn wissen, was für die Firma gut ist?
- Gibt es dafür nicht extra ausgebildete Berater?
- Geht es dem Unternehmen so schlecht,
  dass man sich keine Berater mehr leisten kann?
- Was soll ich als Berater überhaupt tun?
- Wie soll ich den Kollegen gegenüber auftreten?
- Wieviel zusätzliche Belastung bringt ein solcher Beraterjob mit sich?

Die Kollegen reagieren häufig ebenfalls mit gemischten Gefühlen:

- Der Kollege meint jetzt wohl, er sei etwas Besseres?
- Ist er jetzt so etwas wie ein interner Spion?

Nicht selten wird laut gehöhnt und gespottet. Umso wichtiger ist es, dass frisch gekürten internen Beratern der Rücken gestärkt wird. Manager können in dieser Situation gar nicht genug Gespräche führen, immer wieder für die internen Berater werben, ihre Rolle erklären, mit Missverständnissen aufräumen, Fragen beantworten – und Zeichen setzen. Zeichen, die sowohl an der Basis ankommen, als auch im Top-Management. Denn hier sind die Vorbehalte gegenüber internen Beratern »von ganz unten« oftmals besonders groß. Folgende Signale wirken am besten (bei allen handelt es sich wieder um Regelbrüche):

Präsentationen vor der Belegschaft: Wenn Vertreter der Basis ihre Ideen und erste Umsetzungsergebnisse präsentieren, entsteht extrem viel Leidenschaft – gerade, weil die Reden holprig sind, und die Redner vor Lampenfieber zittern. Das ist die Authentizität, die Blutdruck in der Mannschaft erzeugt.

Präsentation vor dem Top-Management: Ein starkes Zeichen für die Mannschaft und für die Geschäftsführung sind Präsentationen von Basisvertretern in den »heiligen Hallen« des Top-Managements. Hier werden die Berührungsängste beider Seiten auf die Spitze getrieben – und, im besten Falle, aufgelöst. Vor allem dann, wenn nach dem »Eisbruch« leidenschaftlich über die Sache diskutiert wird. Wichtig sind eine exzellente Vorbereitung (»Wie spricht man mit dem Vorstand?« »Was sollen wir anziehen?«) und Rückendeckung der internen Berater vor Ort – das gibt den internen Beratern Sicherheit und zeigt dem Top-Management, dass es sich nicht um eine Alibi-Veranstaltung handelt.

Exklusive Besprechungszeiten: »Die Kollegen haben einen Termin beim Bereichsleiter.« Wenn sich so etwas in der Werkstatt herumspricht, dann steigt automatisch der Respekt vor den internen Beratern. Vor allem dann, wenn diese häufiger im Managerbüro sind als ihre eigenen Vorgesetzten.

Training der Berater: In vielen Unternehmen sind derartige Fortbildungen nur für Manager und Nachwuchsführungskräfte vorgesehen. Umso stärker ist das Signal an die Basis, wenn Vertreter aus ihren Reihen nun auch an diesen Trainings teilnehmen dürfen.

Die Berater zum Sprechen bringen

Die wenigsten Werkstattmitarbeiter in einem Automobilunternehmen haben schon einmal eine Präsentation gehalten, die meisten Sachbearbeiter haben noch nie eine Diskussionsrunde moderiert. Brainstorming, Konfliktmanagement, Networking – das sind Fremdworte an der Basis. Und spontan ist auch zumeist niemand aus dem operativen Geschäft willig, sich mit derartigem »Kram« zu beschäftigen. »Das ist was für Studierte«, heißt es dann. Wir sind überzeugt davon, dass Regelbrüche gerade an dieser Stelle besonders wirksam sind.

Bei Audi EE wurde die Personalentwicklung selbst in die Hand genommen, und zuerst an die Werkstatt gedacht – ein doppelter Regelbruch mit enormer Wirkung. Die Werkstattmitarbeiter sahen, wie sehr ihre Stellung innerhalb des Bereichs aufgewertet wurde. Gleichzeitig profitierten sie so von den neu erlernten Techniken wie Moderation und Konfliktmanagement, dass sich die Zusammenarbeit in den Werkstätten deutlich veränderte. Es konnten technische und persönliche Probleme jetzt intensiv und konstruktiv diskutiert werden. Und es intensivierte sich durch das gestiegene Selbstbewusstsein der Werkstattmitarbeiter die Kommunikation zwischen Werkstatt und Management. Zuerst wurden die Mitarbeiter in der Werkstatt zum Sprechen gebracht – und erst dann die gefördert, die in der Hierarchie weiter oben stehen. Der Werkstatt wurden Seminartage im Veränderungsmanagement zugestanden, was vorher unüblich war.

Es ist unglaublich, was ein Mitarbeiter der Werkstatt bewegen kann, wenn man ihn dazu ermutigt, seine Meinung einzubringen. Hier liegt viel Potenzial brach. Wir haben erlebt, wie sich der Mitarbeiter mithilfe von Trainings und Coachings auf einmal einbringt und dabei nicht mehr zu halten ist. Von heute auf morgen kann eine Kultur entstehen, in der leidenschaftlich diskutiert, Ideen auf den Tisch gebracht, umgesetzt, Konflikte konstruktiv gelöst und Rückschläge mit vereinter Kraft überwunden werden. Dies löst einen Multiplikator-Effekt aus: *Erfolg bringt Erfolg*! Er generiert auch bei anderen den Willen zum Erfolg, der jetzt machbar erscheint. Wenn der Kollege das kann, dann kann ich das auch!

An der Basis fühlt sich Change Management ganz anders an als im Top-Management. Oben geht es um Zahlen und Ziele. Leidenschaft verschwindet allzu oft unter geschliffener Rhetorik. Unten haben wir es sehr viel mehr mit Schweiß und Herzblut zu tun. Hier wird laut geschimpft und noch lauter gelacht. Hier lebt die Energie. Hierzu meint Franz Herzner, Audi EE, Veränderungsagent:

»Plötzlich hatten wir Spielraum, Mitspracherecht. Die Stellung des Werkstattmitarbeiters wurde aufgewertet. Die Informationen, die zu uns kamen, wurden schneller, mehr und brauchbarer. Eine Vernetzung mit anderen Fachbereichen gab es vorher nicht in dem Maße. Das Potenzial in der Werkstatt hatte geschlummert und war aufgewacht.«

Veränderung effektiv steuern

Ein komplexer Change-Prozess braucht ein strategisches Ziel, er muss organisiert und gesteuert werden. In einer vernetzten Organisation funktioniert dies nicht mehr mit Befehl und Gehorsam. Man muss sich den Prozess eher organisch vorstellen: Ein soziales System verwandelt sich in eine andere Form, indem jedes einzelne Systemmitglied sein Verhalten ändert. Diese Metamorphose muss beobachtet und mit »Energiespritzen« unterstützt werden, zum Beispiel

- durch Mitarbeiterbefragungen,
- durch die Wahl von Veränderungsagenten,
- durch den Einsatz externer Berater und Coaches.

Aber dies reicht nicht, um die Fülle der Aufgaben und Themen, der Ideen und Hintergründe nachhaltig in die Organisation und bei den Mitarbeitern zu verankern.

Change schafft niemand nebenbei

Um die täglichen Fragestellungen eines solchen großen Prozesses organisieren und steuern zu können, braucht es einen hauptamtlichen Veränderungsagenten, der

- zu 100 Prozent für den Change-Job freigestellt wird,
- etwas von Change-Methoden versteht,
  oder bereit ist, sich diese anzueignen,
- eng mit der Top-Führungskraft zusammen arbeitet und
- fest in der Basis verankert ist.

Ohne einen aktiven Ansprechpartner, ausgestattet mit einer starken Vermittlerrolle, ersticken viele Projekte bereits im Keim. Der direkte und schnelle Draht der Veränderungsagenten untereinander, zum hauptamtlichen Veränderer und über diesen zum Chef gibt vielen Aktionen einen deutlichen Schub. Die Erfahrung zeigt, dass es gerade in der Anfangszeit der Veränderungen immens wichtig ist, klar Position zu beziehen und beizubehalten. Hierzu meint Uwe Girgsdies, der erste »Full-time-Prozessmanager« der Technischen Entwicklung bei Audi:

»Zu Beginn des Veränderungsprozesses der Elektronik-Entwicklung wurde ein buntes Team aus Ingenieuren, Technikern, Teamassistentinnen und Facharbeitern aus der Werkstatt gewählt. Ich selbst musste mich bereits ab Beginn der neuen Ära intensiv mit Veränderungen in meinem Arbeitsgebiet beschäftigen. Unsere Aufgabe und Funktion im Bereich »Testing« wurde in der damaligen Ausprägung massiv in Frage gestellt: Viele Überstunden und hoher Arbeitseinsatz über viele Jahre schienen umsonst gewesen zu sein, dem neuen Chef wurde gesagt, dass man dies alles nicht mehr brauche. Wir standen vor dem plötzlichen Aus.

In dieser Situation wählte mich mein Team zum Veränderungsagenten. Mein persönliches Motto: »Flucht nach vorn!«. So entschloss ich mich, mit methodischer Unterstützung eines Audi-internen Beraterteams, volle Transparenz in unsere Arbeitsprozesse zu bringen. Diese ersten »einfach geschnitzten Analyseergebnisse« hatten Vorbildfunktion für viele nachfolgende Prozessanalysen. Die Ergebnisse wurden in Managementgremien vorgetragen und kontrovers diskutiert. Meine Teamkollegen schöpften neue Hoffnung. Wir bekamen harte Zielvorgaben der Reduzierung, durften aber unser Arbeitsumfeld, von uns selbst getrieben, radikal neu gestalten.

Dieser Auftrag löste neue Energie im Team aus. Das Audi-eigene Prüffeld wurde systematisch zurückgefahren, dafür aber die aktive Lieferantenbeurteilung und -betreuung neu positioniert. Der Transfer solch praktischer Beispiele mit all seinen Problemen, aber auch positiven Erfahrungen erzeugte Aufbruchsstimmung im Kreis der Veränderungsagenten. Wir diskutierten heiß und schmiedeten erste Veränderungspläne.

In dieser Situation wurde ich plötzlich zum neuen Chef gerufen. Er fragte mich, ob ich mir eine Full-time-Veränderungstätigkeit vorstellen könnte? Ich habe kurz überlegt und dann meinen Ingenieurjob für drei Jahre an den Nagel gehängt.

Ich zog ins Vorzimmer des Bereichsleiters um – in den »War-Room der Veränderung«. Fortan hatte ich Aufgaben, die mir noch nie zuvor abverlangt worden waren: Energie auslösen, bündeln, bremsen und einfangen, Nachhaltigkeit erzeugen, Veränderungstempo beschleunigen, Schneeballeffekte auslösen und Transparenz erzeugen, zwischen Veränderern und Zweiflern, Managern und Mitarbeitern sowie internen und externen Beratern vermitteln.

Die wichtigsten Hebel

Im Change-Prozess gibt es zwei entscheidende Hebel: Zum einen die permanente und intensive Kommunikation mit und durch die Veränderungsagenten, und zum anderen die permanente Justierung und Weiterentwicklung der Prozesse und Strategien. Die Kommunikation war in dreifacher Hinsicht zu führen:

- *Kommunikation mit der Basis:* Veränderungsagenten informieren über aktuelle Aktionen im Veränderungsprozess und kommunizieren Erfolge.
- *Kommunikation mit der Führung*: Intensiver, täglicher Abgleich der Entwicklung und Steuerung der Veränderungsaktivitäten, der Hürden und Hindernisse, aber auch der Erfolge. Die »Chef-Meetings« erzeugen viel Energie und Vertrauen bei den Veränderungsagenten. Hier kommt es zur Vermittlung der neuen Grundhaltung. Erste Erfolge werden gemeinsam gewürdigt und gefeiert.
- *Kommunikation im Kreis der Veränderungsagenten:* Die Veränderungsagenten kommunizieren Themenfelder aus ihrer übergreifenden Runde direkt in ihre Teams. Eine schnelle, transparente Information und Meinungsbildung an der Basis macht den Veränderungsprozess zum täglichen Thema.

Die Prozesse und Strategien der Akteure des Change Managements waren zu organisieren:

- *Interne Berater (zum Beispiel Change-Agents):* Kontinuierliche Prozessgestaltung durch wöchentliche Meetings. Hier werden Veränderungsprozesse strategisch gesteuert und Maßnahmen bis hin zur Teamebene geplant. Ständige Präsenz der internen Berater an der Basis erzeugt Sichtbarkeit des Change-Themas im Tagesgeschäft.
- *Externe Berater:* Kontinuierliche Prozessentwicklung durch monatliche oder vierteljährliche Meetings. Hier werden Strategie-Workshops strategisch geplant und gesteuert. Regelmäßige Präsenz im Top-Management erzeugt Sichtbarkeit des Change-Themas auch auf dieser Ebene.
- *Zusammenarbeit interner und externer Berater:* Ein wichtiger Erfolgsfaktor ist der enge Schulterschluss der externen Berater mit dem Management, dem hauptamtlichen Veränderungsagenten und den internen Beratern. So gelingt es, dass alle Prozessbeteiligten an einem Strang und in die gleiche Richtung ziehen. So lassen sich auch die tatsächlichen Bedürfnisse des Top-Managements und der Basis abgleichen und die jeweiligen Interessen berücksichtigen. Für die Planung und Gestaltung von Strategie-Workshops ist dies ein wichtiger Faktor.

Keine Angst vor blutigen Prozessen

Beratungshäuser werden gerne dann einbezogen, wenn Positionen gekappt, Privilegien abgeschafft, Fürstentümer demontiert werden müssen – wenn also heftige Gegenwehr zu erwarten ist, und sich jemand die Hände schmutzig machen muss.

In solchen Fällen sollte anders vorgegangen werden: Alle Mitarbeitenden in einem Unternehmen machen sich die Hände selbst schmutzig, und zwar gemeinsam mit möglichst vielen anderen Mitarbeitern. Das spart nicht nur hohe Beraterkosten, sondern führt auch zu dem erstaunlichen Effekt, dass die heftige Gegenwehr ausbleibt, weil bei der konfliktreichen Erarbeitung der Lösung die Betroffenen dabei sind.

Wir bezeichnen die Einschnitte, die ein Unternehmen immer wieder bei großem Veränderungsbedarf zu bestehen hat, intern als »blutige Prozesse«.

Als die komplette Automobil- und Zulieferindustrie unter den massiven Druck der Japaner geriet, stand ich (W.S.) bei Bosch vor der Situation, dass die komplette Abteilung, die ich mit viel Herzblut aufgebaut hatte, innerhalb kürzester Zeit aufgelöst werden musste. Das technische System (eine Hinterrad-Lenkung) wurde am Markt nicht mehr nachgefragt. Normalerweise gehen in einem solchen Fall alle Personalakten an die Personalabteilung, damit die zuständigen Mitarbeiter dort alle Betroffenen systematisch »abbauen« können: Die Jungen werden arbeitslos, die Älteren und die, die eine Familie haben, werden an andere Stellen im Unternehmen verschoben – ob ihnen das passt oder nicht. Ich fühlte mich hochgradig verantwortlich für jeden einzelnen meiner Mitarbeiter, die ich oft schon als Praktikant oder Diplomand in das Unternehmen geholt hatte. Und so hatte ich folgende Idee: Ich gab jedem die Aufgabe, seine Qualifikation, seine Erfahrungen und seine Wünsche an einen neuen Job auf maximal zwei Seiten zusammenzufassen. Diese, in den Augen von Personalern formal regelwidrigen Bögen verschickte ich direkt an die passenden Abteilungsleiter innerhalb des Unternehmens – und siehe da: Innerhalb weniger Wochen waren alle meine »Jungs« untergebracht. Nicht wenige hatten eine Aufgabe ergattert, die sie als echten Karriereschritt verbuchen konnten. Und ich hatte das Gefühl eines Kapitäns, der die Kraft hatte, die Brücke als Letzter zu verlassen.

Einige Zeit später war ich in einer anderen Aufgabe gezwungen, meine Abteilung zu verkleinern. Von der Personalabteilung bekam ich eine Liste mit den Namen meiner Leute, die garniert war mit so genannten »Sozialpunkten«. Ich sah nicht ein, dieses Dokument in einer Geheimschublade verschwinden zu lassen und die Mitarbeiter mit den wenigsten Punkten höflich aus ihrem Job zu komplimentieren. Ich machte es anders: Ich rief die am stärksten betroffenen Mitarbeiter zusammen und legte den Punkteplan offen auf den Tisch. Dann diskutierten wir, wie wir möglichst viele Kollegen an Bord halten könnten.

Unser Ergebnis: Es gab einige Mitarbeiter, die sich ohnehin nach einem neuen Job umsehen wollten – diese verließen uns. Andere gingen auf eine stark reduzierte Wochenarbeitszeit ein und verzichteten auf einen Teil ihres Gehalts, um Familienvätern und jüngeren Mitarbeitern mit geringer Punktezahl den Arbeitsplatz zu retten. Dies geschah völlig freiwillig.

Manchmal können Re-Organisationsprozesse in Eigenregie schneller ablaufen als solche, die von externen Beratern gesteuert werden. In solchen Fällen akzeptieren Mitarbeiter Veränderungen, auch wenn es sich dabei um harte Einschnitte handelt Sie sind am Ende stolz darauf, wenn sie den Job einiger ihrer Kollegen »retten« konnten. Oder sie sind bereit, ihren Lieblingsjob zu opfern, damit das Unternehmen insgesamt weiter erfolgreich sein kann.

In der Audi Elektronikentwicklung gab es die Situation, dass mit der bestehenden Mannschaft absehbar viel mehr Aufgaben bewältigt werden mussten. 100 neue Mitarbeiter würden gebraucht – Budget gab es für keinen Einzigen. Also wurde ein Beraterkreis mit Mittelmanagern und Vertretern der Basis gebildet, und der komplette Bereich wurde radikal und schonungslos auf den Prüfstand gestellt. Es wurde hart diskutiert. Auf Lieblingsthemen wurde keine Rücksicht genommen. Der Prozess wurde »Definition der Kerneigenleistung« genannt, und es wurde alles abgeschafft, was nicht direkt zur Wertschöpfung für den Kunden beitrug. Dazu wurden die bekannten Methoden der Analyse der Kerneigenleistung abgewandelt und auf die Bedürfnisse zugeschnitten. Die üblichen Abfragen »weicher« Kenngrößen wurden soweit wie möglich durch messbare und nachweisbare Parameter ersetzt.

Das Ergebnis: Es wurden insgesamt 40 Mitarbeiter für neue Aufgaben freigeschaufelt. Ein Teil dieser Mitarbeiter waren Werkstattmitarbeiter, die zunächst nicht für die neue Aufgabe geeignet waren. Durch entsprechende Qualifikationsmaßnahmen wurden die Mitarbeiter für diese Aufgaben weiterentwickelt, und dies trug zu einer noch stärkeren Identifikation dieser Mitarbeiter mit dem Unternehmen bei.

Abbildung 23: Anpassung Kerneigenleistung

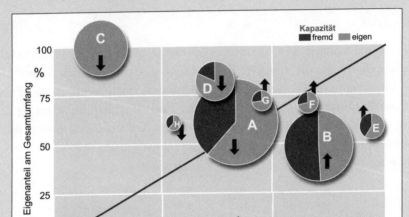

Parallel dazu wurden auch Anpassungen der Organisation des Bereichs erforderlich. Dazu wurden zunächst von einem kleineren Kreis Vorschläge zur Änderung der Organisation entwickelt. Diese wurden in einem gemeinsamen Workshop mit allen Betroffenen zur Diskussion gestellt und in Entscheidungsmatrizen eingebracht.

Wenn es zu einer Entscheidung keine eindeutige Mehrheit gab, wurde die Änderung durchgesetzt. Dies hatte zum Ziel, dass ein nennenswerter Teil der Mitarbeiter einen neuen Chef bekam, und umgekehrt einige Chefs eine neue technische Aufgabe übernahmen – und dass diese Veränderungen innerhalb kürzester Zeit umgesetzt wurden. Als die neue Struktur der Abteilung stand, fühlten sich alle Mitarbeiter, als hätten sie eine komplizierte Operation überstanden. Abgekämpft, erschöpft – aber wild entschlossen, weiterzuleben.

Sicherlich: Neue Organisationsstrukturen lassen sich auch mit Beratern im kleinen Kämmerlein entwickeln. Wer es sich und allen Betroffenen zumutet, die Reorganisation selbst zu entwickeln, erreicht aber die Einbindung aller Betroffenen. Jeder akzeptiert dann die neue Organisation (mehr oder weniger Zähne knirschend), weil er miterlebt hat, wie sie entstanden ist. So ist es möglich, Change schnell umzusetzen. Und so bleibt Energie in der Mannschaft, auch wenn viele ihre Gürtel enger schnallen müssen.

Stressmanagement

Wer jemals eine komplizierte Operation überstanden hat, weiß, dass er im Anschluss erst einmal keine Schnitzel mit Pommes Frites bekommt, sondern Hühnerbrühe. Hochleistungs-Teams akzeptieren eine solche Schonkost vielleicht im Krankenhaus, aber nicht an ihrem Arbeitsplatz. Wie stellt man Akzeptanz für ein Thema her, das insbesondere Ingenieure und Techniker eher mit Frauenzeitschriften in Verbindung bringen, aber nicht mit ihrer eigenen Leistungsfähigkeit? Man leistet sich einen professionellen Ernährungstherapeuten.

> Die Reorganisation bei Audi hatte viele unserer Manager bis zum Limit gefordert. Nun sahen wir, dass wir uns ganzheitlich um einzelne Hochleistungs-Führungskräfte kümmern mussten, damit sie nicht ausbrennen. Es gelang uns, Dirk Scharler als Gesundheitstherapeuten zu gewinnen. Er sprach mit den Managern darüber, wie sie sich *gesundheitlich fühlten*. Ein absolutes Novum für die meisten Teilnehmer des Programms. Im Business wird der Körper eigentlich unter dem Anzug versteckt – er hat zu funktionieren, und fertig. Scharler aber analysierte das Befinden der Führungskräfte und deren Ernährungsstil. Dann gab er individuelle Hinweise für eine mögliche Umstellung der Ernährung. Tatsächlich konnten etliche Manager ihren Ernährungsstil verbessern; sie achteten mehr auf ihre Work-Life-Balance und blieben so nachhaltig fitte Hochleistungskräfte.

Externe Beratung intelligent nutzen

Berater sind nicht gleich Berater: Auf der einen Seite stehen die großen Namen (McKinsey und Co.), auf der anderen Seite eine unüberschaubare Zahl an mittelständischen Beratungsunternehmen, die sich auf bestimmte Themen spezialisiert haben, und überdies ein ganzes Heer an One-Man-Shows, die zum Teil allein am Markt auftreten, zum Teil auch in Netzwerken organisiert sind.

In manchen Fällen wird zu schnell zum Telefon gegriffen und Hilfe angefordert. Oder: Die Personalabteilung wird eingeschaltet und Personalentwicklung gebucht. Dies alles können sinnvolle Maßnahmen sein, aber nur, wenn sie auch etwas mit dem Problem zu tun haben, das tatsächlich gelöst werden soll.

Fehlt im Unternehmen bei einer bestimmten Problemstellung Know-how, so muss es gezielt eingekauft werden. Wir haben hervorragende Erfahrungen mit spezialisierten Prozessberatern oder Mechanikspezialisten gemacht, mit denen wir dann nach Aufbau von Vertrauen in die Kompetenz jahrelang intensiv zusammengearbeitet haben. Aber auch von den Großen haben wir profitiert: Strategien diskutiert, Zukunftsszenarien entworfen.

Insgesamt empfehlen wir das Motto: Beratung nicht teuer kaufen, sondern *smart* – und so viel selbst umsteuern, wie irgend möglich.

Werkzeuge

Checkliste: Selbst der Change Manager bleiben

- Behalten Sie als Führungskraft die Hauptverantwortung für den Veränderungsprozess.
- Seien Sie Vorbild! Ohne Sie und vor allen Dingen Ihren emotionalen Einsatz geht es nicht.
- Machen Sie das Thema Veränderung zu einer Ihrer Hauptprioritäten.
- Entwickeln Sie ein klares Bild und eine klare Botschaft, wo die Reise hingehen soll. Und kommunizieren Sie die Botschaft so oft wie möglich.
- Verteilen Sie inspirierende Bücher und Artikel zum Thema »Change Management«.

- Laden Sie Außenstehende aus anderen Firmen ein, die etwas zum Thema »Veränderung« referieren.
- Führen Sie außerhalb der operativen Besprechungen einen Regeltermin ein, wo Sie mit ihrem Führungsteam über den Veränderungsprozess diskutieren.
- Gründen Sie ein Beraterteam aus Mitarbeitern, das sie zu bestimmten Fragen des Veränderungsprozesses in Ihrem Aufgabenbereich berät.
- Schaffen Sie ein Team von Veränderungsagenten aus den Mitarbeitern, die die Aufgabe haben, den anstehenden Veränderungsprozess zu unterstützen.
- Bestimmen Sie einen Hauptverantwortlichen aus der Mannschaft, der den Veränderungsprozess bei Ihnen vorantreibt. Dafür sollte er auch Zeit bekommen: Sorgen Sie für eine Freistellung mindestens zu 30 Prozent, am besten sogar zu 100 Prozent.
- Schrecken Sie nicht davor zurück, sich die *richtige* externe Unterstützung ins Haus zu holen. Dabei sollten Sie Berater holen, die in der Lage sind, Sie intensiv zu begleiten und nicht Berater, die Ihnen nach einer Analysephase vorgefertigte Lösungen präsentieren.

Erfolgsfaktor: Interne Change-Agents

Entwickeln Sie Veränderungsagenten, die den Veränderungsprozess mit der Basis vorantreiben. Sie führen Befragungen, Workshops, Prozessoptimierungen, Infoveranstaltungen an der Basis durch. Die Aufgaben der Veränderungsagenten sind:

- Prozesstreiber,
- Informationen bei Mitarbeitern aufnehmen,
- Mitarbeiter über den aktuellen Stand informieren,
- Veränderungsprozess organisieren,
- Teamsitzungen moderieren,
- Ergebnisse in Abteilungsleitersitzungen, Mitarbeiterinformationen und Workshops einbringen,
- Veränderungen umsetzen und verfolgen,
- Stimmungslage an der Basis aufnehmen und Wetterberichte »nach oben« kommunizieren,

- Konflikte rechtzeitig erkennen und lösen oder eskalieren,
- Multiplikatoren im Prozess sein und
- Mitarbeiter aktivieren.

Wählen Sie Agenten aus, die sich durch folgende Eigenschaften auszeichnen:

- Kontaktfreudigkeit,
- Vertrauenswürdigkeit,
- Akzeptanz,
- Konsequenz,
- Fähigkeit zu Moderation und Präsentation (eventuell Schulung),
- Kratzbürstigkeit,
- Motiviertsein und
- Engagement.

Seien Sie vorsichtig bei Kandidaten mit Helfersyndrom. Die meinen es zwar gut, ihnen fehlt aber in der Regel das nötige Standing und der Durchsetzungswille.

Unterstützen Sie die Agenten durch Maßnahmen in Richtung Teambuilding, sodass sie zu einer starken Mannschaft zusammenwachsen und sich gegenseitig unterstützen können. Machen Sie die Change-Agents fit durch Coaching und Methodentrainings (Moderation, Prozess-Management, Change Management, Konflikt-Management).

Geben Sie dem Team Freiräume bei der Umsetzung von Verbesserungsmaßnahmen. Leisten Sie für diese Mannschaft jede Form der Unterstützung und der Aufmerksamkeit, die ihre Energie erhöht.

5. Irrtum: Kreative Unruhe stört den Betrieb

Menschen brauchen Ruhe und Sicherheit, um produktiv arbeiten zu können. Stimmt im Prinzip. *Ein Irrtum ist, dass sich ein Unternehmen in einer Atmosphäre von Ruhe und Sicherheit grundlegend verändern kann.* Dafür braucht es vielmehr kreative Unruhe, die neue Ideen weckt.

Doch viele Manager und noch mehr Mitarbeiter sehnen sich danach, »dass endlich wieder Ruhe einkehrt«. Sie haben genug von der Verunsicherung, die mit Übergangsprozessen verbunden ist. Sie leiden unter den Leistungseinbrüchen, die nach radikalen Umbrüchen auftreten. Sie stellen sich ungern auf neue Aufgaben, neue Kollegen und neue Kunden ein. Sie wollen einfach *in Ruhe* arbeiten. Das ist zwar verständlich – aber es ist geradezu gefährlich, Mitarbeiter in eine derartige Gemütlichkeit zu entlassen. Neue Ideen, Biss, Innovationskraft – also das, was Unternehmen heute dringender brauchen denn je – wachsen in einer solchen Atmosphäre nämlich nicht. Innovationen keimen in einem anderen Klima: Wir nennen es »kreative Unruhe«. Sie stellt sich nicht von allein her, sie muss einem Unternehmen »angetan werden«.

Den Stillstand stören

Wer jeden Tag dasselbe tut, denkt irgendwann nicht mehr darüber nach. *Anfrage A wird mit Antwort B erledigt, zuerst wird der obere, dann der untere Knopf gedrückt, und um zwölf gibt's Mittagessen.* Denken und Handeln laufen in automatischen Bahnen ab – was einerseits eine effiziente Arbeitsweise ermöglicht, andererseits aber geistig träge macht.

Nicht nur Routinen, sondern auch Stress und Angst schalten den Kopf ab. Mitarbeiter und Manager greifen auf bewährte Muster zurück: Sie tun das Gleiche wie immer, nur heftiger, schneller, verbissener. Oder: Sie folgen blind dem, was Autoritäten sagen. Oder machen die Augen zu und nennen das Optimismus.

Routine und Stress machen *mindless*

Dies sind hochgradig gefährliche Reaktionen, weil sie zu dem führen, was Ellen Jane Langer, Professorin für Psychologie an der Havard University, Ende der 1980er Jahre als *Mindlessness* (blinde Geistlosigkeit) beschrieben hat.[36] Stereotypes Schwarz-Weiß-Denken gehört dazu (»Was in den USA passiert, das passiert kurze Zeit später immer auch in Deutschland«), Handeln im Autopilot-Modus (»Freitags werden die Überweisungen einprogrammiert« – genau das war passiert, als die staatliche Kreditanstalt KfW 350 Millionen Euro an die insolvente Bank Lehman Brothers überwies) und Engstirnigkeit (»Wir müssen Firma X unbedingt kaufen.«). Der von Mindlessness befallene Manager klebt so fest an einem Lösungsweg, dass er auf veränderte Rahmenbedingungen nicht reagieren kann.

»Die Neigung zur Achtlosigkeit« ist ein Grund, »warum Organisationen im Umgang mit dem Unerwarteten scheitern können«, schreiben Karl E. Weick und Kathleen M. Sutcliff, beide Professoren für Organisationsverhalten an der Business School der University of Michigan in ihrem Buch *Das Unerwartete managen: Wie Unternehmen aus Extremsituationen lernen*.[37] Sie sprechen nicht von Mindlessness, sondern von Achtlosigkeit – meinen im Grunde aber das Gleiche. Sie warnen davor, kleine Pannen zu ignorieren, die sich zu großen Katastrophen summieren können und appellieren dringend, die Augen offen zu halten. Gerade jetzt. In der Logik des Wellenmodell von Lynch/Kordis entspricht das dem Übersehen des »Point of Change«, was zum Eintauchen in das Tal des »Leidens« führt, der fremdbestimmten Veränderung.

Kreative Unruhe hält wach

Unternehmen, die jetzt überleben wollen, dürfen nicht in ihren eigenen Routinen einschlafen. Sie müssen hellwach und in ständiger Alarmbereitschaft sein, um schnell auf kleine Krisen oder größere Katastrophen reagieren – und gleichzeitig auch kreativ *agieren* zu können.

Wie ist das zu schaffen? Laut Instabilitäts-Experte Peter Kruse kann gezielte Instabilität im Unternehmen ein böses Erwachen verhindern. »Instabilität ist alles andere als eine Krise«, ist er überzeugt. »Es ist vielmehr die wichtigste Voraussetzung zum Vermeiden von Krisen.«[38]

Wir sprechen nicht so gerne von Instabilität – Ingenieure vermeiden den Gedanken an wackelige Konstruktionen. Lieber sprechen wir von kreativer Unruhe. Für uns ist damit die Fähigkeit verbunden, kreuz und quer zu denken, das Unmögliche zu wagen, die Bereitschaft, eigene Ideen einzubringen und gemeinsam weiterzuentwickeln – und diese ohne Murren und Wehklagen auch wieder aufzugeben, wenn sich eine andere Idee als die bessere erweist. Folgendes Zitat der Change-Experten Klaus Doppler und Christoph Lauterburg bringt das auf den Punkt:

> »Pioniergeist, kreative Unruhe und Experimentierfreude auf allen Stufen sind *unabdingbar notwendige Ingredienzen der Veränderungskultur.* Jeder bürokratischen Verkalkung muss von vornherein und kompromisslos entgegengetreten, neue Ideen, Mobilität und Umstellungsbereitschaft müssen konsequent belohnt werden. Da muss radikal umdenken, wer bisher jegliche ›Unruhe in der Belegschaft‹ als existenzielle Gefahr für das Unternehmen von vornherein zu vermeiden versucht hat.«[39]

Die Welt um uns herum ist ständig in Bewegung, evolutionäre Mechanismen wirken im Großen wie im Kleinen und verdrängen jedes statische System. Ein einmal gefundenes lokales Optimum verschiebt sich schnell wieder. Wer die Fähigkeit zur Anpassung nicht hat, stirbt aus. Unsere Umgebung ist jedoch hochkomplex; deshalb ist die bestmögliche Anpassung nicht berechenbar. Und selbst wenn: Rechnen kann jeder. Spitze sein, heißt sich abzusetzen von der Masse – das gelingt nur dem, der aus dem bekannten Wissen neues, bisher unbekanntes Wissen *schöpft.*

Das Wort »Kreativität« kommt aus dem Lateinischen (creare) und bedeutet *schöpferisch sein.* Die schöpferische Kraft der Evolution und die daraus entstandene Vielfalt an Arten und Lebewesen (man könnte auch sagen: Ideen) war und ist ein immer wiederkehrender Kreislauf von »Trial and Error« mit dem Ziel: »Survival of the Fittest«. Das gilt auch für den Überlebenskampf im Markt. Unternehmen müssen um Kreativität kämpfen.

Heute gibt es immer weniger Jobs, die ganz ohne Kreativität auskommen – denn, wo die Arbeit von Routinen dominiert wird, lassen sich auch Computer und Roboter einsetzen. Heute müssen vom Top-Manager bis zum Sachbearbeiter alle kreativ sein, weil alle mit Fragen zu tun haben, die sich nicht mit vordefinierten Standardroutinen abarbeiten lassen.

Das ist gar nicht so einfach: Eingefahrene Routinen, Stress, aber auch Hierarchien blockieren kreative Problemlösungen. Deshalb brauchen Unternehmen ein Klima, das Kreativität fördert – zum Beispiel mit folgenden Faktoren.[40]

Abbildung 24: Faktoren, die Kreativität fördern oder unterdrücken

Kreativität wird befördert durch	Kreativität wird unterdrückt durch
Freiheit; Spielraum; Arbeit an der »langen Leine«	übertriebene Kontrolle
effektives Projektmanagement	zu viel Bürokratie
adäquate Ressourcen	Sparbrötchen-Mentalität
Zeit, Ideen zu entwickeln	extremer Zeitdruck
eine Atmosphäre der Zusammenarbeit und des Vertrauens	Mangel an Kooperation
Offenheit für neue Ideen, Dynamik und Lebendigkeit	krampfhaftes Festhalten am Status quo
Risikobereitschaft	Angst
Humor und Verspieltheit	Grimm, Trübsinn und Gehorsam
Anerkennung durch Führungskräfte und Kollegen	Desinteresse von Seiten der gesamten Organisation
intrinsische Motivation	extrinsische Motivation durch (unangemessene) Belohnungen
konstruktive Debatten	persönliche Konflikte

Ob in einem Unternehmen ein Klima der kreativen Unruhe herrscht oder eher eine von Angst und Schrecken geprägte Atmosphäre, hängt in erster Linie vom Top-Management ab. Es sind die Führungskräfte selbst, die über die Länge der Leine entscheiden, an denen sie »ihre Leute« laufen lassen. Es sind die Führungskräfte, die neue Ideen fördern und willkommen heißen, oder die die Mitarbeiter mit »Totschlagargumenten« demotivieren. (»So etwas kann doch gar nicht funktionieren!«; »Das ist viel zu teuer!«; »Das ist etwas für Spinner!«; »So etwas kann kein Mensch gebrauchen!«).

Kreativität kann sich jeder aneignen, auch wenn die Mehrzahl der Manager und Mitarbeiter die Ansicht vertritt, dass sie eine Gabe sei. Edward de Bono, ein britischer Mediziner und Forscher auf dem Gebiet des kreativen Denkens indes ist überzeugt, dass Kreativität gelernt werden kann – wie Auto fahren, Golf spielen oder eine Fremdsprache. Ein Buch darüber zu lesen, reiche nicht aus. Kreativität in seinem Sinne ist auch keine magische Formel. Sie ist eine Geisteshaltung, die eingeübt und gelebt werden kann. [41]

Wir haben Kreativität geübt, indem wir uns immer wieder bewusst den Impulsen von Top-Kreativen aus anderen Branchen ausgesetzt haben.

Im Jahr 2000 hatten wir die Ehre, einen Abend mit Jorma Jaakko Ollila zu verbringen, der von 1999 bis 2006 Vorsitzender und CEO des finnischen Telekommunikationskonzerns Nokia war. Er zeigte, wie Nokia sich selbst in einem Zustand kreativer Unruhe hält. Das Unternehmen

- optimierte alle 18 Monate seine Organisation,
- schaffte Freiräume für Kommunikation, weil ein Gespräch in der Cafeteria mehr bringt als eine Woche Papierarbeit,
- ließ in zwei Jahren sieben von zwölf dem CEO direkt unterstellte Mitarbeiter in neue Aufgaben rotieren,
- schaffte eine Kultur, die den Status quo ständig in Frage stellt,
- verglich das eigene Human-Resources-Management und die eigene Prozessentwicklung gezielt mit Unternehmen aus anderen Branchen (Motto: »Don't look on companies in the same area of your

business, because it is too dangerous that you copy things and don't invent things.«) und

- bewies den Mut, Teile seines *Core-Business* zu verkaufen (Kabel-Sparte), um die Krise zu bewältigen, die der Zusammenbruch der Sowjetunion im finnischen Markt ausgelöst hatte. (Motto: »You better kill your own children before others do.«)

Die Radikalität Ollilas faszinierte so sehr, dass Nokia ein Vorbild für den Wandel bei Audi Elektronik wurde.

Wie kreative Unruhe entstehen kann

Je komplexer die Organisation und je chaotischer das Umfeld ist, in der sie arbeitet, desto wichtiger ist das, was Ellen Jane Langer *Mindfulness* nennt – eine professionelle Aufgewecktheit. Wer sie hat, kann »neue Kategorien bilden, neue Informationen integrieren, unterschiedliche Perspektiven erkennen und mit ungeteilter Aufmerksamkeit interne und externe Veränderungen beobachten«[42] – kurzum, er kriegt mit, was aktuell los ist.

Wie aber weckt man Mitarbeiter und Manager auf? Und wie hält man sie wach? Die Havard-Professoren Weick und Sutcliff schlagen gemeinsame *Fehleranalysen* vor, *Job Rotationen* und *Fortbildungen*, um die Eigendynamik im Unternehmen zu erhöhen. Wer rotiert, und wer lernt, schaut gezwungenermaßen über den Zaun der eigenen Abteilung und hat es fortan schwerer, sich in gemütlicher Borniertheit zu verschanzen und einem immer gleichen Trott zu verfallen.

Unserer Erfahrung nach gibt es noch eine Reihe weiterer wirkungsvoller Weckinstrumente:

Konstruktiver Fehleralarm

In Industrieunternehmen kommt es oft vor, dass Mitarbeiter an der Basis die Ersten sind, die Produktionsfehler oder kleine Warnsignale sehen –

oder darüber hinwegsehen. Es ist enorm wichtig, diese Mitarbeiter zu ermutigen, im Zweifelsfall den Mund aufzumachen. Viele tun das nicht, weil ihnen das Selbstbewusstsein fehlt (manchmal auch das Verantwortungsbewusstsein). Aber: Ein Fehlalarm ist immer noch besser als eine riesige Rückrufaktion. Gleichzeitig müssen Teamleiter und Management lernen, Alarm von der Basis ernst zu nehmen.

Ein probates Mittel gegen eine schläfrige Produktionsmannschaft ist eine doppelte Alarmpflicht: Die Mitarbeiter werden verpflichtet, Fehler zu melden, während gleichzeitig das Management verpflichtet wird, aktiv nach Fehlern zu fragen. Warum? Das Motto »wenn man nichts hört, ist alles in Ordnung« kann geradewegs in die Katastrophe führen. Genau das passierte auf der Fähre »Herald of Free Enterprise«, die 1987 gesunken ist: Die Mannschaft machte keine Meldung, der Kapitän fragte nicht nach, der für das Schließen der Bugtore verantwortliche Seemann war eingeschlafen.[43]

Eine solche Katastrophe kann gar nicht geschehen, wenn alle Mitarbeiter hellwach darauf achten, dass sie selbst *und* ihre Kollegen keine Fehler machen. Je kleiner die Mannschaft, desto wichtiger ist eine hohes Maß an produktiver Energie.

Produktive Energie erzeugen

Je stärker die Energie in einem Unternehmen pulsiert, desto höher die Intensität und das Tempo der Produktion, der Innovation und der Veränderung – desto größer ist also die kreative Unruhe.

Wer von »Energie im Unternehmen« spricht, landet recht schnell in der esoterischen Ecke. Tatsächlich aber zeigt die empirische Forschung[44] zum Thema »organisationale Energie«, dass Energie in einem Unternehmen in zwei Dimensionen gemessen werden kann. Die erste Dimension ist die *Intensität* der Energie, die sich zum Beispiel in einer intensiven Zusammenarbeit und Kommunikation im Unternehmen zeigt. Die *Qualität* der Energie beschreibt als zweite Dimension, inwieweit die Potenziale eines Unternehmens auf das Unternehmensziel ausgerichtet sind. Wo positive Energie herrscht, findet man begeisterte Mitarbeiter, die Spaß an ihrer Arbeit haben, leistungsbereit und zugleich zufrieden mit ihrem Job sind. Negative Energie zeigt sich, wenn bei Mitarbeitern Angst, Frust und Ärger vorherrschen, und wenn jeder mehr an der Verteidigung der eigenen Besitzstände interessiert ist als an der Erreichung des Unternehmensziels. Die Kombination der beiden Dimensionen ergibt das Bild, das in der folgenden Abbildung gezeigt wird.

Abbildung 25: Zustände organisationaler Energie[45]

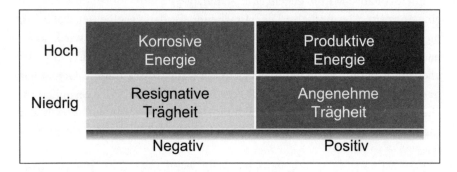

Hierbei sind folgende Punkte hervorzuheben:

- In *resignative Trägheit* können Unternehmen verfallen, wenn sie nicht endenden Ketten von Change-Prozessen unterworfen werden, die wenig erfolgreich sind. Negative Emotionen wie Enttäuschung und Frust herrschen vor, das Unternehmen ist wenig produktiv.
- Unternehmen mit *korrosiver Energie* zeigen zwar ein hohes Maß an Aktivität – allerdings zeigt sich diese in internen Kämpfen statt in der gemeinsamen Ausrichtung auf das Unternehmensziel.
- Eine *angenehme Trägheit* kann sich ausbreiten, wenn ein Unternehmen viele Jahre lang erfolgreich war. Management und Mitarbeiter ruhen sich auf den Erfolgen aus, Produktivität und Veränderungsfähigkeit sinken ab.
- Im Zustand *produktiver Energie* sind Unternehmen effektiv, produktiv und innovativ. Alle Energie ist auf ein gemeinsames Ziel ausgerichtet, Intensität und Tempo der Aktivitäten und Kommunikation sind sehr hoch. Genau das ist der Zustand, den wir »kreative Unruhe« nennen.

Um in den Zustand produktiver Energie zu kommen, braucht ein Unternehmen zwei Treiber: Zum einen den *Stolz* der Mitarbeiter und zum anderen eine starke *Vision*. Beides ist wichtig. Denn herrscht nur ein hoher

Stolz vor, ohne dass es eine Perspektive gibt, dann schläft ein Unternehmen auf seinen Lorbeeren ein. Gibt es zwar eine Perspektive, aber stehen die Mitarbeiter nicht stolz hinter ihrem Arbeitgeber, dann setzen sie sich nicht für das Ziel ein.

Was Stolz bei den Mitarbeitern auslöst – wird im Folgenden dargestellt.

Bypass-Operationen

Man muss als Führungskraft eigene Methoden entwickeln, um intensiv mit jedem Mitarbeiter in Kontakt zu kommen. Diese Methoden kann man als »Bypass-Operationen« bezeichnen. Am besten funktionieren diese Methoden, wenn man sie nicht aus strategischem Kalkül heraus entwickelt, sondern vielmehr intuitiv und spontan. Was alle Bypass-Operationen gemeinsam haben: Sie brechen bestehende Regeln. Genau das ist ein sicheres Mittel, Mitarbeiter und Manager aufzuschrecken – und kreative Unruhe herzustellen.[46] Folgende Methoden haben sich als sinnvoll erwiesen:

Ein Foto-Organigramm kann Wunder wirken. So können sich Führungskräfte nicht nur inhaltlich auf Gespräche mit der Basis vorbereiten, sondern sich auch im Vorfeld anschauen, mit wem sie sprechen wollen. Wenn dann der Bereichsleiter in der Werkstatt auftaucht und einen Mitarbeiter (womöglich sogar von hinten) mit seinem Namen anspricht, löst er viele Emotionen aus. Bei den einen Begeisterung (»Endlich interessiert sich mal ein Boss für das, was ich hier tue!«) und bei den anderen Entsetzen (»Ich werde von ganz oben beobachtet?«). Wenn es gelingt, eine echte Vertrauensbasis aufzubauen, dann weicht das Entsetzen und macht Platz für eine außerordentliche Leistungsbereitschaft.

SMS an Mitarbeiter wirken ganz ähnlich: Auf der einen Seite lösen sie Erstaunen aus (»Woher hat der meine Nummer?«), auf der anderen Seite einen Energieschub. Denn wenn der »Chef-Chef« einen Wunsch hat, dann wird dieser erfahrungsgemäß sehr schnell erfüllt (auch wenn, oder vielleicht gerade, weil die SMS gelegentlich nach Feierabend beim Empfänger eintrifft – was einem weiteren Regelbruch gleichkommt.) Für jüngere Leute sind SMS-Nachrichten heute die am meisten verbreitete elektronische Kommunikationsform. In Zukunft muss eben Twitter, MMS, YouTube oder was sonst gerade bei den unter 30-Jährigen hip ist, benutzt werden.

Verstöße gegen das Protokoll setzen im Unternehmen deutliche Zeichen. Wenn ein Meister aus der Werkstatt dazu eingeladen wird, eine Präsentation vor dem Vorstand zu halten, so signalisiert dies der Werkstatt eine hohe Anerkennung. Umgekehrt sieht der Vorstand (vielleicht erstmals), welches Potenzial in der Werkstatt vorhanden ist.

Kleine Geschenke erhalten die Freundschaft – vor allem, wenn nicht damit gerechnet wird, und wenn die Geschenke ungewöhnlich sind. Dazu gehören finanzielle Anerkennungen in Höhe eines nennenswerten Teils des Jahresgehaltes an »einfache« Werkstattmitarbeiter, die sich über ein Jahr lang in der Freizeit sehr eingesetzt und dabei Ergebnisse erzielt haben, die heute in vielen Bereichten der Produktion und im Service Anwendung finden. Oder dazu gehören Eishockey-Trikots, wie das folgende Beispiel zeigt.

Wenn ich (W.S.) das Audi-Werk spät verließ, dann habe ich gerne ein paar Sätze mit dem Pförtner gesprochen. Von einem Pförtner, der immer sehr freundlich und hilfsbereit zu allen war, hörte ich dann abends, dass er ähnlich wie ich gerne zu Eishockeyspielen des ERC Ingolstadt geht und Fan unseres Spitzen-Torwarts Jimmy Waite ist. Als dieser Pförtner in den Ruhestand verabschiedet wurde, habe ich ihn in mein Büro eingeladen. Er war darüber überrascht und freute sich riesig, als ich ihm zum Abschied ein Trikot von Jimmy Waite überreichte.

Es ist enorm wichtig, dass vor allem die so genannten »einfachen Mitarbeiter« wissen, dass ihre Arbeit wertgeschätzt wird. Jeder an seiner Stelle hat einen wichtigen Job und muss ihn mit Herz ausfüllen.

Informelle Treffen außerhalb des Betriebs setzen viel Energie in der Mannschaft frei, versorgen eine Führungskraft mit relevanten Informationen und sorgen für ein Feedback auf Augenhöhe, das den Chef daran hindert, den gesunden Bodenkontakt zu verlieren.

Einmal im Monat traf ich (W.S.) mich mit Mitarbeitern verschiedener Bereiche und aus verschiedenen Hierarchieebenen zum Frühstück im

»Heidehof«. »Stellt euch vor, ihr habt jetzt eine Stunde lang meinen Job«, eröffnete ich häufig das Gespräch. »Was würdet ihr kurzfristig verändern?« Ich wollte alles wissen, ungefiltert. Ich bohrte nach. Ich hörte mir alles an, ohne zu werten, und saugte die Feedbacks auf wie ein Schwamm. Bei diesen informellen Gesprächen bekam ich extrem gute Hinweise: Zum einen darauf, was mir selbst nicht optimal gelungen war – was mir die Möglichkeit gab, besser zu werden und gleichzeitig meine Bodenhaftung zu behalten. Zum anderen sagten mir diese Leute, welche Themen bei ihnen Herzklopfen auslösen. Ich versuchte immer, diese »Herzensangelegenheiten« an die erste Stelle zu setzen. Denn, wenn der Blutdruck stimmt, dann pulsiert auch die kreative Energie.

Symbolisches Management

Noch stärker wirken Bypass-Operationen, wenn Pokale vergeben oder Anerkennungen ausgesprochen werden. Im Normalfall erscheint der Vorstand eines Unternehmens vor der Presse, es werden Reden gehalten – und vielleicht wird die gesamte Veranstaltung per Video im Unternehmen übertragen. Die Mannschaft reagiert darauf zumeist nicht mit Motivation, sondern mit Murren (»Wir reiben uns hier auf, und die da oben bekommen die Lorbeeren!«). Deshalb sollten Sie auf symbolische Termine dieser Art mit gezielten Regelbrüchen reagieren. Zum Beispiel so:

Im November 2007 passierte das, was einem Pokalsieg im Fußball entspricht: Die Zeitung *Bild am Sonntag* zeichnete den neuen A4 als bestes Fahrzeug seiner Klasse mit dem »Goldenen Lenkrad« aus – ein Preis, der als einer der wichtigsten in der deutschen Automobilindustrie gilt. In der Jury sitzen VIPs, Profis aus dem Renn- und Rallyesport und einige ausgewiesene Technikexperten. Sie hatten den Wagen auf Herz und Nieren getestet und sich von seinen dynamischen Qualitäten, Design, Ausstattung und Komfort überzeugen lassen.

Audi-Vorstandschef Rupert Stadler reiste mit den Vorständen Michael Dick und Frank Dreves nach Berlin, um die Auszeichnung entgegen zu nehmen. Als ich (W.S.) abends im Fernsehen sah, wie Stadler das Goldene Lenkrad nahm, über seinen Kopf hob und das Blitzlichtgewitter genoss, freute ich mich.

Aber ich wusste auch: Unsere »Jungs« aus den Werkstätten, unsere Ingenieure hätten eine Riesenfreude, jetzt mit dabei zu sein. Sie sind es doch, die Tag für Tag nach neuen Lösungen suchen, die mit endloser Geduld Fehler finden und ausmerzen, die dafür sorgen, dass unsere Wagen immer besser werden. Bilder aus dem Fußball gingen mir durch den Kopf: Die Spieler, wie sie einer nach dem anderen den gewonnenen Pokal greifen, wie sie ihn küssen, wie sie ihn weiter reichen, wie sie jubeln und schreien und dabei die eine oder andere Träne verdrücken.

Die Ehrung hatte mittwochs in Berlin stattgefunden. Am Donnerstag brachte Technikvorstand Michael Dick das Goldene Lenkrad mit in die Klausurtagung der Technischen Entwicklung. Der schwere Pokal stand während der ganzen Sitzung mitten auf dem Tisch. »Kann ich mir das Lenkrad mal eine halbe Stunde ausleihen?«, fragte ich Dick nach dem Meeting.

So ließ ich das Goldene Lenkrad in einer Plastiktasche verschwinden und eilte zurück in mein Büro. »Ruf in der Werkstatt an. Alle sollen sich versammeln!«, rief ich ins Sekretariat. Dann packte ich das Lenkrad aus, wischte es noch einmal blank und machte mich auf den Weg zum Fahrstuhl. Während ich nach unten glitt, malte ich mir die Gesichter der Werkstattmitarbeiter aus. Den Pokal versteckte ich hinter meinem Rücken. Ich konnte meine Vorfreude kaum verbergen.

Etwa 100 Mitarbeiter waren in der Werkstatt zusammengekommen, die meisten mit dem Ausdruck eines großen Fragezeichens. »Warum trommelt uns der Chef zusammen?« »Es wird doch nichts schief gegangen sein?« Da zeigte ich das Goldene Lenkrad. Ich hielt es hoch und sagte erst einmal gar nichts, denn jeder einzelne Werkstattmitarbeiter wusste ganz genau, was es mir diesem Pokal auf sich hat.

Da drückte ich dem Audianer, der am dichtesten bei mir stand, das schwere Ding in die Hand. »Lasst es bloß nicht fallen, der Vorstand will es nachher wieder haben«, scherzte ich. Jubel brach los, die Männer in ihrer Arbeitskluft fielen sich in die Arme, reichten den Pokal herum, von einem zum anderen. »Ihr habt einen ganz wesentlichen Anteil an dieser Auszeichnung!«, rief ich in die Menge. Eine Gänsehaut nach der anderen kroch mir Rücken und Arme hinunter. Ich glaube, wenn wir alle zusammen auf dem Fußballplatz gestanden hätten, dann hätten wir geheult.

Es war mir wichtig, zuerst in die Werkstatt zu gehen. Die Leute, die hier arbeiten, sind für mich alles andere als die »Blaumänner« irgendwo »da unten«. Ich selbst war mal Lehrling und Facharbeiter. Ich weiß ganz genau, was an der Basis geleistet wird, und welch geniale Ideen oft genau die haben, die nie ein Gymnasium von innen gesehen haben, geschweige denn, eine Universität.

Nach meinem Besuch in der Werkstatt ging ich weiter zu den Ingenieuren. Hier gab ich wieder jedem das Goldene Lenkrad in die Hand, und auch hier hatte der eine oder andere eine Träne im Knopfloch. Ich sah Stolz in den Gesichtern.

Inspiration durch Promis

Bewundernswerte Menschen lösen viel Power aus – vor allem, wenn sie in ihrem Gebiet »Superstars« sind. Bekommt ein Unternehmen Star-Besuch, fühlen sich die Mitarbeiter in hohem Maße Wert geschätzt (»*Der* kommt zu *uns*!«). Der hohe Bekanntheitsgrad der Promis führt dazu, dass sie im Freundeskreis und in der Familie eine »super Story« zum Besten geben können – was ihnen hier wiederum Anerkennung einbringt.

Ich (W.S.) habe mich also auch um Kontakte zu Promis bemüht. Zum einen, weil ich weiß, wie viel kreative Unruhe sie lostreten können, und zum anderen, weil wir von ihnen wirklich etwas lernen wollten. Neben Fußballtrainer Hitzfeld gelang es uns, einen Mann bei Audi zu treffen, mit dem die Basis nicht gerechnet hatte: Bill Gates. (Er hatte ohnehin einen Termin in Ingolstadt, um sich über die Verbreitung von IT-Systemen in Deutschland, speziell in Schulen, zu informieren.)

In der Woche nach seinem Deutschlandbesuch sollte die Weltpremiere des *Microsoft Zune* als Wettbewerbsprodukt zum *Apple iPod* stattfinden. Wir überraschten Bill Gates bei der Vorstellung von Audi-Fahrzeugen mit einer ersten Applikation des *Zune* im Audi A8. Diese Aktion wurde mit einem seiner Mitarbeiter umgesetzt.

Bill Gates war sehr überrascht und stolz, dass es funktionierte und auch sein Mitarbeiter freute sich, der ihn bei dieser Gelegenheit zum ersten Mal persönlich kennen lernte. Vor der offiziellen Weltpremiere hatten wir also eine geheime Premiere. Was wir nicht erreichen konnten war, dass der Zune zum iPod aufschließen konnte – aber das tat dem kreativen Unruheschub bei Audi keinen Abbruch.

Risiken und Nebenwirkungen

»Die Geister, die ich rief, werd ich nun nicht mehr los« – das ruft Goethes Zauberlehrling verzweifelt, als er heimlich einen Zauberspruch ausprobiert. Im Gedicht bringt der Meister die wild gewordenen Geister mit dem kurzen Befehl »In die Ecke, Besen! Besen! Seid's gewesen.« wieder unter Kontrolle.

Im Unternehmen funktioniert das nicht. Wer das kreative und revolutionäre Potenzial der Basis wach gekitzelt hat, muss es anschließend auch aushalten. Denn Mitarbeiter, die sich erfolgreich in einen Change-Prozess eingebracht haben, lassen sich anschließend nicht den Mund verbieten.

Die zweite Welle kommt von unten

Eine zweite Change-Management-Welle kommt häufig von unten, von den Mitarbeitern an der Basis initiiert.

Die Erfahrungen der ersten Veränderungswelle bei Audi haben die Mitarbeiter, die Veränderungsagenten und die Führungsebene stark gemacht. Vor allem haben die Mitarbeiter gelernt, Ideen zu formulieren und sich Gehör zu verschaffen.

2004 waren alle Ziele erreicht, für die die Mannschaft gemeinsam gekämpft hat: Der A8 und der A6 waren erfolgreich am Markt, das Elektronikcenter stand. Und jetzt? War das schon alles? Es entstand ein Vakuum, eine vorübergehende Orientierungslosigkeit. Auf den Fluren des Elektronikcenters liefen heiße Diskussionen: Was passiert mit dem Veränderungsprozess? Ist er zu Ende? Werden die Veränderungsagenten nicht mehr gebraucht? Doch die kreative Unruhe war den Mitarbeitern so in Fleisch und Blut übergegangen, dass sie nicht in der Lage waren, sich auf ihren Lorbeeren auszuruhen. Sie brannten auf neue Herausforderungen und entwickelten Ideen für die nächsten Schritte. Sie wollten eine »neue Vision«. Ich (W.S.) ließ mich überzeugen. Parallel dazu legte Audi erstmals Ziele für das gesamte Unternehmen fest.

»Junge Wilde« als Treiber der Veränderung

Es gibt sie in jedem Unternehmen: Die »Jungen Wilden«. Gemeint sind Nachwuchsführungskräfte, die auf einer Karriereleitersprosse stehen, auf der sie Projekte oder Teams führen. Sie sind um die 30 Jahre alt, manchmal auch jünger, sie haben Ideen, haben Energie, und stoßen sich gerade die Hörner mit ersten Führungsproblemen ab. Sie haben nichts zu verlieren und alles zu gewinnen. Hier sind die jungen Frauen und Männer, die Veränderungsprozesse vorantreiben.

An dieser Stelle ist ein kleiner Ausflug in die Welt des Sports hilfreich, um dies zu illustrieren: Beim VfB Stuttgart hatte eine verunglückte Personalpolitik in der Saison 2000/2001 die Schwaben sowohl in eine finanzielle als auch in eine sportliche Schieflage gebracht. Weil wegen des Geldmangels keine neuen Spieler verpflichtet werden konnten, förderte Trainer Felix Magath gezielt Talente aus der Jugendmannschaft – »Stuttgarts Junge Wilde«. Die Strategie war so ungewöhnlich wie erfolgreich: 2003 wurden die Stuttgarter Deutscher Vize-Meister, anschließend traten sie erstmals in der UEFA Champions League an.

Etwa um die gleiche Zeit wurde bei Audi klar: Wir haben eine Menge talentierte, junge Nachwuchsführungskräfte an Bord, von denen viele ihr Potenzial noch lange nicht ausgereizt hatten. Auf diese hatte ich (W.S.) es abgesehen: Ihre Skills sollten entwickelt werden, die Führungskultur sollte fest verankert werden, vor allem sollten sie eng vernetzt werden. Deshalb wurde ein eigenes Trainingslager für Ingolstadts »Junge Wilde« eingerichtet. In regelmäßigen Trainings haben sie – jeweils zu sechst – ganz pragmatisch an konkreten Alltagsproblemen gearbeitet und konnten das Gelernte sofort umsetzen. Dazu kamen klassische Trainingsinhalte wie »Führen mit Zielvereinbarungen«, »Konflikt-Management« oder »Umgang mit Stress«. Nach den Worten eines Mitarbeiters ging es hier »nicht um realitätsfernes Kuschel-Management, sondern darum, zu lernen, mit den Mitarbeitern Klartext zu reden – nach dem Motto: »Wenn das hier nicht klappt, bekommst Du einen anderen Job.« »Wir haben uns eng vernetzt«, sagt ein anderer. »Wenn jetzt Probleme auftauchen, kriegen wir das selbst hin – da braucht nichts hochgespielt zu werden.« Die Vernetzung wurde verstärkt durch einen permanenten Wechsel der Personen zwischen den Kleingruppen. Die Trainings haben die »Jungen Wilden« zu einer Gemeinschaft zusammengeschweißt, die eng zusammenhält.

Grenzen der Unruhe

Kreative Unruhe ist unserer Erfahrung nach absolut notwendig, um im Markt bestehen zu können. Sie hat aber auch eine *Erträglichkeitsgrenze*. Wenn ein Unternehmen immer wieder künstlich inszenierte Krisen herbei zaubert, um die Mannschaft wachzurütteln, nutzt sich der Effekt ähnlich ab wie in einer Schule, die zu oft Feueralarm probt. Irgendwann geht keiner mehr raus.

Wenn Sie es mit einem Unternehmen zu tun haben, das in angenehme Trägheit verfallen oder in interne Machtkämpfe verstrickt ist (korrosive

Energie), hilft es zwar, die Menschen gezielt in Unruhe zu versetzen. Und zwar – so ein Vorschlag von Doppler/Lauterburg – »mithilfe von *Szenarien über die zukünftige Entwicklung.*« [47] Vom Ausmaß des Problembewusstseins hänge dann das Maß der Motivation ab, mit dem die Beteiligten bereit seien, sich zu engagieren. Das Aufwecken nach dem *Prinzip Dringlichkeit* (Kotter) muss aber sinnvoll und verantwortungsvoll geschehen, sonst kommt es zu einem Vertrauensverlust, der so schnell nicht zu kitten ist. [48]

Instabilität und Stabilität müssen im Unternehmen ausbalanciert werden. Und Phasen der Stabilisierung haben durchaus ihren Sinn. Hier werden neue Formen der effektiven Arbeit installiert, hier werden spinnerte Ideen in ausgeklügelte Produkte verwandelt, hier sammeln Mitarbeiter und Management Kraft für die nächste Welle der Veränderung.

Werkzeuge

Checkliste: Kreativität fördern durch *Personal*entwicklung

- Fördern Sie gezielt die jungen Wilden, beispielsweise durch ein zweijähriges Führungstraining in kleinen, wechselnden Gruppen.
- Bieten Sie ein gegenseitiges Coaching für die jungen Wilden an.
- Bieten Sie Seminare zu aktuellen Themen, die von Teilnehmern gewünscht werden. Laden Sie »gebietsfremde« Redner zu Vorträgen ein, zum Beispiel einen Benediktinerpater zum Thema »Führung«.
- Bieten Sie eine Ausbildung für Innovations-Coaches analog der Change-Agents an (die Innovations-Coaches sollten in Kreativtätstechniken geschult werden und Innovationsworkshops, Szenarienworkshops und Ähnliches durchführen können).
- Bieten Sie eine gezielte Job Rotation für Schlüsselpositionen an.

Checkliste: Kreativität fördern durch *Organisation*sentwicklung

- Lassen Sie Innovationsworkshops durchführen, um die Vernetzung untereinander zu unterstützen. Eine Frage hierbei ist: »Was können wir in unserer Zusammenarbeit verbessern?«
- Lassen Sie Szenarioworkshops durchführen. Hierbei lassen Sie sich von den Fragen leiten: »Wie sehen wir die Zukunft? Was passiert, wenn wir X tun (oder unterlassen)?«
  - heute,
  - in einem Jahr,
  - in fünf Jahren?
- Veranstalten Sie informelle »get together«. Hierbei sollten Sie die Möglichkeit schaffen, zwanglos zusammen zu sitzen, zu reden und zu denken.
- Sorgen Sie für ein »rechtshirniges« Umfeld. Kreativität kommt aus der rechten, also der nichtrationalen Gehirnhälfte. Ein Übermaß an »linkshirnigen« Regeln, Zwängen, Logik, Beweisen, Faktenorientierung tötet jede Form von Kreativität ab.
- Vereinbaren Sie Kreativitäts-Spielregeln für Meetings:
  - Geht nicht, gibt's nicht!
  - Argumente erst anhören, dann bewerten!
  - Erst Ideen sammeln und dann bewerten!
  - Nicht die erstbeste Lösung ist die Beste!
- Vereinbaren Sie Regeln im Umgang mit Fehlern:
  - Fehler sind in Ordnung, daher dürfen sie nicht vertuscht werden!
  - Wir suchen nach Ursachen, nicht nach Schuldigen!
  - Wir lernen aus Fehlern!
  - Kein Fehler darf zweimal gemacht werden!

6. Irrtum: Netzwerkorganisationen führen zu Chaos

Jedes Unternehmen braucht Führung und Steuerung. *Ein Irrtum ist, dass Mitarbeiter in Netzwerkorganisationen nicht hinreichend in der Lage sind, Soll- und Ist-Situationen laufend zu vergleichen und bei Abweichungen zielgerichtet zu handeln.* Im Zweifelsfall ist der Mitarbeiter näher am Problem als der Manager und kann schneller und besser steuern.

Heute ist klar, dass Unternehmen in extrem turbulenten Zeiten nur dann handlungsfähig bleiben, wenn Abläufe *nicht* bis ins Detail geplant und Kommunikationswege *nicht* festgelegt werden, wenn Funktionen flexibel bleiben. Das heißt: Jeder muss ständig in Alarmbereitschaft sein, jeder trägt Verantwortung, jeder muss mitdenken, jeder muss schnelle Entscheidungen treffen. Es gibt keinen Chef mehr, der sagt, was als nächstes getan werden soll, es gibt keine Nachbarabteilungen (»Die da!«) mehr, die prinzipiell an jedem Problem Schuld sind – sogar Lieferanten und Kunden rücken hinein in das Netzwerk. Der Taylorismus hat ausgedient, doch in den Köpfen stecken immer noch dessen Grundsätze, und dort verhindert er die notwendige Wandlung. Analyse, Planung, Umsetzung, das betrifft alle … jeden Tag. Das heißt nicht, dass jeder alles selbst machen muss, aber jeder muss den Einfluss seines Tuns auf den Gesamtzusammenhang verstehen.

Audi Elektronik wurde von einer hierarchischen Struktur zu einer Netzwerkorganisation gewandelt – wobei »gewandelt« zu geschmeidig klingt. Tatsächlich hat es ordentlich geknirscht, bis es so weit war.

Wandel durch Vernetzung

Flexible, sich selbst steuernde Netzwerke sind schwerer zu verstehen als die alten Führungsmodelle mit ihren übersichtlichen Pyramiden. Früher gab es oben den Chef, unten das Fußvolk.

Abbildung 26: Hierarchische Organisation und Netzwerkorganisation

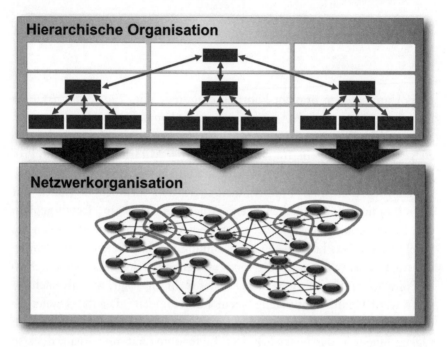

Netzwerke dagegen sind dreidimensionale Gebilde, die sich nur schlecht dingfest machen lassen. Ihre Stärke ist die Dynamik. Ein sich selbst organisierendes Netzwerk passt sich den aktuellen Bedürfnissen an, es verändert sich über die Zeit. Damit wird ein Grundproblem statischer Organisationsformen überwunden: Normalerweise kann die Organisation mit den Anforderungen der Zeit nicht mithalten. Die moderne Entwicklung verläuft so schnell, dass sich die Arbeitslasten in rasantem Tempo und auch ständig verschieben – eine klassische Organisation ist dafür viel zu starr und langsam. Permanent sind Leute unter- oder überbeschäftigt, unter- oder überqualifiziert. Die Netzwerkorganisation löst dieses Problem: Energie wird dort gebündelt, wo es aktuell am dringendsten ist.

Netzwerke haben eine so hohe Komplexität, dass sie sich durch einen einzelnen »Top-Manager« nicht mehr führen lassen. Jeder Versuch, Projekte durch formale Regelungen oder starre Vorgaben in geordnete Bahnen zu lenken, verlangsamt tendenziell den Prozess. Die einzige Möglichkeit, eine derartig komplexe Netzwerkorganisation zu steuern, ist, sie der Intelligenz der Vielen zu überlassen. Was das heißt, beschreibt Audi-Mitarbeiter Alfons Pfaller so:

»Bei Audi EE leben wir eine interne Multiprojekt-Landschaft. Unser Produkt macht das notwendig, die Netzwerkstruktur macht es möglich. Unsere Arbeit wird so nicht einfacher, aber effektiver. Die enorme Komplexität unserer Entwicklungsprojekte, von der Planung bis zur Freigabe erscheint unüberschaubar: Vieles läuft parallel. Etablierte Prozesse unterstützen uns, der wichtigste Erfolgsfaktor ist jedoch die hohe Leistungsbereitschaft und Eigenverantwortung unserer Mitarbeiter. Es wird über die Grenzen der Abteilung gedacht. Das Ziel steht immer im Vordergrund. Dies ermöglicht es uns, unsere komplexen Themen und Projekte zu beherrschen. So etwas wie ›Nicht zuständig!‹ gibt es hier gar nicht.«

Für Führungskräfte ergibt sich in einer Netzwerkorganisation eine völlig neue Aufgabe: Sie sagen nicht mehr jedem, was zu tun ist, sondern beobachten das Gesamtsystem aufmerksam, um bei Bedarf Anstöße zu geben, Budgets zu organisieren und Fehlentwicklungen zu korrigieren. Das Management hat aber noch eine wichtige Aufgabe: Es muss starke Mechanismen etablieren, die gute Selbstorganisation mit spürbaren Ergebnissen belohnt. Feiern ist wichtig, ersetzt aber nicht Mechanismen, die in der täglichen Arbeit sofort regelnd wirken. Schnelle Regelschleifen sind essentiell für schnell konvergierende Iterationen.

Führung funktioniert nicht mehr als Ursache-Wirkungs-Kette (»Mach das!« – »Wird erledigt!«), sondern im Dialog. Entscheidungen werden immer weniger Chefsache und immer mehr zu Austauschprozessen. Das fällt vielen Chefs schwer. Etliche fragen sich, wie es sein kann, das vernetzte Kollegen ohne »Anweisung von oben« überhaupt irgendetwas zustande bringen. Sie könnten ja auch pausenlos streiten oder Däumchen drehen – aber das tun sie nicht. Der Grund: In einem funktionierenden Netzwerk werden Faulpelze, Querulanten und Alleingänger schnell abgestraft. Nicht von oben herab, sondern durch die Gemeinschaft aller Mitarbeiter.

In einem Netzwerk »hören viele Ohren, hier sehen viele Augen. Privatsüppchen lassen sich so schwerlich kochen. (...) Um im Bild zu bleiben: Je mehr Köche, desto besser der Brei«[49], schreibt Dominik Petersen, Berater für Organisations- und Unternehmensentwicklung in Gravedona (Italien). Genau das sei auch der Grund, warum Linux oder Wikipedia eine so hohe Qualität erreichen konnten: »Optimierung durch maximale Beteiligung«.[50] Das Ergebnis entsteht in einem evolutionären Prozess, der sich dem Willen einzelner Macher entzieht.

Arbeiten in der Netzwerkorganisation – das kann sehr produktiv sein, das kann sehr aufregend sein, das kann Hunderte von Mitarbeitern gleichzeitig in den Zustand eines »Flow« versetzen. Es kann aber auch, das soll an dieser Stelle nicht unter den Teppich gekehrt werden – außerordentlich anstrengend sein. Das beschreibt Werner Hamberger, Audi EE:

»Eine Netzwerkorganisation aufzubauen bedeutet, an vielen kleinen und großen Rädern gleichzeitig zu drehen. Diese Aufgabe kann Führungskräfte bis an ihre persönliche Grenze bringen. Bei Audi gestaltete sich die strukturierte Vernetzung meines Teams wie folgt:

Anfangs waren die Schnittstellen zu den Nachbarabteilungen sehr stark verwoben und daher schwierig abzugrenzen. Es gab immer wieder Reibereien um Kompetenzen und Zuständigkeiten mit anderen Vorentwicklungs- und Forschungsteams im Konzern. Es wurde die Entwicklung des Bedienkonzepts als »Breitensport« betrieben. Die Folge: Bahnbrechende Bedienkonzepte wurden zwar entwickelt, doch aufgrund des Widerstands der Nachbarabteilungen nicht umgesetzt.

Als die Stimmung zu eskalieren drohte, haben wir uns zu einem Teamworkshop entschlossen. Zuerst flogen die Fetzen, schließlich wurden aber Ideen entwickelt, um die Abteilung besser zu organisieren: Interne Mitarbeiter – sie machten nur ein Viertel des Teams aus – wurden zu *Koordinatoren*. Sie übernahmen die fachliche Aussteuerung der Mitarbeiter und bestimmten die Schnittstellen zwischen den *Fachgruppen*, die neu festgelegt wurden. Jeder Koordinator definierte seine Rolle und die Aufgabe seiner Gruppe selbst. In regelmäßigen Fachgruppenrunden wurden organisatorische und fachspezifische Fragen geklärt, sodass bei den Treffen mit dem gesamten Team Vorträge von Mitarbeitern und Diplomanden im Mittelpunkt standen. In der Folge stieg die Teilnehmerzahl kontinuierlich an, und damit auch die Motivation und das Know-how des Teams. Die Koordinatoren meldeten im Stimmungsbarometer einen steigenden Leistungsdruck an, gaben der Freude an ihrer Arbeit aber höhere Werte als je zuvor.

Selbst konnte ich mich von der Detailarbeit des Fachexperten frei machen, und mich mehr um Führungsaufgaben kümmern.

Nach dieser Reorganisation lief die Arbeit wesentlich runder. Trotzdem: Nicht alle Prozess- und Schnittstellenprobleme konnten in den Griff bekommen werden. Die Abstimmung zwischen den Abteilungen war äußerst nervenaufreibend – gefällte Entscheidungen wurden von Nachbarabteilungen häufig revidiert, und das blockierte die Kommunikation mit übergeordneten Entscheidungsträgern.

Es gab aber auch Abteilungen, mit denen die Zusammenarbeit immer besser funktionierte: Einerseits wurden Aufträge dort platziert, andererseits konnten Mitarbeiter aus diesen Abteilungen in das Team integriert werden Ein Mitarbeiter wechselte zur Forschung und erwies sich dort als Brückenkopf. Statt über fehlende Ergebnisse und nicht zusammenpassende Konzepte zu streiten, gab es jetzt ein Werben um Konzeptideen und Projekte.«

Der Intelligenz der Vielen vertrauen

Obwohl seit vielen Jahren über Netzwerke oder Kybernetik diskutiert wird, sitzen die alten Linienmodelle noch immer fest in den Köpfen, und das Staunen über vernetzte Organisationen hält an.

Dabei wird mit vielen Metaphern gearbeitet – vom Bild des Gehirns bis hin zum Bild des Flugzeugträgers samt Besatzung. Einerseits macht diese Methode die Sache anschaulicher, andererseits birgt sie die Gefahr, der eigenen Analogie auf den Leim zu gehen. Hier werden eigene Erfahrungen bewusst in Beziehung zu *mehreren* Analogien gesetzt, um so das Risiko für »geistige Kurzschlüsse« einzugrenzen, und um anschaulich zu machen, wie Netzwerkorganisationen erlebt und gelebt werden können.

Die Feuerwehr-Metapher

Feuerwehrleute, Spezialeinsatzkommandos der Polizei, Rettungssanitäter und Boxenstopp-Teams üben eine gewaltige Faszination aus – auch auf Wirtschaftsforscher. Wie gelingt es diesen Teams, unter höchstem Zeitdruck, unter Lebensgefahr und ohne finanzielle Anreize, gemeinsam erfolgreich zu sein? Drei Forscher der TU Chemnitz sind dieser Frage nachgegangen, und haben 20 Experten aus »Hochleistungssystemen« interviewt. Ihr Ergebnis lässt sich gut auf das übertragen, was in der Praxis erlebt wurde, wie keine andere Metapher.

Das Bild der Rettungsmannschaft ist emotional unheimlich stark. Viele Mitarbeiter können unmittelbar etwas damit anfangen. Es fällt insbesondere denjenigen, die sich mit flexibler Rollenverteilung und unklaren Rahmenbedingungen schwer tun, mit diesem Bild im Hinterkopf viel leichter, sich auf eine aktive Rolle in der Netzwerkorganisation einzulassen. Hier die für uns wichtigsten Punkte:

Zielorientierung: Polizisten, Feuerwehrleute, Sanitäter, Notärzte – sie alle sind selbstverständlich bereit, ihre persönlichen Ziele während eines Einsatzes zurückzustellen. Für kleinliche Konflikte ist keine Zeit, wenn es darum geht, Leben zu retten. Weil für alle dieses Ziel so klar ist, können sie ihr Handeln bei plötzlich veränderten Situationen blitzschnell anpassen.

Wenn Mitarbeiter gemeinsam aufstehen, um gegen den Untergang der eigenen Abteilung oder sogar gegen die drohende Insolvenz ihres Unternehmens anzukämpfen, ist diese Situation zumindest ansatzweise vergleichbar mit einem Notfalleinsatz. Hier greift genau das, was Kotter als »Prinzip Dringlichkeit« beschrieben hat.

Achtsamkeit: Wenn es um Leben und Tod geht, kommt es auf jedes Detail an. Wie atmet der Patient? Welche Art von Rauch quillt unter der Tür hindurch? Dreht der Wind? Die »Fähigkeit, die Umwelt und deren Veränderungen ganzheitlich und frühzeitig wahrzunehmen«, ist dem Chemnitzer Forscherteam zufolge »eine elementare Grundlage von Hochleistung«.[51] Jeder muss mit aufpassen. Und je kleiner das Team ist, desto mehr muss jeder auch darauf achten, dass sein Nachbar keine Fehler macht.

Übertragen auf die Industrie bedeutet das eine ausgeprägte Sensibilität für kleinste Fehler. Genau das also, was Toyota bis vor kurzer Zeit gelungen ist. Hier handeln die Mitarbeiter nach dem Prinzip »Genchi Genbutsu«, was so viel bedeutet wie »Gehe zur Quelle«: Finde die Ursache des Fehlers, übernimm die Verantwortung und behebe den Fehler schnell. Das weltweit gute Abschneiden von Toyota in den Pannenstatistiken hat hier seine Ursache.

Die nennenswerte Zahl von Rückrufen in den letzten Jahren zeigt allerdings, dass das Toyota-System bei stark gestiegener Komplexität möglicherweise an Grenzen gestoßen ist. Eine potenzielle Ursache könnte sein, dass der Fokus mehr auf die Produktion als auf die gesamte Prozesskette gelegt wird.

Organisationsstruktur: Hochleistungsteams arbeiten in flexiblen und vernetzten Einsatzstrukturen. Wer was macht, richtet sich nicht nach der Dienstbeschreibung, sondern nach den aktuellen Anforderungen. Bei einem Sondereinsatzkommando der Polizei etwa gehen auch formal Vorgesetzte als einfache Teammitglieder in den Einsatz und folgen den Weisungen von formal untergeordneten Kollegen, wenn das notwendig ist.

Dies ist eines der wichtigsten Elemente einer funktionierenden Netzwerkkultur. Im Klartext heißt das: Alte Zöpfe müssen ab. Privilegien halten den Betrieb auf. Wenn der Azubi dringend einen PC-Platz braucht, dann räumt der Chef im Zweifelsfall seinen eigenen Schreibtisch frei. Und wenn der Abteilungsleiter nicht persönlich zur Testfahrt in die Wüste jetten kann, dann fährt eben der Techniker hin.

Rollenverständnis: Hochleistungsteams sind nur deshalb so rasend schnell, intelligent und flexibel unterwegs, weil sie einerseits ganz klare Rollen definiert haben, andererseits aber mit stark überlappenden Kompetenzen arbeiten. Wenn es darauf ankommt, kann der Feuerwehrmann aus dem Wassertrupp auch Schläuche verlegen und der Schlauchverleger auch löschen. Der Rollentausch funktioniert, weil alle Beteiligten eine gemeinsame Vorstellung darüber haben, wie der Einsatz insgesamt abzulaufen hat.

Insgesamt zeigt die Feuerwehr-Metapher, wie ein relativ kleines, eingespieltes Team eine Krisensituation in den Griff bekommt. Die Funktionsweise von Unternehmen mit Tausenden von Mitarbeitern, Teams und Projekten, die wiederum nach außen hin verbunden sind, kann der folgende Vergleich vielleicht besser erklären.

Die Gehirn-Metapher

»Unternehmen, die langfristig erfolgreich sind, gleichen zeitlebens lernfähigen Gehirnen«,[52] erklärt Gerald Hüther (Professor für Neurobiologie und Hirnforscher in Göttingen). »Erfolgreiche Firmen lernen durch Versuch und Irrtum, sammeln Erfahrungen, entwickeln flache und vernetzte Strukturen und passen ihre innere Organisation immer wieder neu an sich verändernde Rahmenbedingungen an.«[53] Die Vernetzungen in und zwischen den Organisationsebenen optimieren sich selbst, und könnten gerade deshalb schnell und nachhaltig auf neue Herausforderungen reagieren.

Dabei gilt: Je mehr Zellen miteinander vernetzt sind, desto eher können sie neue Ideen hervorbringen. Interessanterweise wird mit steigender Vernetzungsdichte die gesamte Ordnung aber immer instabiler.[54] Konsequent gedacht, hat ein Unternehmen, das wie ein Gehirn organisiert ist, keinen Chef. Es besteht aus Teams, die sich selbst steuern und zugleich voneinander abhängig sind. Der Punkt dabei ist: Das Management setzt die Regeln, nach denen die Selbstorganisation abläuft, und schafft entsprechende Rahmenbedingungen.

In der Wirtschaft findet man derartige Konstruktionen eher selten – grundsätzlich sind sie aber möglich. Als Beispiel wird gerne die Svenska Handelsbanken genannt, die seit 35 Jahren genauso organisiert und von der derzeitigen Finanzierungskrise praktisch nicht betroffen sei.[55]

Die Flugzeugträger-Metapher

Wenn es um intelligente Organisationen und strategisches Handeln geht, werden regelmäßig auch Analogien zu militärischer Technik gebildet – zum Beispiel zu einem Flugzeugträger. Hier arbeiten rund 6 000 Menschen auf engstem Raum und schwankendem Boden, hantieren hier mit Treibstoff und da mit Sprengstoff, während Flugzeuge im Sekundentakt auf knapp berechneten Bahnen starten und landen. Flugzeugträger-Crews treiben theoretisch permanent am Rande der Katastrophe entlang – in der Praxis aber haben sie ihren Job im Griff. Wie sie das schaffen, erklären

Karl E. Weick und Kathleen M. Sutcliffe in ihrem Buch *Das Unerwartete managen*: »Es kommt zu ständigen *wechselseitigen* Anpassungen. Eine Veränderung wird durch eine weitere Veränderung ausgeglichen.«[56]

Die Piloten reagieren auf Wetteränderungen, die Fluglotsen reagieren auf die Piloten, wieder andere auf die Fluglotsen – und das alles in Sekunden. »Gegenseitige Anpassungen wie diese halten die Zuverlässigkeit aufrecht. Um dieses Ziel zu erreichen, braucht man eine Mischung aus respektvoller Interaktion, Kommunikation, Vertrauen, direktem Wissen von der Technik, Aufmerksamkeit, Vertrautheit mit den gegenseitigen Aufgaben und viel Erfahrung«, so beschreiben es Weick und Sutcliffe.[57] Exakt so läuft es in den erfolgreichen Unternehmen ab, die wir kennen – auch wenn hier die Mitarbeiter unter deutlich weniger gefährlichen Rahmenbedingungen Hand in Hand arbeiten.

Radikale Vernetzung

Abbildung 27: Monitoring als Basis für funktionierende Netzwerke

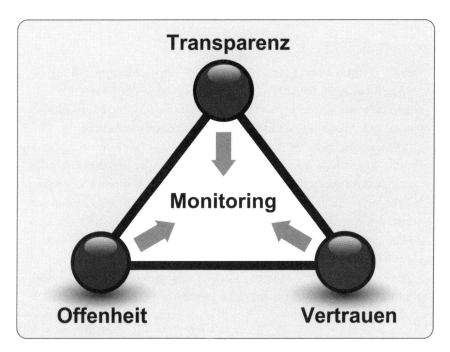

Unserer Überzeugung nach funktionieren Netzwerke dann besonders gut, wenn sich die einzelnen Teams Offenheit und Vertrauen entgegenbringen, wenn sie ihre Prozesse transparent und ihre Ergebnisse messbar machen.

Dazu ist ein Team vom »alten Schlage« aber oft nicht bereit. Warum sollen »Die da« wissen, wo meine Probleme liegen? Warum soll ich verraten, wo ich meine Ressourcen habe? Und wie kann ich sicher sein, dass mir niemand in den Rücken fällt, wenn ich jemanden in meine Bastion schauen lasse? Bei solchen Verhaltensweisen im Team muss zunächst gefragt werden, ob noch immer eingefahrene Mechanismen wirken, die dieses Verhalten belohnen.

Vorbehalte lassen sich mit gezielten Netzwerk-Verstärkern abbauen. Ist ein Budget vorhanden, können es regelmäßige Team-Trainings sein, ist kein Budget da, können auch informelle Treffen im Biergarten nutzen.

Die Prozesskette zusammenbringen

Sehr gute Erfahrung wurden mit gezielten Netzwerktrainings gemacht. Dabei wurde konsequent aus der Perspektive der Netzwerkorganisation und entlang der wichtigsten Prozesse gedacht, die die Organisation stemmen muss.

Um die Prozesse rund um die Elektronik-Entwicklung des Audi A4 zu beschleunigen, wurden alle Schlüsselpersonen der Prozesskette zu einem Netzwerktraining eingeladen – insgesamt 24 Personen, die nun einmal pro Monat in vier Sechsergruppen zusammenkamen.

Gemeinsam erlernten die Teilnehmer ein Set verschiedener Basismethoden wie zum Beispiel Konflikt-Management und Präsentationstechniken. Im Unterschied zu vielen »von der Stange gekauften« Seminaren bearbeiteten die Teilnehmer hier ausschließlich konkrete Themen aus ihrem Arbeitsalltag: Sie diskutierten akute Probleme in vertauschten Rollen, präsentierten sich gegenseitig aktuelle Projekte und besprachen auch selbst gesetzte Themen – allem voran Führungsprobleme.

So wurden mehrere Fliegen mit einer Klappe geschlagen: Die Teilnehmer lernten sich kennen, entwickelten ihre persönliche Sozial- und Methodenkompetenz weiter, brachten alle Teilnehmer auf einen

Informationsstand und trieben konkrete Themen der Prozesskette voran. »Ich habe meine tagtäglichen Arbeitskollegen richtig gut kennen und schätzen gelernt und habe seitdem ein besseres Verständnis für Ihre Problemstellungen beim Projekt A4«, beschreibt ein Teilnehmer den Effekt. »Ich brauchte nicht zehn Mal entlang der Prozesskette anzurufen und zehn Mal das Gleiche erzählen«.

Es bildete sich zwischen allen 24 Teilnehmern ein enger und stabiler Draht – die Grundlage für das, was früher einmal »kleiner Dienstweg« hieß. Probleme wurden schnell und auf Augenhöhe gelöst, ohne über mehrere Ebenen nach oben gespielt und damit eskaliert zu werden. Alle fühlten sich für das Gelingen des Vorhabens verantwortlich und vollzogen einen Schulterschluss. »Ich mache das für dich, heute noch, obwohl ich nicht zuständig bin« ist eine Grundeinstellung, die sich immer mehr durchsetzt. Gleichzeitig verbreitete sich eine entspannte Stimmung, ein anderes Vertrauensverhältnis.

Die EE-Kosten für diese Netzwerktrainings hat übrigens zunächst der Bereich allein getragen, obwohl einige Teilnehmer aus angrenzenden Abteilungen kamen. Damit habe ich (W.S.) für meinen Bereich zunächst einen Nachteil in Kauf genommen, war aber überzeugt davon, für das Unternehmen einen erheblichen, wenn auch nicht spezifizierbaren Gewinn einzufahren. Als die Teilnehmer dann freudestrahlend in ihre Abteilungen zurückkamen und sich die Vernetzung spürbar verbesserte, haben wir dann Kostenteilung praktiziert. Gestritten habe ich eher mit den Chefs der Teilnehmer über die Personen, die teilnehmen durften.

Übrigens: Auf einer Indienreise habe ich dem Personalvorstand gebeichtet, was ich in seinem »Beritt« mache, und dass das sehr erfolgreich ist. Damit war das genehmigt.

Thomas Ehmann, Qualitätssicherer bei Audi meint hierzu:

»Das Netzwerktraining war enorm gewinnbringend. Das Miteinander wurde an vielen Stellen vereinfacht und die Arbeit über den kleinen Dienstweg beschleunigt. Das Coaching war lehrreich für die eigene Entwicklung. Jetzt haben wir ein großartiges Netzwerk aufgebaut, das nicht nur über das Programm hinaus Bestand hat, sondern ähnlich wie XING stetig wächst.«

Im Grunde sind Seminare wie diese kein Hexenwerk. Oft sind es ja gerade die einfachen Mittel, die eine durchschlagende Wirkung zeigen. Das gilt für viele Unternehmen, wie das folgende Beispiel zeigt:

In einem mittelständischen Maschinenbauunternehmen entwickelten Projektteams über Bereiche und Standorte hinweg große Anlagen. Immer wieder kam es zu Reibereien, weil einzelne Abteilungen sich eher auf ihre eigenen Vorteile als auf die Projektziele konzentrierten. Gleichzeitig wurde eine große Geheimnistuerei rund um das Thema »Kosten« betrieben.

Um das Unternehmen profitabler zu machen, beschloss die Geschäftsleitung, die Vernetzung innerhalb des Unternehmens zu stärken. Die Mannschaft war nicht begeistert: »Brauchen wir so etwas überhaupt? Wir müssen doch arbeiten und haben keine Zeit für Teambuilding«, hieß es. Letztendlich ließen sich die Mitarbeiter auf einen Workshop ein.

Zu Beginn berichtete jeder über das, was ihm im Leben wichtig ist, über seine Stärken und Schwächen und formulierte seine Wünsche an das Projektteam. So entstand langsam ein Klima der Offenheit und des Vertrauens. In einer anschließenden Teamübung wurde den Teilnehmern klar, dass sie das gemeinsame Ziel nur erreichen können, wenn sie wirklich als Team und nicht als Einzelkämpfer zusammenarbeiten. Erst jetzt waren sie auch emotional bereit, das Projektziel vor die Abteilungsziele zu stellen – und wirklich von Herzen bereit, zusammenzuarbeiten.

Die Abteilungsgeheimnisse wurden gelüftet: Wo wurden Kosten geparkt? Wo waren Einsparpotenziale? Ein weiterer wichtiger Schritt war das offene Feedback an die jeweiligen persönlichen Schnittstellenpartner: Was läuft gut in unserer Zusammenarbeit? Welches Verhalten ist von meinem Gegenüber wünschenswert? Dieser Schritt löste viel Energie in der Gruppe aus, weil Probleme schnell geklärt werden konnten. »Im Alltag reden wir über diese Probleme nicht, wir ärgern uns über den anderen, und denken uns unseren Teil«, beschrieb ein Teilnehmer diesen Schritt.

Zum Abschluss des Workshops erklärte jeder Mitarbeiter vor versammelter Mannschaft, wie er in Zukunft zum gemeinsamen Projekt- und Teamerfolg beitragen will. Alle Commitments wurden unter dem neuen Leitsatz »Project first, Departments second« an eine Teamwand gepinnt und von allen Teilnehmern unterzeichnet.

Führungskräfte vernetzen

Man möchte meinen, dass die Möglichkeiten zur Informationsbeschaffung und zur informellen Vernetzung immer vielfältiger werden, je höher man die Karriereleiter klettert. In großen Unternehmen mag das für Mitglieder des Top-Managements gelten, aber gerade für junge Führungskräfte stellt sich zunächst eine andere Situation dar: Da sind einerseits die Mitarbeiter des eigenen Teams, die aufgrund der Einbettung in die klar strukturierte Projektorganisation eines Automobilherstellers automatisch über zahlreiche Schnittstellen verfügen. Aufgrund der zahlreichen Meetings und der damit einhergehenden Protokolle und Projektinformationen haben die Mitarbeiter bisweilen einen deutlichen Informationsvorsprung gegenüber dem eigenen Vorgesetzten.

Auf der anderen Seite stehen die oberen Führungskräfte des Unternehmens, die über verschiedene Managementgremien (zum Beispiel wöchentliche Abteilungsleiterrunden oder Ressortgespräche) zur Steuerung des Unternehmens bestens vernetzt sind.

Letztlich hängt es dann vom Informationsverhalten des Top-Managers ab, ob er seine unterstellte Führungsebene an der Unternehmensentwicklung teilhaben lässt und wichtige Nachrichten zeitnah weitergibt oder Informationen als Machtinstrument behandelt und sie den Führungskräften vorenthält.

So kommt es, dass junge Führungskräfte sich plötzlich in einer Situation wiederfinden, bei der sie in der Informationshierarchie das Schlusslicht bilden. Dies beschreibt Michael Kundinger von Audi Electronics Venture wie folgt:

»Um dieses Problem aufzufangen, wurden bei Audi EE regelmäßig alle Führungskräfte der dritten Leitungsebene – rund 30 Leute – zu einer ›OE-3-Leiterrunde‹ einberufen. Das Besondere daran: Die zweite Berichtsebene war zu diesem Treffen optional eingeladen. Es steckt ein unendlich großes Potenzial in dieser Runde, denn gerade die Leiter in der dritten Berichtsebene haben einerseits noch einen sehr direkten Kontakt zu inhaltlichen Themenstellungen, andererseits haben sie in ihrer Rolle als Führungskraft auch mit allen mitarbeiterrelevanten Fragestellungen zu tun. Der Puls des Unternehmens kann – wenn man von der Mitarbeiterbefragung absieht – kaum besser diagnostiziert werden, und umgekehrt gibt es keine besseren Multiplikatoren, um Informationen Top-down an die Mannschaft weiterzugeben. Die Agenda der jeweiligen Treffen wurde von den Führungskräften der dritten Ebene selbst gestaltet und die Beiträge auch selbst vorgetragen.

Immer war es aber von höchster Bedeutung, dass der Bereichsleiter selbst an diesen Treffen teilnahm, um dem Stellenwert des Treffens den nötigen Ausdruck zu verleihen. Die Runden fanden auch nicht in einem x-beliebigen Besprechungszimmer statt, sondern auf der Vorstandsetage der Technischen Entwicklung in einem großen Raum, der nur durch das Topmanagement gebucht werden konnte.

Neben dem informativen Austausch zu inhaltlichen oder bereichsübergreifenden Themen, war es Ziel dieser Runde, die Leute zusammenzubringen und eine Plattform zu schaffen, bei der es möglich war, sich »ungeschminkt« zu relevanten Themen zu äußern, sich von Kollegen einen Rat zu holen und vor allem die Gelegenheit zu bekommen, sich ein direktes Bild über die Einstellung des Bereichsleiters zu wichtigen Fragestellungen zu holen.

Die gute Anwesenheitsquote bei diesen Treffen unterstrich das Bedürfnis dieser Führungsebene, sich informell zu vernetzen und am allgemeinen Unternehmensgeschehen teilzuhaben. Später wurde die

Runde auf die Projektkoordinatoren und die OE3-Leiter der Prozess-kette und somit auf 50 Teilnehmer erweitert. Dies hat die Wertigkeit der Prozesskette und das »Wir-Gefühl« der Manager im Netzwerk deutlich unterstrichen.

Brückenköpfe bilden

In kleinen, schlagkräftigen Unternehmen gibt es viele Mitarbeiter, die verschiedene Funktionen parallel übernehmen können oder solche, die zwischen ganz unterschiedlichen Bereichen – etwa Forschung und Vertrieb – versetzt werden. »Multifunktionale Einsetzbarkeit und Versetzungen zwischen Funktionen sind bei den »Hidden Champions« verbreiteter als in Großunternehmen. Aus dieser Flexibilität ergibt sich eine höhere Leistungsfähigkeit bei gleichzeitig geringeren Kosten«[58], erklärt Hermann Simon in seiner Studie über unbekannte Weltmarktführer, die *Hidden Champions des 21. Jahrhunderts*. Das Unternehmen Audi ist kein Hidden Champion – dennoch wurde hier genau so vorgegangen.

Interne Job Rotation

Bei Audi wurde mit einer Passion für Job Rotation mit mehreren Regeln gebrochen – nicht zuletzt mit einer selbst gesetzten. Nachdem dieses Ziel in einer Balanced Scorecard verankert wurde, ist Audi über sein Ziel hinausgeschossen: Es gab 170 Prozent Zielerreichung! Die Erklärung: Lange galten interne Jobwechsler als »Vaterlandsverräter«, die ihre eigene Abteilung im Stich ließen, um ihr Glück woanders zu suchen. Es waren unter anderem die Netzwerktrainings, die hier – ganz ungewollt – zu einer Einstellungsänderung führten. Hier erfuhren die Mitarbeiter erstens, wie spannend die Jobs der Kollegen waren. Und sie erfuhren, zweitens, dass sie im Unternehmen als Unternehmer gebraucht werden, die ihre Kompetenz heute hier und morgen dort einsetzen. Das bedeutete auch, dass engagierte und qualifizierte Mitarbeiter aus der Werkstatt in die Entwicklung in Jobs für Ingenieure wechseln konnten.

Mein (W.S.) Leitprinzip lautet »vernetzen und andere erfolgreich machen«. Deshalb habe ich einen Teil der besten Mitarbeiter an Schlüsselpositionen außerhalb meines Bereichs gesetzt: in die Produktion und in die Qualitätssicherung. Viele haben mich für verrückt erklärt. Dabei ist die Sache doch ganz logisch: Ich gebe Leute nach außen, um angrenzende Bereiche auf die Linie zu bringen, die ich brauche.

Gerade in der Elektronik geht es darum, Systeme *und* Menschen zu vernetzen. Denn wenn die Elektronik etwas entwickelt, muss die Produktion das auch in Serie herstellen können (und sagen, was nicht funktioniert). Die Qualitätssicherung muss fachlich in der Lage sein, es sinnvoll zu analysieren. Und schließlich müssen die Vertragshändler und Vertragswerkstätten damit weiterarbeiten können. Wenn wir für ihre Diagnosegeräte etwas programmieren, was sie nicht finden, nicht verstehen, oder es aus irgendeinem anderen Grund nicht in ihrer täglichen Arbeit anwenden können – dann kommt die Elektronik nicht beim Kunden an.

Was wir entwickeln, muss so stimmig sein und in alle Richtungen so gut verankert werden, dass alle davon profitieren. Wenn das optimal läuft, gehen die Zahl der Nachbearbeitungen und der Produktionsstörungen nach unten. Deshalb hat Job Rotation entlang der Prozesskette *Audi Elektronik* immer eine herausragende Rolle gespielt.

Die Abteilungen, in die ich meine »Satelliten« geschossen habe, waren froh um die herausragenden Köpfe – die »versetzten« Mitarbeiter weniger. Viele wären gerne auf ihrem alten Platz geblieben, lie-

Abbildung 28: Kompetenzaufbau durch Job Rotation in der Prozesskette

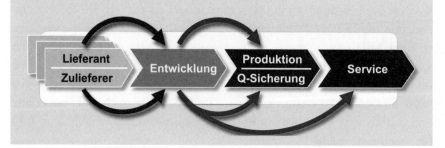

ßen sich aber überzeugen, in die Produktion, die Qualitätssicherung und in den Service zu wechseln. Sie haben verstanden, dass es mir um die Sache geht. Um unsere Sache: Die Elektronik nach vorn zu bringen.

Im Unternehmen kommt Job Rotation vielfach gut an. So berichtet Ole Mende, inzwischen bei Audi zuständig für die Qualitätssicherung aktiver Halbleiterelemente:

»Ursprünglich komme ich aus der Halbleiterbauelement-Forschung. Im April 2002 habe ich bei der Audi AG begonnen und dort in der technischen Entwicklung einige Jahre die entwicklungsbegleitende Erprobung von Infotainment-Steuergeräten betreut. Im Verlauf dieser Tätigkeit konnte ich mir viel Wissen über Funktion und Integration dieser Geräte aneignen. Was aber weitaus wichtiger war: ich habe erfahren, wie die Elektronik-Entwicklung der Audi AG arbeitet und ich habe die Menschen kennengelernt, die hinter den Projekten stehen.
Im Sommer 2004 erhielt ich dann im Rahmen einer Job Rotation die Chance, ein Halbleiterlabor aufzubauen. Das Reizvolle an dieser Aufgabe war, etwas Neues aufbauen zu können und sich gleichermaßen seiner Wurzel besinnen zu dürfen. Der Bereichswechsel in die Qualitätssicherung, ohne die Örtlichkeiten der technischen Entwicklung zu verlassen um so weiterhin von den bekannten Netzwerken zu profitieren, war ebenfalls ein interessanter Aspekt.
Meiner Auffassung nach haben durch diese Job Rotation alle drei beteiligten Parteien gewonnen. Die Qualitätssicherung wurde durch das Halbleiterlabor, die damit verbundene Elektronik-Kompetenz und das mitgebrachte Netzwerk gestärkt. Die Elektronik-Entwicklung kooperiert nun mit einem Partner, der um einen weiteren Kompetenzbaustein stärker geworden ist. Und ich durfte mich einer weiteren Herausforderung stellen, die meinen Erfahrungsschatz bereichert und mich in meiner persönlichen Entwicklung reifen ließ.«

Wandernde Projektteams

Eine kreative Idee ist noch lange kein Produkt. Deshalb gibt es in vielen Unternehmen Vorentwicklungs-Teams. Diese knobeln dann mehr oder weniger marktfähige Ideen aus, von denen viele von denen verworfen werden, die sie in Serie bringen sollen. Eine immense Energieverschwendung, der Audi mit Projektteams entgegengetreten ist. So nehmen gute Ideen Fahrt auf, reifen und wachsen im Laufe der Zeit zusammen mit den Ingenieuren, bauen immer mehr Energie auf und treffen, wenn alles gut geht, mit ungeheurer Wucht auf den Markt.

> Bei Audi war vor 1997 keine wirkliche Elektrik/Elektronik Vorentwicklung (VE) vorhanden. Wegen der damaligen Personalnot wurde ein sehr kleines Team von acht Mitarbeitern ins Leben gerufen. Im Team waren nur zwei feste Mitarbeiter, ein Doktorand, drei Diplomanden und zwei Praktikanten. Nach und nach wuchs aus dieser Keimzelle heraus eine begeisterte, schlagkräftige Vorentwicklungsmannschaft. Um die vorentwickelten Themen in Serie zu bringen fehlte wiederum die Kapazität. Aus dieser Situation heraus wurden die (mittlerweile fest eingestellten) Vorentwickler kurzerhand mitsamt ihren Themen in die Serienentwicklung transferiert. Die Vorentwicklung wurde mit neuen Personen, bevorzugt wiederum akademischer Nachwuchs, und mit neuen Themenstellungen vollkommen neu gegründet. Die so genannte Sägezahnstrategie der VE war geboren.

Die Vorentwickler gingen völlig anders an ein Thema heran, wenn sie wussten, dass sie das Projekt vermutlich in Serie bringen werden. Erfahrene Serienentwickler steigen in die Vorentwicklung ein. Sie konnten so mit unbelasteten und zuweilen quer denkenden jungen Leuten etwas völlig neues anfangen. Dieses endete wiederum häufig in einer Serienentwicklung.

Hinter dem Wandel liegt Kontinuität

Job Rotation, Projektteams auf Wanderschaft – das klingt nach Tauben-schlag. Tatsächlich aber funktionieren Netzwerke besonders gut, wenn Mitarbeiter zwar innerhalb eines Umfelds wechseln, diesem aber grund-sätzlich treu bleiben. Denn Rotation darf nicht mit Fluktuation verwech-selt werden! Rotation funktioniert besonders gut, wenn es im Top-Ma-nagement jemanden gibt, der die Fäden fest zusammen hält. Klaus Meder, Bereichsvorstand in einem Bosch-Geschäftsbereich berichtet davon:

»Als Zulieferer hat Bosch mehrere Generationen von Bremsregelsys-temen entwickelt: ABS (Anti-Blockiersystem) und ESP (Elektroni-sches Stabilitäts-Programm). In den Jahren der Zusammenarbeit mit Audi habe ich immer wieder die gleichen Mitarbeiter getroffen, aller-dings immer wieder in anderen Positionen. Die Job Rotationen, die den Know-how-Transfer unterstützen sollen, finden hauptsächlich in benachbarte Felder statt. Das gilt für alle Ebenen, vom Projektleiter bis zum Abteilungsleiter. Hinter der Rotation liegt eine hohe Konti-nuität – und so bleibt auch das Netzwerk erhalten.

Warum ist das so? Zum einen gibt es eine sehr hohe Identifikation mit der Marke. Zum anderen liegt es an der klaren und verbindlichen Ansprache durch den Bereichsleiter. Die Grundhaltung »Ich glaube, dass ihr das hinkriegt!« löst hohe Motivation aus. Noch wichtiger sind die sehr stabilen, persönlichen Beziehungen, die im Laufe der Jahre aufgebaut wurden – im Unternehmen, aber auch zu Zuliefe-rern. So ist ein Kreis von Weggefährten entstanden, die immer wieder eingebunden und mitgenommen wurden. Das hat sich als wertvoll erwiesen.«

Probleme gemeinsam lösen

Auch ein fehlerfreies Produkt kann im Einsatz beim Kunden defekt wer-den und muss gewartet werden. In der Automobilindustrie, und nicht nur hier, müssen deshalb Diagnose-Tools für die Werkstätten entwickelt werden. Dazu ist die Mitarbeit aller betroffenen Entwicklungsbereiche notwendig, aber auch der Produktion und des Kundendienstes. Das kann lange dauern, muss es aber nicht. Von dieser Zusammenarbeit und von der Bedeutung hausinterner Unterstützung berichtet Christof Horn, Geschäftsführer der P3 Automotive:

»P3 ist eine Ingenieurgesellschaft, die unter anderem Automobilhersteller in komplexen Produktentstehungsprozessen berät. Dabei geht es unter anderem um die Optimierung der Werkstattdiagnose. Auch Audi hatte den Handlungsbedarf erkannt, die Diagnosequalität der Werkstätten zu verbessern. Der Start des Projektes verlief rasant: Statt langwieriger Analyse- und Vorbereitungsphasen wurden vom Automobilunternehmen innerhalb kürzester Zeit die wichtigsten Keyplayer angesprochen und einbezogen. Es war klar, dass vor allem ein Umdenken nötig war: Die Diagnose musste aus Sicht der Entwickler auf Augenhöhe mit den »Nutzfunktionen« entwickelt werden. Und alle drei Bereiche – Entwicklung, Produktion und Kundendienst – mussten die Diagnose gemeinsam verantworten, statt mit dem Finger auf die anderen zu zeigen.

Also begannen wir, die wichtigsten Prozesse zu überdenken und gemeinsam Optimierungsmöglichkeiten zu finden. Wir nahmen die verbesserte Integration der Diagnosebelange in die Lastenhefte in Angriff, eine Risikountersuchung für neue Komponenten sowie den Aufbau gemeinsamer Diagnosetests am Fahrzeug und in der Simulation. Die Informationen aus den Werkstätten wurden detaillierter ausgewertet, um zu erfahren, ob die Bemühungen erfolgreich waren.

In allen Arbeitspaketen arbeiteten Mitarbeiter aus Entwicklung, Produktion und Kundendienst Hand in Hand. Das funktionierte schon deshalb verblüffend gut, weil fast alle im gleichen Gebäude saßen – dem Elektronik-Center. Oft bekamen wir nur am Rande mit, mit welcher Energie im Hintergrund die Fäden gezogen wurden, indem weitere Kollegen einbezogen, alle Mitarbeiter für diese Aufgabe motiviert und die Bedeutungen der Diagnosequalität herausgehoben wurden.

Produktion und Kundendienst wurden ernst genommen – den Entwicklern wurde klar, dass sie die Anforderungen der Diagnose, die ja nur »von denen weiter hinten im Prozess« benötigt wurde, frühzeitig abstimmen und integrieren mussten. Sie bekamen dafür ein viel schnelleres Feedback aus den Werkstätten, wenn doch einmal etwas schiefgegangen war.

Somit hatten wir beide Erfolgsfaktoren an Bord: die fachliche Expertise, um die Prozesse und Konzepte zu verbessern, und die Veränderungsenergie, mit der die Implementierung der Konzepte schnell gelingen konnte. Die Diagnosequalität ist übrigens einer der Qualitätsfaktoren, die sich am stärksten und schnellsten verbessert haben.«

Die Auswirkungen dieses Prozesses wurden permanent überwacht und wöchentlich präsentiert und dokumentiert. Aus dem anfänglichen Druck wurde letztendlich eine Erfolgsstory, an der sich immer mehr Mitarbeiter beteiligen wollten.

Abbildung 29: Verbesserung des Diagnose-Prozesses, dargestellt am Verlauf von Fehlerspeichereinträgen der Fahrzeuge, wenn sie in die Werkstatt kommen

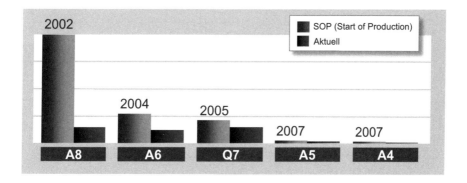

Das Netz größer spinnen

Konsequent vernetzte Unternehmen denken immer über ihre eigenen Grenzen hinaus: Die Möbelindustrie (zum Beispiel das Unternehmen IKEA) bindet ihre Kunden immer mehr als »Aufbauhelfer« ein, die Pharmabranche greift auf externe Labors und externe Vertriebsmannschaften zurück, und die Automobilindustrie holt sich Zulieferer direkt ins Haus.

Zulieferer einbinden

In der Automobilbranche ist es heute völlig normal, dass Mitarbeiter von Fremdfirmen ihren festen Arbeitsplatz in den Räumen und innerhalb der Teams eines Automobilherstellers haben. In vielen Fällen machen sie sogar den größeren Teil des Teams aus.

Konkret kann man sich das so vorstellen, dass Entwickler von Navigationsgeräten, Scheibenwischern, Autoradios oder Airbags Hand in Hand mit Audi-Entwicklern daran arbeiten, dass sich alle diese Geräte steuern lassen, ohne sich gegenseitig zu stören, was natürlich nie auf Anhieb funktioniert – aber das ist wieder ein anderes Thema.

Gut ist es, wenn man aus der Not eine Tugend macht, und sich gezielt mit der Zulieferindustrie vernetzt. So entsteht eine Kultur der Offenheit und des Austausches.

Zu Fahrzeugtests werden bei Audi deshalb alle Zulieferer gleichzeitig eingeladen, damit Fehler vor Ort effektiv analysiert und behoben werden können. Zulieferer arbeiten phasenweise direkt im Werk, zum Teil arbeiten verschiedene Firmen parallel an einem Problem.

Zu einer wichtigen Institution sind die *Ingolstädter Kolloquien* geworden. Beispielsweise gibt es ein Diagnose-Kolloquium, bei dem sich die Key-Player entlang der Prozesskette mit den wichtigsten Zulieferern und Entwicklungsdienstleistern treffen, um dafür zu sorgen, dass im Falle eines Fehlers im Fahrzeug schnell herausgefunden werden kann, welches Bauteil die Segel gestrichen hat. Das Kolloquium hat einen doppelten Effekt: Es gibt der Diagnose als »ungeliebter Stieftochter der Entwicklung« einen neuen Stellenwert – und es fordert die Netzwerkpartner heraus, genauso transparent und offen zu arbeiten

In der Zusammenarbeit mit der Zuliefer-Industrie setzen wir häufig auf die Kraft der Regelbrüche: Das Topmanagement besucht die Lieferanten regelmäßig und stellt damit die bisherigen Gepflogenheiten auf den Kopf. Gleichzeitig werden enge Drähte zwischen den Mitarbeitern auf beiden Seiten gezogen, die jeweils für bestimmte Probleme zuständig sind. Auch hier läuft also die Kommunikation nicht mehr den offiziellen Dienstweg entlang, hoch bis zur Pyramidenspitze und wieder herunter, sondern blitzschnell quer durch das Netzwerk.

Zu der firmenübergreifenden Zusammenarbeit meint Thomas Wittmann, Werkstattmitarbeiter Audi EE:

»Früher war es undenkbar, dass ein Werkstattmitarbeiter direkt mit dem Zulieferer redet. Heute ist es Alltag. Ich organisiere fast alle Termine selbst.«

Dr. Ludger Laufenberg, Geschäftsführer von Leopold Kostal, berichtet:

»Die Kostal-Gruppe entwickelt und produziert innovative elektronische, elektromechanische und mechatronische Produkte. Für die Automobilindustrie arbeiten wir seit 1927; mittlerweile für nahezu alle führenden Automobilhersteller. Wir kennen das Ringen um Termine, Kosten, um Qualität und Design innerhalb anspruchsvoller Projekte also sehr genau.

In der Zusammenarbeit mit Audi haben wir etwas Besonderes erlebt: Audi gab zwar genaue und sehr anspruchsvolle Zielvorgaben vor. Aber in der gemeinsamen Entwicklung blieben wir nicht bei den Produkten stehen, sondern konzentrierten uns auch auf die Prozesse und die Nachhaltigkeit der hierdurch beeinflussbaren Ergebnisse.

Konkret heißt das: Bereits in der Entwicklung werden Fähigkeiten und Grenzen der späteren Serienproduktion einbezogen. Die robuste Lösung ist das gemeinsame Ziel. Auch wenn die Termine eng werden: Falsche Kompromisse sind tabu. Da führt die gemeinsame »Extrameile« zum Ziel! Auf diesem gemeinsamen Weg ist Audi offen für Vorschläge seiner Zulieferer: Technische Vorgaben wurden angepasst, wenn sich das in der gemeinsamen Arbeit als die bessere Lösung erwies. Das gemeinsame Commitment war immer wichtiger als einseitig erklärte Ziele.

Hinter dieser Form der Zusammenarbeit steht eine besondere Haltung: Die Mitarbeiter handeln so konsequent vernetzt, dass kein Entwickler sein Ergebnis »über die Mauer wirft« und es der Produktion überlässt, was sie damit anfängt. Die Kommunikation mit uns als Zulieferer haben wir als respektvoll empfunden, auch wenn Probleme gelöst werden müssen. Mit der sehr hohen Qualifikation in der Elektronik-Entwicklung geht das Wissen um die Stärken der Zulieferer und die Fähigkeit, diese auch freizusetzen, einher. Diese Haltung macht es möglich, dass Ziele erreicht werden, die zunächst völlig unrealistisch scheinen.«

Personal von Zulieferern abwerben

Es gibt Zeiten, da muss ein Bereich in hohem Tempo Top-Mitarbeiter aufbauen. Woher soll man diese Top-Mitarbeiter so schnell nehmen? Stehlen! Ein nahe liegender Regelbruch, der viele Vorteile mit sich bringt:

- Wer Top-Kräfte von Zulieferern einstellt, mit denen er schon lange zusammenarbeitet, spart sich Reibungsverluste und Kosten, die eine klassische Personalsuche zur Folge hat.
- Wer Top-Kräfte von Zulieferern einstellt, kauft genau das Know-How ein, das er braucht
- und schafft eine enge Verbindung zwischen Hersteller und Zulieferer.

Der Bereich Audi Elektronik ist zwischen 1996 und 2008 von rund 220 auf rund 750 Mitarbeiter gewachsen. Es wurden gezielt Mitarbeiter von technisch hoch kompetenten, aber wirtschaftlich weniger starken Zulieferern eingestellt, denn es wurden Leute gebraucht, die kämpfen können. In der Abbildung sind die Mitarbeiter dunkel (vom Wettbewerber) oder rot (vom Zulieferer) markiert, die früher bei anderen Firmen tätig waren.

Abbildung 30: Kompetenzaufbau mit externem Know-how

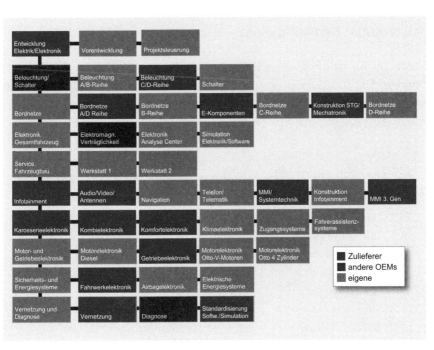

Wer Mitarbeiter von Zulieferern einstellt und es gleichzeitig fertigbringt, einen guten Draht zu eben diesen Zulieferern aufrecht zu erhalten, der hat sie automatisch mit im Boot.

Aus Sicht des Zulieferers gilt auch: »Wenn ich einen guten Mann zum Hersteller verliere, eröffne ich mir Chancen bei eben diesem Kunden, wenn ich den Draht zu meinem Ex-Mitarbeiter halten kann.« In der Praxis ist es tatsächlich so, dass abgeworbene Mitarbeiter ihrem ehemaligen Arbeitgebern zu Umsatzsteigerungen verhelfen können.

> Bei Audi haben neue Mitarbeiter die Aufgabe gehabt, in ihren ehemaligen Firmen die Projektteams auszusuchen, die in Bezug auf Kompetenz, Innovation und Zusammenarbeit am besten zu Audi passten – so entstand eine Win-win-Situation für den Zulieferer und Audi, die wiederum die Basis für langfristige Partnerschaften legte.

»Multi-Kulti«: Kernkompetenz – Integration neuer Mitarbeiter

Wenn ein Bereich sehr schnell wächst, ist das mit deutlichen Risiken verbunden: Die Integration der neuen Köpfe braucht Zeit und Geld, und in vielen Fällen entsteht destruktives Konkurrenzdenken oder eine Abwehr durch die »Alten«, die ihre Perspektiven und Positionen gefährdet sehen.

> Bei Audi wurde viel Wert darauf gelegt, neue Mitarbeiter mit unterschiedlichen Kompetenzen von sehr verschiedenen Unternehmen extrem schnell in das bestehende Team zu integrieren – und zwar fachlich und menschlich. Mit durchaus unkonventionellen Methoden: Key-Player und neue Führungskräfte wurden zum Grillen eingeladen – in den Garten des Bereichsleiters – und hier auf die neue Aufgabe eingeschworen.
>
> In den regelmäßigen Treffen der gesamten Abteilung habe ich (W.S.) neue Mitarbeiter immer persönlich präsentiert, und diesen auch die Gelegenheit gegeben, sich der versammelten Mannschaft vorzustellen. Am Schluss dieser Veranstaltungen habe ich immer wieder darauf hingewiesen, dass unser Bereich stolz auf die ungewöhnlichen Kernkompetenzen sein kann, neue Mitarbeiter schnell und gut zu integrieren. Öfter habe ich einen Vergleich zu der Kulturhauptstadt des Mittelalters gezogen: zu Prag. Eine Stadt, die es verstand, Böhmen, Mähren, Österreicher, Ungarn, Juden und Preußen konst-

ruktiv miteinander zu verbinden. So konnte ich die Botschaft vermitteln: »Wir holen uns die Schultern rein, die wir brauchen. Wir holen die Besten. Wir sind ein Multi-Kulti-Laden. Der Gedanke, dass dadurch die Zukunftsperspektive von vorhandenen Mitarbeitern beeinträchtigt würde, kam damit gar nicht erst auf.«

Starkes Netz trotz Dezentralisierung

Die Möglichkeiten der Vernetzung hängen sehr stark an Personen entlang der Prozesskette. Diese arbeiten auch dann konsequent weiter zusammen, wenn die formale Organisation um sie herum umgebaut wird. Manchmal wirkt eine Zerschlagung der gewohnten Organisation als Netzwerkverstärker.

Die Entwicklung der Elektronik war bei Audi lange Zeit zentral organisiert. Im November 2003 kam eine für uns überraschende Entscheidung bei der Vorstandssitzung: »Die Dezentralisierung ist umzusetzen!« Die Elektronikentwicklung für Aggregate sollte der Aggregateentwicklung, und die Elektronikentwicklung für Fahrwerk sollte der Fahrwerkentwicklung zugeschlagen werden. Dies hatte den Vorteil, dass dem steigenden Elektronikbedarf durch ein Verschieben von Ressourcen aus dem Mechanikumfeld in einem geschlossenen Organisationsbereich leichter nachzukommen war.

Wir waren aber der Ansicht, dass der äußerst wichtigen Aufgabe der Vernetzung der Systeme über so genannte Busse nur mit der Kompetenz der Elektroniker in einer Organisationseinheit nachzukommen war. Der Vorstand befürchtete deshalb, dass ich (W.S.) diese Entscheidung aussitzen würde und war überrascht, als ich nach vier Wochen mit einem konkreten Vorschlag kam, der nach weiteren sechs Wochen zu großen Teilen umgesetzt wurde. Die Devise an meine Mitarbeiter war: Fair umsetzen. Nicht beim Feilschen um Teilressourcen Kollegen verärgern. Wir werden weiter intensiv zusammenarbeiten.

Aus dieser Trennung wurde für uns dann im Endeffekt sogar eine Stärkung: Mit den Kollegen, die früher zu unserer Organisation gehörten, veranstalteten wir weiterhin wöchentliche Meetings, zum Beispiel im Fehlermanagement. Die dezentralisierten Elektronikbereiche sind stärker gewachsen als vorher, da die Mechaniker Aufgaben abgeben konnten. Und die Leiter der Mechanikbereiche haben mehr Verantwortung für Elektronik, auf die sie vorher gerne geschimpft haben. Insgesamt ist das Netzwerk Audi Elektronik damit noch stärker geworden.

Vernetzung im Konzern

Neben der internen Vernetzung von Produktion, Qualitätssicherung und Service und der Vernetzung mit externen Partnern spielt die Vernetzung innerhalb eines Konzerns eine wichtige Rolle.

Ende 2004 bekam ich (W.S.) aus dem VW-Konzern den Auftrag, alle Aktivitäten der Modulstrategie für den Bereich Elektronik im Konzern zu steuern. Das heißt: Ich musste alle Entwickler davon überzeugen, möglichst einheitliche Bauteile und Module im Konzern zu konzipieren, damit Ressourcen optimal genutzt, Kosten gesenkt und Prozesse beschleunigt werden können. Jeder Entwickler hat seinen Stolz und hält seine Entwicklung für die Beste, unabhängig ob er für VW, Audi, Seat oder Skoda entwickelt. Mir war es wichtig, die Entwickler und die gesamte Elektronik Prozesskette von unserer gemeinsamen Sache zu überzeugen – was sich als schwierig erwies. Insbesondere in den ersten beiden Jahren kam es immer wieder zu Krisensitzungen – live oder per Videokonferenz. Hier ging es hart zur Sache. Aber letztendlich fanden wir immer einen Kompromiss.

Dieses Netzwerk im Konzern macht alle Beteiligten stark. Bei Vorstandspräsentationen etwa kann ein Netzwerk geschlossen auftreten, weil es keine internen Machtkämpfe gibt und keine Schuldzuweisungen (»Die-da!«-Effekt). Strategien können gut abgestimmt und Probleme im Vorfeld gelöst werden.

Schnelles Beiboot

Traditionelle Industriekonzerne bleiben – der Vernetzung zum Trotz – immer behäbiger als eine junge High-Tech-Firma mit Sitz in einer Silicon-Valley-Garage (um ein Klischee zu bemühen). Erstere bewegen sich wie Ozeandampfer durch die Wirtschaft, letztere wie schnelle Beiboote. Dabei haben beide Nachteile: Erstere sind manchmal zu langsam, letztere kentern schnell. Was liegt also näher, als dass beide Kooperationen eingehen, um sich gegenseitig zu unterstützen? Genau das kann mit der Ausgründung von Tochtergesellschaften gelingen. So funktionierte dies mit der Audi Electronics Venture GmbH (AEV).

Im Jahr 2001 wurde AEV als 100-prozentige Tochtergesellschaft aus dem Bereich EE heraus gegründet. Das »schnelle Beiboot« der Audi AG startete mit dem Auftrag, in Universitäten, Forschungsgesellschaften und Start-ups wichtige Player der Innovationsszene aufzuspüren und Kontakte aufzubauen (Technology Scouting). Heute gliedert sich das Kerngeschäft der AEV in drei Bereiche:

- Eigenentwicklung von Fahrzeugsoftware,
- Vorentwicklung neuer Infotainment-Funktionen für den Kunden (Multimedia, Kommunikation),
- Kooperation mit High-Tech-Unternehmen (Start-Ups) in Form von Joint Ventures oder Beteiligungen, sowie Unterstützung in der technischen Entwicklung, in Finanzierungs- oder Rechtsfragen sowie beim Qualitätsmanagement.

Kooperation innerhalb der Branche

Nach einigen Jahren der erfolgreichen Zusammenarbeit im Konzern erhielt Audi den Auftrag, das Elektronik-Netzwerk um einen weiteren Player zu erweitern – die Porsche AG. Das war dann aber doch nochmals eine andere Dimension. Warum?

Der Fachbereich eines anderen Unternehmens ist wie ein externer dritter Geschäftspartner zu behandeln. Bevor Wissen und Know-how ausgetauscht werden können, muss ein Kooperationsvertrag unterzeichnet und eingehalten werden. Das ist nicht leicht: Wenn man es gewohnt ist, Zukunftstechnologien zu kreieren und zu entwickeln, müssen dann zusätzlich Paragrafen und Richtlinien gewälzt werden. In dieser Art von Kooperationen kommt es anfangs meistens zu Krisensitzungen und zu manchem Eskalationsgespräch am Telefon, bis sich Sprache und Vorstellungen harmonisiert haben.

Ein mühsamer Prozess, der aber letztendlich dazu führt, dass sich ein erfolgreiches Netzwerk im Rahmen einer professionellen Kooperation bewähren kann – und das Netz immer größer wird. In Zukunft wird das Thema noch einfacher werden mit Porsche als zehnter Marke im VW-Konzern.

Mit Hochschulen arbeiten

Praktikanten, Diplomanden und Doktoranden werden in vielen Unternehmen als lästige Zusatzbelastung gesehen und entsprechend behandelt. Es kann empfohlen werden, diese Nachwuchskräfte als zukünftige Potenzialträger aufzubauen und sie – bei entsprechender Eignung – gleich an Schlüsselpositionen zu setzen, an denen frische Ideen gefragt sind.

Die automobile Lichttechnik hat sich in den letzten Jahren vom schlichten Außenanbauteil zum Elektronikhighlight gewandelt. Der Anteil der Elektronik an der Wertschöpfung der Lichttechnik stieg von 5 Prozent im Jahr 2000 (A4 Halogenscheinwerfer) auf 85 Prozent in 2008 (R8 LED Scheinwerfer). Ohne die richtige Organisation ist so etwas unmöglich.

Die Audi Lichttechniker haben drei Doktoranden und rund zehn Diplomanden in ein Team eingebunden, das neue optische Technologien für die Anwendung im Automobil aufgreift. Dort werden die Themen analysiert, bewertet, umgesetzt und für die zukünftige Anwendung in gesetzgebenden Gremien mitgearbeitet. Dadurch ist man bei den Innovationen weniger auf die Systemlieferanten angewiesen. Nur so kann die unvermeidliche Nivellierung der Innovationen durch die großen Zulieferer etwas reduziert werden – wobei die enge Zusammenarbeit mit ihnen natürlich unverzichtbar bleibt.

Kontakt auf Augenhöhe kann auch so aussehen, dass der Bereichsleiter eines Abends in einer Studenten-WG anruft, um den nächsten Diplomanden zu rekrutieren. Von einem solchen Vorgehen berichtet Riclef Schmidt-Clausen, Audi EE:

»Ende 1996 war ich auf der Suche nach einem Thema für meine Diplomarbeit. Kurz vorher war Willibert Schleuter von Bosch zu Audi gewechselt, um dort die Elektrik/Elektronik-Entwicklung zu leiten.

Also schrieb ich einen Brief direkt an ihn, um mich persönlich vorzustellen und mein Anliegen – eine Diplomarbeit in der Industrie – vorzubringen. Zwei Tage später klingelte abends um zehn in unserer damaligen Studenten-WG das Telefon. Am anderen Ende war Herr Schleuter, der mir direkt zwei Themen zur Auswahl anbot: eines in der Telefonentwicklung und ein anderes beim Thema J.D.Power – Qualität USA. Ich habe mich für das zweite Thema entschieden, um dann, ein halbes Jahr später, als Diplomand bei Audi anzufangen.

Was ich dort erlebte, ging weit über die Erfahrungen meiner Studienarbeit hinaus. Klar, fachliche Freiheiten, Entscheidungsspielräume und Gestaltungsmöglichkeiten gab es hier wie dort. Aber eine derart intensive Einbindung in den damaligen Veränderungsprozess hatte ich nicht erwartet. Schon gar nicht die vielen Samstage auf der Terrasse bei Herrn Schleuter zu Hause, wo wir über Konzepten gebrütet haben. Keine Frage, für welchen Arbeitgeber ich mich nachher entschieden habe.«

Interessant sind auch Funktionswechsel einzelner Mitarbeiter in Richtung Wissenschaft. Obwohl viele Unternehmen unglücklich darüber sind, ihre besten Köpfe an Universitäten abgeben zu müssen, sind auch viele positive Effekte zu sehen.

»Sie sind nun an einer anderen Front für unser Unternehmen aktiv«, sagte ich (W.S.), als Dr. Matthias Richter die Audi AG verließ, um seine Professur an der Westsächsischen Hochschule Zwickau anzutreten. Damit hat er die Möglichkeit, angehenden Nachwuchsingenieuren und Professorenkollegen die bei Audi gelernten Netzwerkideale vorzuleben und sie mit diesen Idealen zu infizieren. »Meine Verbindungen zu Audi werden durch meine gezielte Vermittlung studentischer Praktikanten in Fachabteilungen und durch Kolloquien mit Audi-Kollegen gestaltet, in denen die Erfordernisse und Herausforderungen der Industriewelt in die Hochschule transferiert werden«, erklärt Richter seine Position im Netzwerk. »Mein Ziel ist es, Hochschule und Industrie mental und inhaltlich so dicht anzunähern, dass sich unsere Absolventen sehr zeitnah im Industrieumfeld zurechtfinden.«

Vernetzung funktioniert nicht, indem man darüber redet, sondern indem man sie lebt. Deshalb brauchen intelligent vernetzte Unternehmen einen Ort, der es ihnen erlaubt, tatsächlich intelligent und vernetzt zu arbeiten – und im Idealfall Räume, die ihre Vision verkörpern.

Raum für Veränderung

Eine in Architektur gegossene Vision wirkt stärker als Worte und Bilder allein, weil sie Mitarbeiter und Kunden ganzheitlich und nachhaltig beeindruckt. Sie erreicht nicht nur den Verstand des Menschen, sondern wirkt über alle seine Sinne, über seinen kompletten Körper auf ihn ein. »Leben findet im Lebensraum statt, nicht in Bildern und Texten«, erklärt Dieter Pfister, Experte für Change- und Raumgestaltungs-Management aus Binningen (Schweiz).[59] Er ist überzeugt: »Eigentlich kann man Raumgestaltungs- und Kultur-Change-Prozesse (...) gar nicht trennen.«[60] Dies sei ein einziger Prozess mit zwei Gestaltungsorten: dem Raum und dem Menschen – »aber mit nur einem Ziel: (...) die bestmöglichen Rahmenbedingungen zu schaffen, worin die Menschen und Prozesse sich optimal entfal-

Abbildung 31: Bewertung der Markenraumatmosphäre eines Unternehmens nach Pfister[62]

Formwirkung	Weich			■	Hart
Maßstab	Kleinteilig			■	Großzügig
Orientierung	Unübersichtlich			■	Übersichtlich
Formbeständigkeit	Klassisch-beständig		■		Modisch
Einmaligkeit	Konventionell		■		Originell
Zustand	Gepflegt	■			Ungepflegt
Verträumtheit	Romantisch			■	Sachlich
Behaglichkeit	Gemütlich		■		Ungemütlich
Wertigkeit	Heiter	■			Düster
Bodenhaftung	Rustikal			■	Artifiziell, urban
Formen	Rund, organisch			■	Spitz, kantig
Farben	Warm			■	Kühl, kalt
Material	Natürlich		■		Synthetisch
Oberflächen	Rauh		■		Glatt
Düfte	Intensiv			■	Neutral
Töne	Sonor, tief			■	Schrill
Lautstärke	Ruhig, still		■		Laut
Licht Tag	Dunkel			■	Hell
Licht Nacht	Punktuell			■	Ausgeleuchtet
Qualität	Hoch, sorgfältig	■			niedrig, grob
Materialien	Hochwertig		■		Einfach, günstig
Haltbarkeit	Dauerhaft		■		Schnell, alternd
Form des Raumes	Komplex			■	Reduziert, karg
Raum-Struktur	Gefüllt			■	Leer
Geschichtsbezug	Historisch, original			■	Nichts Altes
Kopie	Ältere Stile kopierend			■	Keine Kopien
Evolutionär	Evolutionär entwickelt	■			Nichts Evolutionäres
Trendig	Bewusst trendig		■		Nichts Trendiges

ten können.« Letztendlich könne »Organisationsentwicklung auch als Raumentwicklung gesehen werden.«[61]

So wirkt das Gebäude einer Firma vielleicht so, als sei die Zeit in den 1950er Jahren stehen geblieben – was exakt dem gelebten Spirit und den Produkten des Hauses entspricht. Ein anderes Unternehmen wirkt architektonisch wie eine Burg – und wird tatsächlich von einem Patriarchen geführt. Wer in solchen Unternehmen Veränderungen durchsetzen will, muss im Wortessinne Wände einreißen.

Dieter Pfister hat eine Systematik entwickelt, anhand derer sich die Architektur eines Unternehmens analysieren und sich ein Rückschluss auf Atmosphäre, Energie und Marke des Hauses – er nennt diesen Komplex die »Markenraumatmosphäre« – ziehen lässt.

Wenn man sich einerseits ein Gebäude vorstellt, in dem eine erfolgreiche Netzwerkorganisation arbeitet, und andererseits das Gebäude eines hierarchisch organisierten Traditionsherstellers, erhält man ein völlig unterschiedliches Bild. Wir geben seine Tabelle in vereinfachter Form wieder und haben idealtypisch in die Quadrate das Ergebnis eines modernen, vernetzten Unternehmens eingetragen.

Es ist nur schwer vorstellbar, dass eine schnell arbeitende Netzwerkorganisation in einem unübersichtlichen, gemütlich-rustikalen, vollgestopft wirkenden und dunklen Firmengebäude erfolgreich sein könnte.

Wenn ausreichendes Budget zur Verfügung steht, empfiehlt sich eine völlige Neuorganisation, am besten ein Neubau der Räume, die sich konsequent an den Kommunikationsstrukturen einer vernetzten Organisation orientiert – so haben wir es bei Audi EE umsetzen können. Im Idealfall verkörpert der Neubau auch die Vision des Unternehmens, sodass im Bau der »Spirit« der Mannschaft lebt. Falls die Möglichkeit eines Neubaus nicht gegeben ist, lässt sich eine neue Arbeitsplatzorganisation auch in bestehenden Räumen umsetzen. Das oben gezeigte Analyse-Tool kann dabei helfen, die richtigen Zeichen zu setzen.

Kompetenz unter einem Dach

Kommunikationsflächen mit Kaffeeautomat, mobile Arbeitsplätze, Kunst im und am Bau – man kennt diese Art der Architektur aus der Medienbranche oder aus der Pharmaindustrie. Dass auch Automobilhersteller in einem solchen »Ambiente« arbeiten können, war in Ingolstadt ein Novum. So sehr, dass es intern enormen Gegenwind gab, der das Projekt aber doch nicht mehr stoppen konnte. Dies wird im folgenden Beispiel geschildert.

»Vereinigte Hüttenwerke« – so hatten wir uns selbst scherzhaft genannt, als die Mitarbeiter von Audi EE noch in Containern und winzigen Büros tüftelten, die quer über das gesamte Betriebsgelände versprengt waren. Durch den Ansporn der ersten Vision haben wir Arbeitsplätze, Prozesse und Produkte gnadenlos auf den Prüfstand gestellt und im Anschluss keinen Stein auf dem anderen gelassen. Der erste Schritt war die Veränderung der Arbeitsumgebung.

1999 habe ich (W.S.) dann in einer Informationsveranstaltung für Mitarbeiter erstmals meinen »Traum vom Elektronik-Center« formuliert: Hier sollten alle, die zur »Audi Elektronik« beitragen, unter einem Dach zusammenarbeiten. 2001 genehmigten Vorstand und Aufsichtsrat die Investition und damit den Bau des Elektronik-Centers. Ein Jahr lang diskutierten und planten alle relevanten Abteilungen die Anforderungen an das gemeinsame Gebäude – ein wichtiger Punkt: Viele Firmenbauten werden nach dem Einzug der Abteilungen erst einmal umgebaut, weil niemand mit dem Ergebnis zufrieden ist. Anders bei Audi Elektronik: Hier standen die Wände gleich da, wo sie gebraucht wurden.

2003 zogen wir in das neu errichtete Elektronik-Center ein. Endlich arbeiteten alle 750 Mitarbeiter zusammen in einem großen, futuristisch angelegten Gebäude: Die gesamten Glieder der Prozesskette, das Management, Ingenieure, Controller, Kundendienst, Qualitätssicherung, mitten drin die Werkstatt – und das optimal vernetzt.

Damit haben wir neue Prozesse und Strukturen im Gebäude abgebildet. Wir haben die Projektteams so im Gebäude positioniert, dass sie über den Schreibtisch hinweg miteinander kommunizieren können. So ist eine bereichsübergreifende Vernetzung von Aufgaben, Menschen und Tools gelungen. Damit können komplexe, auf viele Steuergeräte verteilte Anwendungen hocheffektiv und termingerecht aufeinander abgestimmt werden. Und so ist ein extrem schnelles und präzises Fehlermanagement möglich.

Auf der einen Seite befinden sich fünf Etagen mit Büros, auf der anderen Seite sind Labors, Werkstätten und Entwickler-Arbeitsplätze untergebracht. Dazwischen öffnet sich eine riesige Halle, die die gesamte Höhe der fünf Büroetagen ausnutzt und einen imposanten Raum für Mitarbeiterversammlungen darstellt. Hier grenzen zahlreiche Kommunikationsecken an, hier fahren Autos durch, hier treffen sich Werkstattmitarbeiter und Vorstände, und hier stellen Mitarbeiter Kunstwerke aus. Brücken und Stege verbinden die Büros auf der einen Seite mit den Werkstätten und Labors auf der anderen Seite. So können Mitarbeiter schnell hin und herpendeln.

Durch die räumliche Nähe zwischen den Laborprüfständen und den Werkstätten ist eine enge Zusammenarbeit zwischen Ingenieuren und Werkstattmitarbeitern entstanden, von denen beide Seiten profitieren. Die Werkstattmitarbeiter, weil sie viel Know-how dazu gewinnen. Die Ingenieure, weil die Werkstattmitarbeiter alles daran setzen, die Prozesse in der Werkstatt so zu optimieren, dass alle effektiver arbeiten können. Sie haben sich aus eigenem Antrieb so weiterentwickelt, dass sie nicht nur mit Schraubenschlüsseln und Testern hervorragende Arbeit leisten, sondern auch eigene Datenbanken entwickeln – die wiederum die Vernetzung innerhalb der Prozesskette erhöhen.

Man sieht sich, man sieht die gemeinsame Arbeit und man schätzt sich. Umgekehrt: Man kann sich und der Arbeit auch nicht aus dem Wege gehen. Niemand kann sich in seinem Büro in Gebäude XY verstecken und behaupten, er habe keine Zeit, direkt zum Fahrzeug zu kommen. Das gemeinsame »Problemkind Auto« steht nicht irgendwo im Werk versteckt, sondern ist permanent präsent. Es fordert die Werkstattmitarbeiter und Ingenieure Tag und Nacht heraus. Und es bringt sie auf Lösungswege, die extrem schnell und manchmal auch ungewöhnlich sind: So legt sich ein Entwickler auch mal in einen Audi-Kofferraum und lässt sich durch die Waschanlage fahren, um mit eigenen Augen zu sehen, ob irgendwo Wasser eindringt, das die Audi-Elektronik lahm legt.

Kompetenz erfahren, mit allen Sinnen – diese Vision wird durch die Architektur verkörpert. Wir zeigen das Gebäude übrigens allen, die es sehen wollen – auch unseren härtesten Mitbewerbern. Von Porsche kam schon der Hinweis, dass man auch ein solches Elektronik-Center bauen wolle.

Abbildung 32: Die Vernetzung der Prozesskette im Audi-Elektronik-Center

Fakten zum Elektronik-Center: Das Ingolstädter Audi-Elektronik-Center ist 21 000 Quadratmeter groß. 12 000 Quadratmeter entfallen auf Büros, 9 000 auf Labors, Prüfstände und Werkstätten. Von insgesamt 750 Mitarbeitern arbeiten 170 in den Elektroniklabors und 70 an den Fahrzeugen.

Das Zentrum verfügt über sechs Mess- und Prüfeinrichtungen. Dazu zählt zum Beispiel ein Klimaprüfstand, auf dem die Elektronik extremer Hitze und Kälte ausgesetzt wird, um ihre Zuverlässigkeit zu testen. Daneben gibt es ein Multimedialabor, ein Soundlabor und einen 50 Meter langen Lichtkanal. Insgesamt investierte Audi 48 Millionen Euro in Gebäude und Einrichtungen.

Schneller zum Ziel

In einer offenen Architektur können Projektteams bereichsübergreifend auf Zuruf zusammenarbeiten. Zeitaufwändiger E-Mail-Verkehr (oder, schlimmer noch: Schriftstückversand per Umlaufmappe) entfällt. Je näher Kollegen zusammensitzen, desto häufiger kommt es zu Kommunikation Face-to-Face statt Screen-to-Screen. Das bringt eine enorme Zeitersparnis und führt häufig sogar zu besseren Ergebnissen, weil Missverständnisse gleich ausgeräumt und Ideen gemeinsam entwickelt werden können. Schätzungsweise lassen sich durch die Effektivitätssteigerung sogar über 10 Prozent Mitarbeiter einsparen.

Konsequent umgesetzt kann es sogar sinnvoll sein, die Arbeitsplätze entsprechend den Projektanforderungen zu verschieben. Warum nicht öfter mal umziehen? »Auf Zuruf arbeiten« ist durchaus wörtlich zu nehmen. Ein interessanter Nebeneffekt: Die Bereitschaft, auf andere zuzugehen spiegelt sich oft direkt wieder in der Bereitschaft mit anderen am gleichen Schreibtisch zu sitzen – potenzielle Konflikte werden sofort sichtbar.

Gleichzeitig ist Konzentration für sauberes Arbeiten wichtig – das ist inmitten einer heißen Diskussion der Kollegen schwierig. Deshalb bieten

Abbildung 33: Beschleunigung von Abläufen durch eine Optimierung der Zusammenarbeit

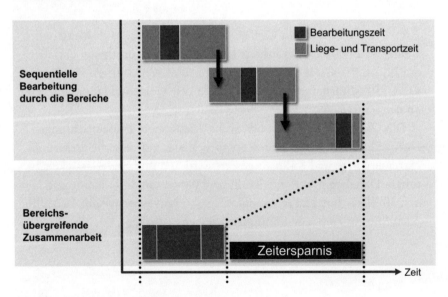

innovative Firmen separate, nicht personalisierte, kleine Räume, in denen konzentriert gearbeitet werden kann. Hier haben wir wieder das Prinzip Dynamik und Flexibilität – der Arbeitsplatz wird den aktuellen Bedürfnissen angepasst, um ein optimales Ergebnis zu erzielen.

Sitzen Mitarbeiter eng zusammen, ist die Wahrscheinlichkeit hoch, dass sie auch miteinander sprechen. Bei einem Abstand von nur 100 Metern sinkt die Kommunikationswahrscheinlichkeit bereits auf unter 5 Prozent – oder um einen Faktor 20. Die Wahrscheinlichkeit, dass eine wichtige Information ihren Weg nicht rechtzeitig findet, steigt dramatisch – Fehler schleichen sich ein.

Gleichzeitig wird es möglich, Prozesse nicht mehr sequentiell, sondern simultan zu bearbeiten – was weit mehr als 50 Prozent der Produktionszeit einsparen kann.

»Die da!« sind immer da

In jedem Unternehmen gibt es Konflikte, doch nicht überall im Unternehmen sind Konflikte gleich häufig. Eine Studie aus den 1990er Jahren zeigt, dass sich Mitarbeiter in ihrem eigenen Team recht gut verstehen (nur

Abbildung 34: Konflikte im Unternehmen – Der »Die-da-Effekt« (In Anlehnung an: Servatius 1994)

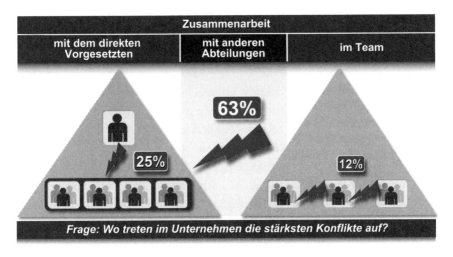

12 Prozent der Befragten meinen, hier träten die meisten Konflikte auf), während 25 Prozent der Studienteilnehmer vermuten, dass die stärksten Konflikte zwischen Mitarbeitern und ihren direkten Vorgesetzten aufflammen. Die überwältigende Mehrheit aber (63 Prozent der Befragten) berichtet von Konflikten mit anderen Abteilungen.

Gerade bei räumlicher Trennung wird die jeweilige Nachbarabteilung schnell zum Sündenbock. »Die da!« haben den Termin nicht gehalten, sind zum Meeting nicht erschienen, haben falsche Informationen geliefert – was auch immer. Wenn die Nachbarn so nah dran sind, dass sie jedes Wort mithören können, verschwindet auch der »Die da!«-Effekt von ganz allein.

> Aus diesem Grund wurden im Elektronik-Center so genannte Satelliten-Arbeitsplätze eingerichtet. Das heißt: Ein Qualitätssicherer oder ein Servicemitarbeiter haben sowohl einen Arbeitsplatz in ihrer Abteilung, als auch einen im Bereich der Testaufbauten. So werden mit dem verstärkten Netzwerk Vorurteile abgebaut und das gegenseitige Verständnis erhöht.

In der offenen Architektur einer Netzwerkorganisation kann man sich nicht mehr aus dem Weg gehen, in der Anonymität eines riesigen Firmengeländes verschwinden und sich im Groll gegen eine andere Abteilung verschanzen. Kurzfristige Absagen von Workshop-Terminen beispielsweise werden bei der nächsten Kaffeepause mit Sicherheit kommentiert. »Die da sind immer da.«

Netzwerke zu entwickeln heißt, viele Knotenpunkte und Verbindungsmöglichkeiten zu schaffen, sodass Mitarbeiter sich kennenlernen, austauschen und gemeinsam an Themen arbeiten können. Dadurch werden diese unabhängiger von der Hierarchie – ein heikler Punkt, der bewusst von der Führung gewollt sein muss. Als Basis braucht es eine starke und lebendige, auf Offenheit, Vertrauen und gegenseitige Unterstützung beruhende Unternehmenskultur, in der Individual-, Abteilungs- und Bereichsinteressen nicht im Vordergrund stehen. Allerdings reicht eine offene Unternehmenskultur nicht aus. Die Vernetzung muss aktiv organisiert, gefördert und unterstützt werden – durch den Raum, und durch gezielte Trainings.

Werkzeuge

Um die Vernetzung voranzutreiben haben sich folgende Maßnahmen bewährt:

- Erstellen Sie Schnittstellenkarten und nutzen Sie Schnittstellenworkshops als praktisches und einfaches Werkzeug zur Analyse und Verbesserung der abteilungsübergreifenden Zusammenarbeit.
- Nutzen Sie Intranetplattformen zur Vernetzung und zum Austausch abteilungs- und bereichsübergreifend.
- Schaffen Sie Aufgabentransparenz mit Aufgabenübersichten.
- So werden auch mögliche Reibungsflächen offensichtlich, wenn gefragt wird: Wer/welches Team arbeitet gerade an welcher Aufgabe?
- Richten Sie informelle Kommunikationsmöglichkeiten ein, beispielsweise Kaminabende, Frühstücksrunden , Kommunikationsecken und Ähnliches.
- Führen Sie Mitarbeiter unterschiedlicher Bereiche, die in einer Prozesskette oder in einem Projekt in Netzwerken gemeinsam arbeiten, zusammen. Bieten Sie hierzu Teamentwicklungstrainings an.
- Fördern Sie Job Rotation und haben Sie selbst den Mut, gute Leute zu *verlieren* – es zahlt sich dennoch aus.
- Unterstützen Sie die Arbeit von Projektgruppen und Innovationszirkeln mit Teambuilding-Aktivitäten.
- Veranstalten Sie Großgruppen-Events mit dem Schwerpunkt, die Vernetzung der Mitarbeiter untereinander zu fördern.
- Ermutigen Sie Mitarbeiter, selbst andere Mitarbeiter zu schulen. Dies können Vorlesungen von Kollegen für Kollegen aus allen Hierarchieebenen und Bereichen sein. Über eine Börse im Intranet lassen sich Themenangebote und Themengesuche aufeinander abstimmen.

7. Irrtum: Nach mir die Sintflut

Zum Thema »Nachfolge« kursieren viele Irrtümer in den Unternehmen. Diese Irrtümer führen dazu, dass angestoßene Change-Prozesse abbrechen, wenn ein Führungswechsel stattfindet – und der neue Chef erst einmal »alle Kinder des Alten« tötet. Das Bild ist drastisch, in der Praxis passiert genau das aber sehr oft: Da stellt der neue Chef die besten Veränderer in der Mannschaft kalt und begräbt die besten Veränderungsideen aus der Ära des Vorgängers, nur um sich selbst zu profilieren. Dabei hätte er doch die Möglichkeit, auf dem Erreichten aufzubauen, angestoßene Veränderungsprozesse weiterzuführen und so den Vorgänger noch zu übertreffen.

Problematisch kann aber auch das Verhalten *des Alten* sein, wenn er nicht rechtzeitig zur Seite rückt, nicht loslassen kann, sich nicht selbst um eine geregelte Nachfolge kümmern will. Denn Nachfolgeplanung ist nicht nur Aufgabe der Personalabteilung.

Dieser Irrtum liegt nahe: Für Personalfragen ist die Personalabteilung zuständig. Dies galt in vielen Unternehmen lange als eherne Regel – und in vielen Häusern wird das immer noch so gehandhabt. Immer mehr aber wird Talentmanagement aber heute zu einer Aufgabe der Führungskräfte (und der Headhunter, die sie unterstützen), während die Personalabteilung koordinierende Funktionen übernimmt. Das gilt für das Recruiting auf allen Ebenen, besonders aber bei der Besetzung von Top-Positionen, wobei hier auch der Vorstand sein Placet geben muss. Bei Audi wurden sehr gute Erfahrungen mit dem »Vielaugenprinzip« gemacht – das heißt, Recruiting wie auch Nachfolgeregelungen sind gemeinschaftliche Aufgaben von Personal- und Fachbereich.

Eine gut strukturierte und harmonische Übergabe funktioniert nur, wenn der Vorgänger nicht in Unfrieden aus seiner Position ausscheidet. Und auch nur dann, wenn es im Unternehmen eine gewisse Kontinuität gibt. Bei Übernahmen oder Firmenzusammenschlüssen geht es dagegen oft so hektisch zu, dass *Bilderbuch-Übergaben* gar nicht möglich sind.

Auch bei mir (W.S.) klingelte eines Tages der Headhunter, um mir eine Position vorzuschlagen, die gerade vakant wurde. Ich fühlte mich geschmeichelt, blockte aber dann doch ab. Meine Aufgabe bei Bosch reizte mich, und ich identifizierte mich sehr stark mit dem Unternehmen und seinem Gründer. Das, was mir wirklich liegt – die Menschen- und Prozessthemen – stand bei Audi (dem Unternehmen, bei dem eine Stelle frei wurde) nicht an. Nach meinen Kenntnisstand war eher Fachwissen auch auf höchster Ebene gefragt.

Es gab aufgrund von Nachdruck der Headhunter dann doch einen Termin beim Audi-Vorstand. Hier erläuterte ich, warum ich für Audi beim Zulieferer wertvoll bin, aber nicht zu Audi passe:

- meine eingeschränkte Kenntnis über die Vielzahl der Elektronik-Systeme im Fahrzeug,
- mein Alter (48 Jahre),
- meine Sprachkenntnisse (ich spreche keine Fremdsprache fließend).

Dennoch zeigte ich eine Übersicht über die Erfolge der Veränderungsprojekte bei Bosch. Diese waren für Audi sehr interessant, sodass die Ingolstädter dem Wunsch nach meinem Wechsel sehr deutlich Ausdruck gaben. Ich fürchtete, dass man mich brauchen würde, um den Bereich auf Vordermann zu bringen, um dann nach zwei bis drei Jahren wieder einen Fachmann zu installieren – ließ mich dann aber doch überzeugen. Am 15. April 1996 begann die neue Aufgabe bei Audi.

Mein Einstieg war ein Sprung ins kalte Wasser. Es gab keine Übergabe, weil der Vorgänger die Firma verlassen musste, keinen Mentor, keinen Paten, nichts. Und, wohin ich auch blickte, nur Baustellen: Die Produktqualität der Elektrik und Elektronik war aus amerikanischer Sicht die schlechteste weltweit, der Stand der Technik war von vorgestern und weit unter dem Niveau der Premiumklasse. Die Bereichskultur war von einem starken Fokus auf das Auto geprägt, während die Mitarbeiter kaum wahrgenommen wurden.

Manchmal kam ich mir vor, als sei ich als Trainer zum Tabellenletzten der Bundesliga gewechselt. Aber: Es konnte nur noch besser werden! Die erste Zeit zog sich. Und mehr als einmal habe ich mich in meinen alten Job zurück gewünscht. Warum war ich dieses Risiko überhaupt eingegangen? Warum hatte ich nicht auf die vielen Warnungen gehört?

Ich schaue nach vorne, das habe ich während meiner Marathonläufe gelernt. Ich habe mit der Mannschaft eine Durststrecke durchgestanden – und letztendlich haben wir das Ziel gemeinsam erreicht: vom letzten Tabellenplatz an die Spitze zu kommen.

Ein Irrtum bei der Nachfolge ist der, dass nur externe Kandidaten frischen Wind bringen. Jede Nachfolgeregelung ist einzigartig. Deshalb kann es auch keine Pauschalempfehlung für oder gegen interne Kandidaten, oder für oder gegen Externe geben. Fragt man in Unternehmen nach, herrscht eine Meinung vor: Es sind die externen Kandidaten, die frisches Blut bringen – vor allem, wenn Veränderungen anstehen. Oder: Kursänderungen können nur mit neuen Personen umgesetzt werden.[63]

Interne Kandidaten können vielleicht ein wenig betriebsblind sein, gelten aber als insgesamt geringeres Risiko, weil ihre Stärken und Schwächen bekannt sind. Sie sind bereits gut vernetzt im Unternehmen und ein Ansporn für den Nachwuchs: »Man kann es hier bis zur Spitze schaffen!«

Ich selbst (W.S.) wurde als Elektroniker mit Veränderungserfahrung zu Audi geholt. Dieses Profil gab es bei Audi nicht. Das hatte zwei Seiten: Zum einen musste ich mein Netzwerk in der Mannschaft erst aufbauen. Des Weiteren kam ich in eine Art Vakuum, was die Themen »Führung« und vor allem »Mitarbeiterentwicklung« anging. Alles, was ich anstieß, wurde von den Menschen rasend schnell aufgesaugt und umgesetzt.

Mein Nachfolger Ricky Hudi kam über BMW 1997 zu Audi und stammt aus einer alten Audi-Familie. Er ist im Infotainment groß geworden und hat fünf Jahre lang die Prozesskette in der Produktion weiterentwickelt. Die Mitarbeiter kennen und schätzen ihn seit vielen Jahren. Er ist extrem gut vernetzt.

Etwa vier Jahre vor meinem Ausstieg habe ich begonnen, mit ihm über das Thema »Nachfolge« zu sprechen. Eineinhalb Jahre vor dem Wechsel hat der Vorstand sein Placet gegeben. Und ein Jahr vor der Übergabe haben wir die Mannschaft informiert, die nicht überrascht war.

Ab diesem Zeitpunkt hat Ricky Hudi Schritt für Schritt immer mehr Bereichsleiteraufgaben übernommen. Ich konnte einige Dinge schon loslassen, andere zum Abschluss bringen. So habe ich immer mehr Luft bekommen – und von der frühen und strukturierten Übergabe selbst profitiert.

Es ist ein Irrtum anzunehmen, so lange der »Alte« im Sattel sitzt, gibt er die Richtung vor. Nur wenige können sich vorstellen, dass ein alter Chef noch zu seiner Amtszeit ein Stück zur Seite rückt, um dem neuen Chef Platz zu machen. Warum sollte der »Alte« freiwillig seine Macht abgeben? Verliert er dann nicht die Kontrolle? Fällt ihm der »Junge« nicht in den Rücken? Lähmen die beiden sich und den gesamten Betrieb nicht, während sie in falscher Rücksichtnahme aufeinander Entscheidungen aufschieben, bis der Schnitt endlich gemacht ist?

Die Antwort lautet: Nein. Es ist von großem Vorteil, dass der Nachfolger bei einigen Entscheidungen bereits schon das Steuer übernimmt, wenn der Vorgänger noch im Amt ist. Es ist von großem Nutzen, wenn beide an einem Strang ziehen und die Stärken des Bereichs weiterentwickeln, um noch besser zu werden, was umgekehrt heißt, dass der Nachfolger nicht künstlich nach Schwächen im alten System sucht, um sich damit zu profilieren. Ein so harmonischer, geregelter Übergang funktioniert allerdings nur, wenn beide Menschen zusammenpassen und der Nachfolger bereit ist, bis zur letzten Amtssekunde seines Vorgängers loyal zu sein. Ricky Hudi, der neue Bereichsleiter bei Audi EE, berichtet:

»Seit jeher haben mein Vorgänger und ich eine Achse gebildet. Anfangs gemeinsam in der Entwicklung, während meiner Produktionszeit zwischen Entwicklung und Planung. Durch unsere enge Vernetzung und hohe Loyalität konnte uns niemand auseinander dividieren – was gelegentlich versucht wurde.

Vier Jahre lang waren unsere Büros in der gemeinsamen Zeit im Entwicklungsbereich über ein Doppelsekretariat miteinander verbunden. Das heißt: Unsere Sekretärinnen saßen sich gegenüber in einem Raum, der zwischen unseren Büros lag. So trafen wir uns beinahe jeden Abend zwischen Tür und Angel, um uns abzustimmen. Über Jahre haben wir zusätzlich jeden Sonntagabend telefoniert. Wichtige Themen, insbesondere auch Personalfragen, haben wir gemeinsam besprochen und sind so als Führungsteam eng zusammengewachsen.

Ein Jahr vor dem Wechsel zurück in die Entwicklung haben wir einen Workshop mit ausgewählten Mitarbeitern und Managern abgehalten, in dem wir die wichtigsten Handlungsfelder für dieses Jahr festgelegt haben. Das Ergebnis waren unter anderem strukturelle Optimierungen: Eine Neuordnung des Entwicklungsprozesses und eine neue Abteilung für Fahrerassistenzsysteme zum Beispiel.

Wir haben die neue Strukturentwicklung in Ruhe vor dem Führungswechsel geplant und genehmigen lassen, weil wir wussten, dass der Job an sich mich nachher komplett auffrisst. Drei Monate vor dem Wechsel haben wir das Ergebnis dann in einer großen Veranstaltung mit allen Mitarbeitern des Bereichs gemeinsam vorgestellt, und mit meinem offiziellen Dienstantritt im Januar 2009 wurde die neue Struktur wirksam.

Die Mannschaft sieht, dass der Vorgänger alle Änderungen voll mitgetragen hat. Und sie sieht, dass der Nachfolger respektvoll umgeht mit dem, was der Vorgänger aufgebaut hat. Jeder hat seine eigene Note – aber grundsätzlich spiele ich den eingespielten Rhythmus fort. So kann ich auf den vorhandenen Stärken der Mannschaft aufbauen, diese weiterentwickeln und aus dieser Position heraus neue Akzente setzen.«

Die Übergabe gelingt nicht immer

Mehr als 10 Prozent der Top-Manager in der ersten Führungsebene sind älter als 65 Jahre, rund 17 Prozent sind 60 Jahre und älter – so eine Auswertung der »Hoppenstedt Manager-Datenbank« (Stand 2007), die 230 000 Unternehmen umfasst. Das heißt: Rein rechnerisch stehen bei all diesen Unternehmen in nächster Zeit Führungswechsel bevor,[64] wobei man davon ausgehen kann, dass die wenigsten ihre Nachfolge vorausschauend planen. Eine große Zahl schaut lieber einfach weg – was laut Prof. Dr. Frank Wallau vom Institut für Mittelstandsforschung in Bonn ein Grund dafür ist, warum so viele Übergaben scheitern. In der folgenden Übersicht haben wir einige Thesen von Prof. Wallau, die er im Hinblick auf Unternehmensnachfolgen im Mittelstand formuliert hat, auf die Nachbesetzung von Top-Positionen im Management eines Konzerns übertragen:

Warum Nachfolgeregelungen so häufig scheitern:

- *Problemverdrängung:* Aus Zukunftsangst verschiebt der Manager die Planung der Nachfolgeregelung immer weiter vor sich her. Kurz, bevor er aus dem Unternehmen ausscheidet, gerät er unter Handlungsdruck – oder geht nach dem Motto »Nach mir die Sintflut«.
- *Übergabe unter Zeitdruck:* Der Zeitaufwand für den Übergabeprozess wird unterschätzt. Doch die Suche nach einem geeigneten Nachfolger erfordert oftmals viel Geduld, Verhandlungen ziehen sich in die Länge, Verträge müssen sorgfältig aufgesetzt und geprüft werden. Das dauert!
- *Falsche Nachfolgeregelung:* Die ganze Planung richtet sich nur nach der Person des potenziellen Nachfolgers. Die Belange des Unternehmens werden darüber vernachlässigt.
- *Schlechte Kommunikation:* Die geplante Nachfolgeregelung wird intern nicht eindeutig und klar kommuniziert. Dadurch steigt die Gefahr, dass qualifizierte Mitarbeiter das Unternehmen verlassen.
- *Langsames Ablösen:* Der Senior hat keinen Antrieb mehr zu Innovationen und Investitionen. Dadurch verschlechtert sich die Aus-

gangslage im betroffenen Bereich oder sogar im Gesamtunternehmen immer mehr.

- *Mangelnde Konkretisierung:* Der Nachfolgeprozess wird zwar angedacht, aber nicht konkret geplant und initiiert.[65]

Gehen, wenn es am schönsten ist

Die Arbeit im Top-Management ist mit hohen Belastungen verbunden. Andererseits macht die Arbeit viel Spaß, wenn man erfolgreich ist und ein gutes Team hat. Sollte ein Manager bis 65 Jahren arbeiten, oder bis 67, oder noch länger? Wir empfehlen folgendes Konzept: Ausstieg, wenn es am schönsten ist.

Mit 60 Jahren habe ich (W.S.) mich entschieden, dass ich mit 62 Jahren meine aktive Zeit bei Audi beende. So gehe ich »auf dem Höhepunkt« und warte nicht, bis mich der Vorstand fragt, wann ich (endlich) gehen will.

So habe ich, nach einem harten Berufsleben mit vielen Auslandstrips und auch sonst harten Belastungen einen erfreulichen Abgang und kann mich mehr meiner Familie widmen. Da ich sowohl mehr als zwölf Jahre beim Zulieferer wie auch beim Automobilhersteller war, werde ich keine Langeweile haben, wenn ich meine übergreifenden Erfahrungen im fachlichen Elektronikbereich wie im nichtfachlichen Menschen- und Prozessumfeld auch kleineren Firmen oder Studenten zugute kommen lassen kann.

Die Audi-Elektronikmannschaft ist heute eine der schlagkräftigsten der Branche. Das sieht auch der Vorstand so, der sein früheres Unbehagen gegen die Elektronik überwunden hat, in Vorträgen stolz über die stark abnehmenden Fehlerkurven berichtet, und die Elektronik als neue Audi-Kernkompetenz nach außen trägt. Auch die Presse bringt heute keine

Schimpftiraden mehr über die Audi-Elektronik, sondern lässt sich gelegentlich zu Liebeserklärungen hinreißen:

Das Wunder von Audi
Wer das Wunder von Audi in seiner ganzen Fülle nachempfinden will, der sollte sich der sechziger Jahre erinnern. (...)
Ein Auto ohne Eigenschaften, nicht nur beim Autoquartett. Andere Dinge verklären sich mit der Zeit, ein Audi 80 nicht. Im Kofferraum dieses Fahrzeuges lasse sich ein Farbfernseher mit 70-Zentimeter-Bildröhre transportieren, hieß es in einem Autotest jener Tage anerkennend, man bekomme »den Deckel noch zu«. Als käme es darauf im Leben immer an. Mit einem Audi 80 vor einer dieser Eisdielen des Ruhrgebiets vorfahren – also dann doch lieber gar kein Auto.
Und heute? Wer im neuen Audi A4 etwa beim Café Werntges in Essen-Werden anlandet, dem ist die Show kaum zu stehlen. Vorn am Bug unterstreicht das ewige Licht von 28 Leuchtdioden den Avantgardecharakter, dahinter blubbert ein Sechszylinder unter der elegant gewölbten Haube im ewigen Takt eines Kutters auf der Ruhr. Was in Ingolstadt an technischen Novitäten in den Regalen liegt, haben die Ingenieure in diesem Automobil verbaut.[66]

Die Innovationsleistungen müssen den exponenziell gewachsenen Anforderungen folgen. *Der Veränderungsprozess hat hier gerade erst angefangen.* Die technischen Randbedingungen ändern sich weiterhin schnell. Mechatronik und Mikromechanik sind genauso wie Softwarekompetenz bereits Schlüsselqualifikationen. Die Elektrifizierung des Antriebsstrangs erfordert Batterie- und Hochvoltelektronikexperten. Integrale Sicherheitskonzepte machen neue Organisationen quer über die Bereiche notwendig. Und das geschieht in Zeiten der Wirtschaftskrise, die sich im Automobilumfeld besonders bemerkbar macht.

Wer in Zukunft in der »Champions League« der Automobilelektronik mitspielen will, muss in der Lage sein, Blackboxes aufzubrechen, zu verstehen und neu zusammenzusetzen. Die Ressourcen werden sicher nicht in dem Maße wachsen, wie es erforderlich wäre. Also ist mit weiteren, umfangreichen Veränderungsprozessen zu rechnen. Und das gilt genau so für andere Branchen.

Dabei kann es helfen, jemanden an die Spitze zu stellen, der bereits mit geringen Mitteln unter schwierigen Randbedingungen sehr gute Ergebnisse abgeliefert hat. Am besten Hand in Hand mit der Mannschaft.

Ausblick

Ein Unternehmen, das viele Jahre lang sehr erfolgreich war, verfällt leicht in einen Zustand der angenehmen Trägheit.

Kritik von außen wird dann nicht mehr ernst genommen, weil sich überall im Unternehmen die Haltung verbreitet hat: »Wir sind die Besten. Wir haben keine Probleme.« Wer so denkt, kann keine Probleme mehr sehen und auch keine lösen. Er macht zufrieden die Augen zu, bis er mit Vollgas an die Wand gefahren ist.

Selbstzufriedene Manager und Mitarbeiter verzichten viel zu oft auf *Ideen von außen*. Sie meinen, sie seien jetzt selbst die Besten und könnten jede Aufgabe allein lösen. Das ist fatal. Denn oft kommen die besten Ideen ganz unerwartet – im Dialog mit Zulieferern, im Gespräch zwischen Tür und Angel im Unternehmen, von einem gewitzten Studenten. Das passiert natürlich nur, wenn man diesen Ideen auch eine Chance gibt. Wer sich einigelt, kann nicht viel mehr als seine eigene Nasenspitze sehen. Eine solche Borniertheit können sich High-Tech-Unternehmen, die in einem hart umkämpften Markt an der Spitze stehen wollen, überhaupt nicht leisten.

Breitet sich angenehme Trägheit aus, *dann ist es auch mit der Offenheit vorbei.* Das ist zur Zeit bei etlichen großen Industrieunternehmen zu erleben, die über viele Jahre lang sehr erfolgreich gewirtschaftet haben. Man macht sich gegenseitig etwas vor. Unternehmen kommen aber nur dann weiter, wenn sie offen über ihre Stärken und ihre Schwächen sprechen, wenn sie nach Partnern suchen, mit denen sie sich gemeinsam weiterentwickeln können.

Wenn die Branchen sich immer dichter vernetzen, dann geht es für alle Player bergauf – für die großen Hersteller und für die vielen mittelständischen Zulieferer. Der Standort Deutschland braucht jetzt Manager, die weiter, die übergreifender denken. Nur so können wir in einer globalen Wirtschaft bestehen, in der sich die Kräfte in Richtung Fernost verschieben. Und so können wir gemeinsam durch die aktuelle Krise gehen, die sicherlich nicht die letzte gewesen sein wird.

Führung im Wandel

Brauchen Unternehmen in stürmischen Zeiten mehr Führung als in ruhigen Fahrwassern? Nein. Wer führt, muss immer wach sein. Er trägt immer Verantwortung. Nicht das Ausmaß der Führung sollte sich den Gegebenheiten und Situationen anpassen, sehr wohl aber die Art und Weise, wie wir führen.

Es gibt kein Patentrezept für Führung, und es gibt nicht die »Führung an sich« – aber es gibt den Manager, der im konkreten Fall wirksam handelt. Er braucht einen smarten Kopf, einen guten Draht zu seinem eigenen Bauchgefühl, Werte, die ihm ein starkes Rückgrat geben, einen unbändigen Willen und Leute um sich herum, die in ihrer Spezialdisziplin besser sind als er selbst.

Mit starken Leitlinien führen

Bei Audi haben wir uns intensiv mit der Frage beschäftigt, welche Leitlinien den Handlungen einen hohen Wirkungsgrad verleihen. Vier Leitlinien haben sich dabei herauskristallisiert:

1. First time right

Wer seinen Pfeil genau anlegt, braucht Zeit zum Justieren. Dann trifft er ins Schwarze. Führung hat die Aufgabe, dieses Prinzip in der Mannschaft zu verankern.

Das ist oft sehr schwer, weil sich viele Teams nicht von ihrer *Feuerlöscher-Mentalität* lösen (wollen) und ihr Unternehmen möglicherweise eine

Helden-Kultur hat: Sie sind unheimlich schnell zur Stelle, um Fehler zu korrigieren, die sie zuvor selbst fabriziert haben. Warum? Weil sie anfangs nicht den notwendigen Aufwand getrieben haben, weil sie mögliche Probleme nicht im Voraus bedacht haben und/oder weil sie das Denken in langen Fristen nicht geübt haben. Change Management muss hier ansetzen: Jede Mannschaft kann sich eine Mentalität des »first time right« antrainieren.

2. Simple is the Best

Eine sehr einfache Idee ist oft eine sehr gute Idee. Es ist eine, die einen Wust an Gedanken auf einen einzigen Punkt fokussiert. Das kann ein Leitbild im Einzelhandel (kaufmännisches Ethos bei Aldi Süd: »Konsequent, einfach, fair«) oder in der Auto-Elektronik (Audi: »Das weltweit einfachste Bedienkonzept«) sein. Viele Unternehmen in ganz verschiedenen Branchen sind durch die Konzentration auf das Einfache erfolgreich geworden. Von ihnen kann man lernen.

3. Quality is Speed

»First time right« ist die erste Leitlinie. Wenn aber trotzdem Dinge nicht optimal oder schlecht laufen – egal ob man selber oder ein anderer der Verursacher ist – gilt »Quality is Speed«.

Diejenigen werden die Besten sein, die Fehler am schnellsten erkennen und nachhaltig abstellen, egal ob das Produkte, Prozesse oder Rahmenbedingungen betrifft. Dazu gehört eine hohe Kompetenz der Mitarbeiter und eine hervorragende Vernetzung: Intern, in der Prozesskette, und extern, mit den Lieferanten, Sublieferanten und Engineeringpartnern.

»Quality is Speed« ist ein Paradoxon, das sich aber in der Praxis als gutes Prinzip erweist. Wer es schafft, Spitzenqualität zu produzieren, der produziert effektiv, effizient, schnell (da ohne Rekursionen) – und dadurch günstiger.

4. Harte Ziele setzen

Herausfordernde Ziele müssen gemeinsam erarbeitet und vernetzt umgesetzt werden. Das heißt: In allen Phasen der Zielfindung und Umsetzung muss ein Dialog auf Augenhöhe mit der gesamten Prozesskette und den Lieferanten stattfinden. So können Ziele, die sich während der Umsetzung als weniger wichtig als erwartet entpuppen, entsprechend angepasst werden. Andererseits können auch Ziele unerwartet übertroffen werden: Das wird möglich, wenn jeder Mitarbeiter genau weiß, was er zu tun hat, und wenn seine und die Fortschritte der Abteilung fortlaufend visualisiert werden.

Alle wichtigen Ziele müssen klar formuliert sein. Das klingt trivial, doch die Geister scheiden sich bei schwer messbaren Zielen. Nicht alles, was wichtig ist, ist auch messbar. Mitarbeiter wie Chefs fürchten die durch Interpretierbarkeit bedingte Unsicherheit. So treten wichtige hinter leicht messbaren Zielen zurück, die Fokussierung der Energie ist suboptimal. Für eine Hochleistungskultur gilt: Es lohnt sich, alle wichtigen Ziele klar zu formulieren, so scharf wie möglich und vollständig. Auch hier gilt: »Quality is Speed«.

Neun Prinzipien der Führung im Change-Management-Prozess

Es gibt keine einfachen Rezepte für wirksame Führung. Wir haben einige Prinzipien aufgestellt, die aus unserer Erfahrung bei der Führung im Allgemeinen und bei Veränderungsprozessen besonders wirksam sind. Es sind Prinzipien ohne Anspruch auf Allgemeingültigkeit und Vollständigkeit.

1. Führen heißt mittendrin sein

Während meiner (W.S.) Jahre in der Automobil- und Zulieferindustrie hatte ich es vor allem mit Menschenführung zu tun. *Weg vom Schreibtisch, hin zu den Menschen! Feedbacks einholen, Ideen bündeln, Prozesse treiben – das ist Führung!*

Natürlich geht es auch um das Produkt, aber das »Management by desking around« und »by walking around« zielt immer auf die Mitarbeiter. Ist die Führungskraft nah an der Mannschaft, sind umgekehrt die Mitarbeiter so nah an ihrem Chef, dass sie Fehlentwicklungen korrigieren können. Je mehr Mitarbeiter via Job Rotation in andere Bereiche entsendet wurden, desto intensiver kommt das Feedback von dort.

Ein wesentlicher Erfolgsfaktor ist die »Mehrsprachigkeit« des Managers: Ein Entwickler spricht eine andere Sprache als ein Servicemitarbeiter oder ein Mitarbeiter der Qualitätssicherung. Ein Elektroniker spricht eine andere Sprache als ein Maschinenbauer.

2. Führen heißt verändern

Die zentrale Führungsaufgabe ist das Management des permanenten organisatorischen Wandels. Das fordert dramatisch viel Kraft. Permanent tauchen Widerstände auf: Sachzwänge, Querulanten, Pannen. Hier heißt es: hartnäckig bleiben und jeden Tag weiter kämpfen – allerdings nicht verbittert, sondern geschickt und geschmeidig. Dabei sind folgende Mechanismen zu beachten:

- *Reorganisation macht Veränderungen leichter.* Wer ein neues Team aufstellt, der kann eine neue Führungskultur und einen neuen Sinn für Gemeinschaft schaffen, die Menschen anzieht. Neue Teams erlauben provozierende Veränderungen. Wer dazu neue Mitarbeiter integriert, bringt frische Ideen. Erst auf dieser Grundlage werden große Entwicklungen möglich.
- *Verändern heißt, Produkte und Prozesse neu zu denken – und Teams aufzubauen.* Wer ein neues Team aufstellt, der kann eine neue Führungskultur und einen neuen Sinn für Gemeinschaft schaffen, die Menschen anzieht. Erst auf dieser Grundlage werden große Entwicklungen möglich.
- *Durch Veränderungen führen heißt immer auch, sich selbst und andere verändern.* Je mehr eine Führungskraft das kritische Denken ihrer Mitarbeiter in Bezug auf ihr eigenes Führungsverhalten fordert, desto besser gelingt der Change in eigener Sache. Und je mehr gemeinsame Reflexion (beispielsweise über die Ergebnisse des Führungsfeedbacks der

Mitarbeiterbefragung) betrieben wird, desto mehr Lernchancen haben auch andere Manager und Mitarbeiter.
* *Ohne robustes Stehvermögen ist Veränderungsmanagement nicht möglich.* Manager müssen auch nach schweren Einbrüchen am nächsten Tag wieder aufstehen, weitermachen und den Blick nach vorn richten. Niederlagen prägen mehr als Siege, Krisen können hilfreich sein.

3. Führen heißt vernetzen

Wer alleine arbeitet, addiert, wer vernetzt arbeitet, multipliziert. Deshalb ist die Pflege intensiver Kontakte zum Umfeld eine wichtige Management-Aufgabe. Je größer das Netzwerk wird, je mehr Mitarbeiter aus allen Bereichen sich begeistert einbringen, desto eher gelingt es, Veränderungen möglich zu machen. Dazu braucht es auch Mut: Wer mehr Kompetenz von draußen akquiriert, ist auch offen für mehr konstruktive Kritik.

Wer sein Unternehmen vernetzt, macht es wirtschaftlicher. Vernetzte Mitarbeiter sind schneller und produktiver als in Burgen verschanzte Einzeltrupps. Durch Job Rotation von Managern und Mitarbeitern und mithilfe fester Teams, die mit ihrem Produkt von der Vorentwicklung bis zur Serienreife durch das Unternehmen wandern, wird Know-how strategisch aufgebaut und von möglichst vielen Mitarbeitern geteilt. Wenn dann auch noch über die Grenzen des eigenen Unternehmens hinaus gedacht wird in Richtung Zulieferer und in Richtung Wettbewerb, profitieren alle davon.

»Vernetzen von Menschen und Systemen« – das ist die wichtigste Botschaft an alle Unternehmen, die komplexe Technologien beherrschen und weiterentwickeln müssen. Je mehr Bauteile zusammenarbeiten müssen, desto mehr müssen die Menschen sich untereinander vernetzen.

4. Führen heißt begeistern

»Nur wer selbst brennt, kann andere entzünden«, das wusste schon Augustinus. Wer für eine Idee brennt, wer ein Feuer dafür in sich trägt, hat die Kraft, Außergewöhnliches zu bewegen. Wer selbst begeistert ist, kann andere begeistern. Wer beseelt von einer Idee ist, kann kämpfen und andere dazu bewegen, mit ihm zu kämpfen.

> Wenn du ein Schiff bauen willst,
> so trommle nicht Männer zusammen,
> – um Holz zu beschaffen,
> – Aufgaben zu vergeben,
> – und die Arbeit zu einzuteilen,
> – Werkzeuge vorzubereiten,
> sondern lehre die Männer die Sehnsucht
> nach dem weiten endlosen Meer.
>
> *(Saint-Exupéry)*

Ohne Klugheit und Maß allerdings bleibt Begeisterung blind. Es braucht beides: einen wachen Geist, der den Überblick behält (Prozesskompetenz, Chaoskompetenz), aber auch eine starke Persönlichkeit (mit Selbstvertrauen, Zivilcourage, Offenheit und Ehrlichkeit). »Wer dies besitzt, gewinnt die Herzen der Mitarbeiter und deren gesamte Energie«[67].

Wenn ein Manager die Fähigkeit hat, Chancen zu sehen, Krisen zu nutzen, an Herausforderungen zu wachsen, dann können Rückschläge seinem Willen zur Veränderung keinen Abbruch tun.

5. Führen heißt offen sein

Offenheit macht schnell: Feedbacks kommen direkt und klar, sodass neue Ideen schnell auftauchen und Fehler schnell ausgemerzt werden können. Es wird nicht taktiert, es wird nichts versteckt – denn das kostet zu viel Zeit.

Eine Führungskraft, die ihre eigenen Schwächen offenlegt, gewinnt. Sie kann nicht alles und muss auch nicht alles selber können, sie muss allerdings in der Lage sein, die richtigen Fachleute und Berater an sich zu binden, die ihrerseits Klartext sprechen.

Sie muss die Kraft haben, sich der Eigenwilligkeit der Mitarbeiter auszusetzen: Durch eine Politik der offenen Türen und durch die Einladung an die »kratzbürstigen« und »unausstehlichen« Typen im Unternehmen, sich mit ihrer (konstruktiven!) Kritik aktiv einzubringen in Veränderungsprozesse. »Dann gibt es für ein Unternehmen keine Grenzen« (Thomas J. Watson Jr.).

6. Führen heißt fordern

Erfolgreiche Führungskräfte fordern von ihren Mitarbeitern, bis an die Leistungsgrenzen zu gehen – und darüber hinaus. Sie tun dies, indem sie eine hohe Verbindlichkeit schaffen (durch ihr authentisches Auftreten), indem sie hartnäckig Leistung fordern (durch permanente Rückfragen) und kontinuierlich für ihre Projekte werben (Mitarbeiter in vielen Einzelgesprächen begeistern).

> »Jede Arbeit ist wichtig, auch die kleinste. Es soll keiner sich einbilden, seine Arbeit sei über die seines Mitarbeiters erhaben ... Wenn einer im Hause einen Mangel sieht, so hat er nicht nur das Recht, sondern die Pflicht, seinen Mitarbeiter, auch allenfalls seinen Vorgesetzten darauf aufmerksam zu machen. Immer soll nach der Verbesserung des bestehenden Zustands gestrebt werden, keiner soll mit dem Erreichten sich zufrieden geben, sondern stets danach trachten, seine Sache noch besser zu machen.«
>
> (Robert Bosch)

Wer hohe Anforderungen stellt, muss auch selbst hochgradig effektiv arbeiten. Das heißt: Er darf nicht mit unproduktivem Hin und Her nerven, sondern muss in großen, schnellen Schritten denken. Er muss gemeinsam mit der Mannschaft ins Handeln kommen. Und er muss von sich selbst mindestens so viel fordern wie von seiner Mannschaft.

7. Führen heißt fokussieren

Führung heißt, die Kräfte im Unternehmen zu bündeln und auf die wichtigsten Zukunftsaufgaben zu richten. Die Fokussierung funktioniert nicht von allein – auch in intelligenten Netzwerkorganisationen nicht. Ungesteuert würden Teams tendenziell ihren eigenen Vorlieben folgen oder sich in Details verlieren. Es braucht also eine Führung, die den Überblick behält. Dieses Prinzip lässt sich Mitarbeitern gut mit folgendem Bild erklären:

> Lass das Staubkorn vor deinen Füßen liegen.
> Nimm den Stein für das Haus in deiner Vision!

8. Führen heißt andere erfolgreich machen

»Starke Führungskräfte haben eine ausgeprägte Neigung, sich mit Mitarbeitern zu umgeben, die besser und schlauer sind als sie selbst.«[68] Dafür musst du stark sein. Schwache Führungskräfte ertragen das nicht. Das ist fatal: Wenn der Chef den Anspruch hat, alles am besten zu können, lehnen sich die Mitarbeiter zurück und warten bis er kommt und die Arbeit macht. Diese erlernte Hilflosigkeit legt jeden Change-Prozess lahm.

Fähige Manager sind fähige Headhunter. Eine Führungskraft kann nur dann erfolgreich sein, wenn sie wirklich gute Mitarbeiter an sich bindet. Diese Aufgabe ist so zentral, dass sie nicht der Personalabteilung überlassen werden kann. Sicher, auch hier werden nach allen Regeln der HR-Kunst Potenzialträger aufgespürt – aber die brillanten Köpfe kommen häufig aus dem Netzwerk des Managers.

Ein Manager ist nicht erste Fachkraft, sondern Führungskraft. Sie muss dies als Berufswechsel erkennen und bewusst gestalten.[69] Wer Fachmann bleibt, demotiviert seine Mitarbeiter. Wer nicht führt, bündelt die Energie der Mannschaft nicht und hält ihr nicht den Rücken frei. Höchstleistungsteams können nur dann zur Höchstform auflaufen, wenn jemand den Führungsjob macht.

Für vernetzte Organisationen sind selbstständige und eigenverantwortliche Mitarbeiter notwendig. Führungskräfte können ihre Mannschaft stark und erfolgreich machen, indem sie

• kreative Freiräume für Mitarbeiter schaffen,

- Potenziale von Menschen sehen und sie herausfordern, Zeit und Kraft in Menschen investieren, und zwar mehr, als sie nach subjektiver Einschätzung jemals zurückbekommen werden. Auch das Gegenüber denkt, dass es mehr gibt, als es bekommt;
- in den Mitarbeitern das sehen, was diese sein könnten,
- Freude haben am Wachstum anderer,
- jungen Führungskräften zeigen, dass ohne Führungskompetenz keine Karriere möglich ist und
- keine geheimen Aktien ins Spiel bringen (»Hidden Agenda«), also Mitarbeiter nicht für eigene Zwecke missbrauchen.

9. Führen heißt menschlich sein

Wer authentisch durch Veränderungsprozesse führt, muss hart sein, darf aber sein menschliches Gesicht nicht verlieren. Er darf nicht gnadenlos werden in seiner unerbittlichen Zielstrebigkeit – sondern muss Fehler akzeptieren. Er darf nicht beginnen, mit der Macht zu spielen und darf Mitarbeiter nicht zu Spielfiguren machen. Seine Aufgabe ist es, lang anhaltende Beziehungen aufzubauen, die auf echter Wertschätzung beruhen.

Mit dieser Haltung wird es möglich, dass auch in einem großen Unternehmen kein Mitarbeiter zu einem anonymen Zahnrad wird, sondern dass jeder Einzelne mit seinem persönlichen Beitrag zu großen Veränderungen beitragen kann.

Nachwort

Der Veränderungsprozess bei Audi ist eine Erfolgsstory – und darauf sind wir sehr stolz. Gleichzeitig müssen wir realistisch eingestehen: Was wir erlebt haben, lässt sich nicht eins zu eins auf andere Unternehmen übertragen. Der Grund sind die positiven Rahmenbedingungen, unter denen wir gearbeitet haben. Wir waren zur richtigen Zeit am richtigen Ort und haben versucht, das Beste daraus zu machen. Einige Besonderheiten waren:

- Der Druck auf Audi Elektronik war bereits sehr groß: Wir hatten einen großen Rückstand in der Produktqualität, wir waren technisch den beiden anderen Premium-Marken klar unterlegen und wir waren in der Mitarbeiterführung schwach aufgestellt, was uns zu größeren Veränderungen bereit machte.
- Die Interneteuphorie vor der Jahrtausendwende – das war der Hintergrund, vor dem unser Change-Prozess in Schwung kam. Es war die Zeit, als in Deutschland überall Start-Ups entstanden, als jeder von den »Neuen Medien« sprach, von »Multimedia«, von einer schönen, neuen Welt. Traditionelle Autohersteller wie Audi kannten sich damit nicht aus, verspürten aber den Druck (Kotter nennt es »Das Prinzip Dringlichkeit«), hier schnell etwas auf die Beine zu stellen zu müssen. Vor diesem Hintergrund wurde für die Prozesskette Elektronik nach vorhergegangener intensiver Überzeugungsarbeit ein Budget zur Verfügung gestellt, um Personal und technische Infrastruktur aufzustocken und um das Elektronik-Center aufzubauen.
- Dass wir bei Audi so spät auf den Zug der Elektronik-Entwicklung aufsprangen, brachte uns letztendlich sogar Vorteile. Denn so mussten wir die Fehler, die andere Hersteller vor uns gemacht und teuer bezahlt hatten, nicht wiederholen. Wir konnten auf hohem Niveau aufsetzen.

- Die personelle Zusammensetzung des Vorstands spielte uns bei Audi ebenfalls in die Hände. Unsere Ideen, intensiv mit der Basis zusammenzuarbeiten, die Prozesskette zu gestalten, wurden begeistert aufgegriffen und sogar in andere Bereiche des Unternehmens weitergetragen.

Diese Rahmenbedingungen lassen sich nicht kopieren. Was andere Unternehmen von unseren Erfahrungen lernen können, ist eher die Kultur, die hinter unseren Handlungen stand (und immer noch steht):

- *Der Mut,* die Kräfte der Basis zu entfesseln.
- *Die Stärke,* sich als Führungskraft selbst zurück zu nehmen.
- *Die innere Größe,* offen über Fehler und Schwächen zu sprechen – vor allem auch über eigene.
- *Die Beharrlichkeit,* Prozesse immer wieder neu anzustoßen und Durststrecken durchzuhalten.
- *Der Optimismus,* dass selbst schwierige Projekte zu einem guten Ende kommen.
- *Der Respekt* vor dem Potenzial jedes einzelnen Mitarbeiters.
- *Die Bescheidenheit,* die Erfolge der Mannschaft zu schenken.

Die Kultur der Zusammenarbeit wurde durch den Veränderungsprozess nach vorne getrieben, breitete sich in der Prozesskette aus und wurde zum Selbstläufer. Auch außerhalb von Audi wurde dies sichtbar und machte uns attraktiv für exzellente Mitarbeiter, die von Zulieferern oder Wettbewerbern zu uns stießen. Und so ist der Erfolg immer ein Erfolg des Teams.

Dank

Auch dieses Buch ist ein Teamprodukt. Wir möchten uns an dieser Stelle sehr herzlich bei allen externen Unterstützern und den Audi-Experten bedanken, die mit ihren kreativen Ideen und ihrer konstruktiven Kritik einen wertvollen Beitrag zu diesem Buch geleistet haben. Wir möchten uns für die zahlreichen Gespräche bedanken, in denen uns das Thema immer klarer wurde, besonders aber für die Ausdauer, mit denen viele Mitstreiter unsere Manuskripte gelesen und kommentiert haben – neben der Herausforderung ihrer Jobs, sogar im Urlaub und häufig bis spät in die Nacht hinein.

Dank an unsere externen Unterstützer:
Uwe Brodtmann (Inchron)
Dr. Christof Horn (P3 Ingenieurgesellschaft) und
Klaus-Peter Esser (ChangePartner), der den Part von Johannes von Stosch an diesem Buch übernommen hat,

sowie:
Florian Bogenberger (Elektrobit)
Alexander Rauscher (EFS Unternehmensberatung)
Prof. Dr. Matthias Richter (Westsächsische Hochschule Zwickau) und
Truls Thorstensen (EFS Unternehmensberatung).

Dank an die Experten von Audi:

Stefan Bauch
Uwe Girgsdies
Dr. Wolfgang Huhn
Michael Kundinger

Dr. Matthias Rudolph
Michael Zeyn und
Dr. Hans-Joachim Gergs

sowie:

Jürgen Boehnke
Dennis Crede
Georg-Peter Duba
Thomas Ehmann
Ewald Goessmann
Dr. Werner Hamberger
Franz Herzner
Hubert Hietl
Manfred Hofbauer
Hans-Josef Hopf
Ricky Hudi
Dr. Peter Jocher
Werner Kos
Arno Lang
Anton Lehner
Thomas Lieber
Dr. Ole Mende
Ludwig Niedermeier

Hans-Erich Pasch
Diego Pasquazzo
Alfons Pfaller
Christine Schmid
Ralf Schmid
Dr. Riclef Schmidt-Clausen
Bernhard Senner
Dr. Peter Steiner
Georg Sterler
Walter Streit
Norbert Strupf
Andreas Thürmer
Eduard-Franz Weigert
Dr. Wolfgang Weikl
Thomas Wittmann und
Jürgen de Graeve
Toni Melfi
Dr. Werner Widuckel

Danke für die operative Unterstützung durch:
Johannes Amon (Grafikdesign)
André Hainzlmaier (redaktionelle Mitarbeit)
und »last but not least«
an Anne Jacoby, unsere Journalistin, die einen wesentlichen Anteil
am Gelingen dieses Buches hatte.

Literatur

Böhle, Fritz; Bolte, Annegret; Bürgermeister, Markus: *Die Integration von unten. Der Schlüssel zum Erfolg organisatorischen Wandels.* Heidelberg: Carl Auer, 2008

Bürgermeister, Markus: *Change und Planung. Zu einem Balanced-Change-Management.* München/Mering: Rainer Hampp Verlag, 2008

Capgemini Consulting: *Veränderungen erfolgreich gestalten. Change Management 2005. Bedeutungen, Strategien, Trends.* (Im Internet: Studie)

Capgemini Consulting: Change Management Studie 2008. Business Transformation – Veränderungen erfolgreich gestalten. (Im Internet: Studie.)

Doppler, Klaus; Lauterburg, Christoph: *Change Management. Den Unternehmenswandel gestalten.* Frankfurt am Main/New York: Campus, 2008 (12. Auflage)

Doppler, Klaus; Fuhrmann, Hellmuth; Lebbe-Waschke, Birgitt; Voigt, Bert: *Unternehmenswandel gegen Widerstände. Change Management mit den Menschen.* Frankfurt am Main/New York: Campus, 2002

Faulhaber, Peter; Landwehr, Norbert: *Turnaround-Management in der Praxis. Umbruchphasen nutzen – neue Stärken entwickeln.* Frankfurt am Main/New York: Campus, 2005 (3. Auflage)

Graves, Clare W.: »Levels of Existence: An Open System Theory of Values.« In: *Journal of Humanistic Psychology*, November 1970

Kotter, John P.: *Chaos, Wandel, Führung. Leading Change.* Düsseldorf: Econ, 1998

Kotter, John P.: *Das Prinzip Dringlichkeit. Schnell und konsequent handeln im Management.* Frankfurt am Main/New York: Campus, 2009

Kotter, John P.; Rathgeber, Holger: *Das Pinguin-Prinzip. Wie Veränderung zum Erfolg führt.* München: Droemer/Knaur, 2006

Kruse, Peter: Next Practice. *Erfolgreiches Management von Instabilität. Veränderung durch Vernetzung.* Offenbach: Gabal, 2005 (3. Auflage)

Löhner, Michael: *Führung neu denken. Das Drei-Stufen-Konzept für erfolgreiche Manager und Unternehmen.* Frankfurt am Main/New York: Campus, 2009 (Sonderausgabe)

Lynch, Dudley; Kordis, Paul: *DelphinStrategien. ManagementStrategien in chaotischen Systemen.* Gilching: Henrich, 1998

Pfläging, Niels: *Die 12 neuen Gesetze der Führung. Der Kodex: Warum Management verzichtbar ist.* Frankfurt am Main/New York 2009

Reiß, Michael; von Rosenstiel, Lutz; Lanz, Anette (Hrsg.): *Change Management. Programme, Projekte und Prozesse.* Stuttgart: Schäffer-Poeschel, 1997

Rigall, Juan; Wolters, Georg u.a.: *Change Management für Konzerne. Komplexe Unternehmensstrukturen erfolgreich verändern.* Frankfurt am Main/New York: Campus, 2005

Ringelstetter, Max; Kaiser, Stephan; Müller-Seitz, Gordon (Hrsg.): *Positives Management. Zentrale Konzepte und Ideen des Positive Organizational Scholarship.* Wiesbaden: Deutscher Universitäts-Verlag, 2006

Servatius, Hans-Gerd: *Reengineering-Programme umsetzen. Von erstarrten Strukturen zu fließenden Prozessen.* Stuttgart: Schäffer-Poeschel, 1994

Simon, Hermann: *Hidden Champions des 21. Jahrhunderts. Die Erfolgsstrategien unbekannter Weltmarktführer.* Frankfurt am Main/New York: Campus, 2007

Vahs, Dietmar: Organisation. *Einführung in die Organisationstheorie und -praxis.* Stuttgart: Schäffer-Poeschel, 2007 (6. Auflage)

Weick, Karl E.; Sutcliffe, Kathleen M.: *Das Unerwartete managen. Wie Unternehmen aus Extremsituationen lernen.* Stuttgart: Klett-Cotta, 2007 (2. Auflage)

Welch, Jack; Welch, Suzy; Allgeier, Herber: *Winning. Das ist Management.* Frankfurt am Main/New York: Campus, 2005

Wüthrich, Hans A.; Osmetz, Dirk; Kaduk, Stefan: *Musterbrecher. Führung neu leben.* Wiesbaden: Gabler, 2008

Anmerkungen

1 John P. Kotter: *Chaos, Wandel, Führung – Leading Change*. Düsseldorf: Econ, 1997, S. 38 f.
2 John P. Kotter: *Das Prinzip Dringlichkeit. Schnell und konsequent handeln im Management*. Frankfurt am Main: Campus, 2009, S. 56.
3 Christian Rehberger: »Unterwegs auf der Datenautobahn«. In: *Donaukurier*, 4.12.2006, S. 22.
4 IBM: *Making Change Work. Fortsetzung des Dialogs über das Unternehmen der Zukunft*. Stuttgart 2008, S. 12.
5 IBM: *Making Change Work. Fortsetzung des Dialogs über das Unternehmen der Zukunft*. Stuttgart 2008, S. 14.
6 Booz & Company: *Deutsche Manager tragen Veränderungsprozesse im eigenen Unternehmen oft nicht mit*. Pressemitteilung vom 19.06.2008.
Im Folgenden werden folgende Studien von Capgemini Consulting ausgewertet:
Capgemini Consulting: *Veränderungen erfolgreich gestalten. Change Management 2005. Bedeutungen, Strategien, Trends*.
Capgemini Consulting: *Change Management Studie 2008. Business Transformation – Veränderungen erfolgreich gestalten*.
7 Dudley Lynch; Paul Kordis: *DelphinStrategien: ManagementStrategien in chaotischen Systemen*. 5. Auflage, Gilching 1998. Autoren wie Prigogyne, Bateson, Hofstadter, Graves, Capra u.v.m. haben ebenfalls ihren Beitrag zu diesem Modell geleistet.
8 Elisabeth Kübler-Ross; David Kessler: *Dem Leben neu vertrauen: Den Sinn des Trauerns durch fünf Stadien des Verlusts finden*. Stuttgart: Kreuz-Verlag 2006. Vgl. auch andere Werke der Autorin.
9 Dietmar Vahs: *Organisation. Einführung in die Organisationstheorie und -praxis*. 6. Auflage. Stuttgart: Schäffer-Poeschel 2007, S. 271.
10 Dietmar Vahs: *Organisation. Einführung in die Organisationstheorie und -praxis*. 6. Auflage. Stuttgart: Schäffer-Poeschel 2007, S. 271.
11 Vgl. Simone Inversini: *Wirkungsvolles Change Management in Abhängigkeit von situativen Anforderungen. Organisationale Veränderungsprozesse im*

Spannungsfeld von betrieblichen Voraussetzungen und Umweltanforderungen unter Berücksichtigung der wirtschaftlichen, organisationsbezogenen und qualifikatorischen Erfolgskriterien. Dissertation, Universität Potsdam, 2005; vgl. auch Forschungsprojekt »Integration von unten«, www.integrunt.de. Das Projekt wird mit Mitteln des Bundesministeriums für Bildung und Forschung (BMBF) innerhalb des Rahmenkonzeptes Forschung für die Produktion von morgen gefördert und vom Projektträger Forschungszentrum Karlsruhe (PTKA), Bereich Produktion und Fertigungstechnologien (PFT), betreut.

12 Simone Inversini: *Wirkungsvolles Change Management in Abhängigkeit von situativen Anforderungen. Organisationale Veränderungsprozesse im Spannungsfeld von betrieblichen Voraussetzungen und Umweltanforderungen unter Berücksichtigung der wirtschaftlichen, organisationsbezogenen und qualifikatorischen Erfolgskriterien.* Dissertation, Universität Potsdam, 2005, S. 67.

13 Vgl. Osterloh, M. & Frost, J.: »Business Reengineering: Modeerscheinung oder »Business Revolution«?« In: *Zeitschrift für Organisation*, 6/1994, S. 356–363, hier S. 362.

14 Vgl. Peter Kruse: *Next Practice. Erfolgreiches Management von Instabilität. Veränderung durch Vernetzung.* Offenbach: Gabal 2005, (3. Auflage), S. 69.

15 Boston Consulting Group, zitiert nach Ingrid Göpfert: *Logistik der Zukunft – Logistics for the Future.* Wiesbaden: Gabler, 2008, S. 94.

16 Vgl. Brigitte Winkler: »Für Veränderungen motivieren mit Kopf, Bauch und Hand. Gespräch mit Prof. Dr. Hugo M. Kehr.« In: OrganisationsEntwicklung, Nr.3/2008, S. 23–30, hier S. 25.

17 Vgl. Brigitte Winkler: »Für Veränderungen motivieren mit Kopf, Bauch und Hand. Gespräch mit Prof. Dr. Hugo M. Kehr.« In: OrganisationsEntwicklung, Nr.3/2008, S. 23–30, hier S. 24 f.

18 Ingrid Göpfert: *Logistik der Zukunft – Logistics for the Future.* Wiesbaden: Gabler 2008, S. 98–101.

19 Bernhard Krusche, Torsten Groth, Reinhart Nagel, Thomas Schumacher: »Houston, we have a problem…«: Überlegungen zur Aerodynamik moderner Organisationen. In: *Revue für postheroisches Management*, Heft 3, S. 72–80, hier S. 73.

20 Bernhard Krusche, Torsten Groth, Reinhart Nagel, Thomas Schumacher: »Houston, we have a problem…«: Überlegungen zur Aerodynamik moderner Organisationen. In: *Revue für postheroisches Management*, Heft 3, S. 72–80, hier S. 74.

21 Bernhard Krusche, Torsten Groth, Reinhart Nagel, Thomas Schumacher: »Houston, we have a problem…«: Überlegungen zur Aerodynamik moderner Organisationen. In: *Revue für postheroisches Management*, Heft 3, S. 72–80, hier S. 79.

22 Rüdiger Hossiep, Philip Frieg (2007): »Der Einsatz von Mitarbeiterbefragungen in Deutschland, Österreich und der Schweiz.« In: *Planung & Analyse*,

6/2008, S. 55–59. Online unter http://www.testentwicklung.de/
Online_Hossiep_Frieg.pdf.

23 Rüdiger Hossiep, Philip Frieg (2007): »Der Einsatz von Mitarbeiterbefragungen in Deutschland, Österreich und der Schweiz.« In: *Planung & Analyse*, 6/2008, S. 55–59.

24 Matthias Zimmermann, Elisabeth Frank: »Evidenzbasiertes Management und strategische Mitarbeiterbefragungen.« In: *OrganisationsEntwicklung*, 1/2008, S.23 bis 32, hier S. 24.

25 Jack Welch, Suzy Welch: *Winning: Das ist Management*. Frankfurt/New York: Campus, 2005, S. 36–47.

26 Vgl. Claire Graves (1970).

27 Vgl. Dirk Ulrich Gilbert: *Vertrauen in strategischen Unternehmensnetzwerken. Ein strukturationstheoretischer Ansatz*. Wiesbaden: Gabler, 2003.

28 Vgl. Dirk Ulrich Gilbert: *Vertrauen in strategischen Unternehmensnetzwerken. Ein strukturationstheoretischer Ansatz*. Wiesbaden: Gabler, 2003, S. 89.

29 »Berater? So etwas funktioniert bei Schöffel nicht.« Interview mit Peter Schöffel. In: *Handelsblatt*, 22.-24.5.2009.

30 Fritz Böhle, Annegret Bolte, Markus Bürgermeister (Hrsg.): *Die Integration von unten. Der Schlüssel zum Erfolg organisatorischen Wandels*. Heidelberg: Carl-Auer Verlag, 2008.

31 John P. Kotter: *Das Prinzip Dringlichkeit. Schnell und konsequent handeln im Management*. Frankfurt/New York: Campus, 2009, S. 32 f.

32 Dies ist der Multiple-Nucleus-Ansatz, vgl. Dietmar Vahs: *Organisation. Einführung in die Organisationstheorie und -praxis*. 6. Auflage. Stuttgart: Schäffer-Poeschel 2007, S. 365.

33 vgl. Juan Rigall, Georg Wolters u.a. : *Change Management für Konzerne*. Frankfurt/New York: Campus 2005, S. 110.

34 Vgl. Max Webers Bürokratie-Kritik. In: *Gesammelte politische Schriften*, Tübingen: Mohr 1988, S. 332.

35 Arno Luik: »Zum Manager wird man geboren«. In: *Stern* 41/2007.

36 Vgl. Rainer Greifeneder und Herbert Bless: Gedankenlosigkeit / Mindlessness. In: Hans-Werner Bierhoff; Dieter Frey (Hrsg.): *Handbuch der Sozialpsychologie und Kommunikationspsychologie*. Göttingen: Hogrefe, 2006. S. 280–286.

37 Karl E. Weick; Kathleen M. Sutcliffe: *Das Unerwartete managen: Wie Unternehmen aus Extremsituationen lernen*. Stuttgart: Klett-Cotta, 2007 (2. Auflage).

38 Peter Kruse: *Next practice. Erfolgreiches Management von Instabilität*. Offenbach: Gabal, 2004, hier S. 81.

39 Klaus Doppler, Christoph Lauterburg: *Change Management. Den Unternehmenswandel gestalten*. Frankfurt am Main/New York: Campus, 2008 S. 68 f.

40 Liste in Anlehnung an folgende Literatur:

Burnside, R.M., Amabile, T.M., & Gryskiewicz, S.S. (1988): »Assessing organisational climates for creativity and innovation: Methodological review of large company audits.« In: Y. Iijiri & R.L. Kuhn (Eds.), *New directions in creative and innovative management*. Cambridge, MA: Ballinger, Seiten 169–185.

Ekvall, G., & Ryhamnar, L. (1999); »The creative climate: Its determinants and effects at a swedish university.« In: *Creativity Research Journal*, 4, 303–310.

Ekvall, G. (1997): »Organizational conditions and levels of creativity.« In: *Creativity and Innovation Management*, 4, 195–206.

Ekvall, G. (1996): »Organizational climate for creativity and innovation.« In: *European Journal of Work and Organizational Psychology*, 1, 105–123.

41 Edward de Bono: *The Use of Lateral Thinking*. London: Penguin Books 1990, S. 132.

42 Zit. nach Rainer Greifeneder und Herbert Bless: Gedankenlosigkeit / Mindlessness. In: Hans-Werner Bierhoff; Dieter Frey (Hrsg.): *Handbuch der Sozialpsychologie und Kommunikationspsychologie*. Göttingen: Hogrefe, 2006. S. 280–286, hier S. 282.

43 Karl E. Weick; Kathleen M. Sutcliffe: *Das Unerwartete managen: Wie Unternehmen aus Extremsituationen lernen*. Stuttgart: Klett-Cotta, 2007 (2. Auflage), S. 101.

44 Vgl. Heike Bruch und Stephan Böhm: »Organisationale Energie – wie Führungskräfte durch Perspektive und Stolz Potenziale freisetzen.« In: Max Ringelstetter, Stephan Kaiser, Gordon Müller-Seitz (Hrsg.): *Positives Management. Zentrale Konzepte und Ideen des Positive Organizational Scholarship*. Wiesbaden: Deutscher Universitäts-Verlag, 2006, S. 167–185.

45 In Anlehnung an: Bruch, H.; Vogel, B.: »Organisationale Energie: Wie Sie das Potenzial Ihres Unternehmens ausschöpfen.« Wiesbaden, 2005. Hier übernommen aus Heike Bruch und Stephan Böhm: *Organisationale Energie – wie Führungskräfte durch Perspektive und Stolz Potenziale freisetzen*. In: Max Ringelstetter, Stephan Kaiser, Gordon Müller-Seitz (Hrsg.): *Positives Management. Zentrale Konzepte und Ideen des Positive Organizational Scholarship*. Wiesbaden: Deutscher Universitäts-Verlag, 2006, S. 167–185, hier S. 170.

46 Vgl. auch Peter Kruse: *Next practice. Erfolgreiches Management von Instabilität*. Offenbach: Gabal, 2004 S. 112.

47 Klaus Doppler, Christoph Lauterburg: *Change Management. Den Unternehmenswandel gestalten*. Frankfurt am Main/New York: Campus 2008, S. 116.

48 Vgl. dazu auch Peter Kruse: *Next practice. Erfolgreiches Management von Instabilität*. Offenbach: Gabal, 2004, S. 115.

49 Dominik Petersen: »Wandel durch Vernetzung. Eine neue Organisations-Dimension.« In: *OrganisationsEntwicklung*. 2/2000, S. 22 bis 37, hier S. 31.

50 Dominik Petersen: »Wandel durch Vernetzung. Eine neue Organisations-Dimension.« In: *OrganisationsEntwicklung*. 2/2000, S. 22 bis 37, hier S. 31.

51   Peter Pawlowsky, Peter Mistele und Silke Geithner: »Hochleistung unter Lebensgefahr.« In: *Harvard Businessmanager*, November 2005, S. 50-58, hier Seite 52.

52   Prof. Gerald Hüther: »Wie gehirngerechte Führung funktioniert. Neurobiologie für Manager.« In: *ManagerSeminare*, Januar 2009, S. 30–34, hier: S. 31.

53   Prof. Gerald Hüther: »Wie gehirngerechte Führung funktioniert. Neurobiologie für Manager.« In: ManagerSeminare Januar 2009, S. 30–34, hier: S. 31.

54   Peter Kruse: *Erfolgreiches Management von Instabilität. Veränderung durch Vernetzung.* Offenbach: Gabal, 2005, S. 15–16.

55   Niels Pfläging: *Die 12 neuen Gesetze der Führung. Der Kodex: Warum Management verzichtbar ist.* Frankfurt am Main/New York: Campus 2009, Seite 42.

56   Karl E. Weick und Kathleen M. Sutcliffe: *Das Unerwartete managen. Wie Unternehmen aus Extremsituationen lernen.* Stuttgart: Klett-Cotta, 2007, S. 43.

57   Karl E. Weick und Kathleen M. Sutcliffe: *Das Unerwartete managen. Wie Unternehmen aus Extremsituationen lernen.* Stuttgart: Klett-Cotta, 2007, S. 43–44.

58   Hermann Simon: *Hidden Champions des 21. Jahrhunderts. Die Erfolgsstrategien unbekannter Weltmarktführer.* Frankfurt/New York: Campus, 2007, S. 327.

59   Dieter Pfister: »Wie Change- und Raumgestaltungs-Management verbunden werden können.« In: *OrganisationsEntwicklung*, 3/2008, S. 55 bis 65, hier S. 55.

60   Dieter Pfister: »Wie Change- und Raumgestaltungs-Management verbunden werden können.« In: *OrganisationsEntwicklung*, 3/2008, S. 55 bis 65, hier S. 65.

61   Dieter Pfister: »Wie Change- und Raumgestaltungs-Management verbunden werden können.« In: *OrganisationsEntwicklung*, 3/2008, S. 55 bis 65, hier S. 65.

62   Dieter Pfister: »Wie Change- und Raumgestaltungs-Management verbunden werden können.« In: *OrganisationsEntwicklung*, 3/2008, S. 55 bis 65, hier S. 58.

63   Melanie Knüsel-Rietmann: Letztendlich ist es eine Frage der Chemie. In: *Handelszeitung Online*, 12.5.2009.

64   Dörte Neitzel: Nachfolger gesucht: Manager werden zu alt. In: *Markt und Mittelstand*, 22.05.2007.

65   Vgl. Prof. Dr. Frank Wallau, Institut für Mittelstandsforschung, Bonn. Zit. Nach *Markt und Mittelstand*, 1.7.2008, S. 38–42, hier: S. 40.

66   Hanns-Bruno Kammertöns: Aufstieg im Auto-Quartett. In: *Die Zeit*, 07.08.2008 Nr. 33.

67   Klaus Doppler, Christoph Lauterburg: *Change Management. Den Unternehmenswandel gestalten.* Frankfurt am Main/New York: Campus, 2008 S. 59.

68 Jack Welch, Suzy Welch: *Winning: Das ist Management.* Frankfurt/New
    York: Campus, 2005, S. 102.
69 Klaus Doppler, Christoph Lauterburg: *Change Management. Den Unterneh-
    menswandel gestalten.* Frankfurt am Main/New York: Campus, 2008 S. 55.

Register

Qualität können Sie hören!